WILEY FINANCE

“2011年度国家出版基金资助项目”

“十二五”国家重点图书出版规划项目

世界财经管理经典译库子项目

THE FRANK J. FABOZZI SERIES

（美）弗兰克 · J. 法伯兹

亨利 · A. 戴维斯

（英）莫拉德 · 乔德里　著

钱　峰　沈颖郁　译

Introduction to Structured Finance

结构金融导论

东北财经大学出版社

Dongbei University of Finance & Economics Press

大连

WILEY

图书在版编目（CIP）数据

结构金融导论／（美）法伯兹（Fabozzi，F. J.），（美）戴维斯（Davis，H. A.），（英）乔德里（Choundhry，M.）著；钱峰，沈颖郁译．—大连：东北财经大学出版社，2011.11
（威立金融经典译丛·法伯兹系列）

书名原文：Introduction to Structured Finance

ISBN 978-7-5654-0572-3

Ⅰ.结… Ⅱ.①法… ②戴… ③乔… ④钱… ⑤沈… Ⅲ.金融学-研究 Ⅳ.F830

中国版本图书馆 CIP 数据核字（2011）第 196235 号

辽宁省版权局著作权合同登记号：图字 06-2007-164 号

Frank J. Fabozzi，Henry A. Davis，and Moorad Choudhry：Introduction to Structured Finance

东北财经大学出版社出版
（大连市黑石礁尖山街 217 号　邮政编码　116025）
教学支持：（0411）84710309
营 销 部：（0411）84710711
总 编 室：（0411）84710523
网　　址：http：//www.dufep.cn
读者信箱：dufep @ dufe.edu.cn

大连图腾彩色印刷有限公司印刷　　东北财经大学出版社发行

幅面尺寸：170mm×240mm　字数：288 千字　印张：14　插页：1
2011 年 11 月第 1 版　2011 年 11 月第 1 次印刷

责任编辑：刘东威　刘　佳　　责任校对：赵　楠
封面设计：冀贵收　　版式设计：钟福建

ISBN 978-7-5654-0572-3

定价：36.00 元

前　言

编著本书的目的在于给出关于结构金融的全面的、广泛的定义。本书适用于那些对于金融市场有一般知识，并希望进一步学习结构金融基础知识的人；本书同样也适用于在结构金融领域某些特定方面有专业知识，并且希望拓展该领域其他方面知识的业界专家。在前言部分，我们将大致介绍本书的框架结构，并向读者介绍书中较为重要的一些概念和术语。

在第 1 章的绪论中，我们指出结构金融是一个很广泛的领域，关于它的定义和界限众说纷纭，没有一致的意见。我们就结构金融的定义对一些专家进行了问卷调查，通过总结，得出的结论是：我们的定义不仅仅应当包括证券化和信用衍生工具的大多数应用，还应该包括租赁、项目融资、复杂衍生品的使用，以及大多数其他非常见的、复杂的金融交易。同时我们也调查了专家对于安然事件如何影响结构金融的界限的观点。

我们对定义的调查肯定了衍生品和证券化是结构金融最为基础的构建要素。我们展示了这些构建要素的各种组合，并从第 2 章到第 10 章分别介绍了结构金融中最为重要的一些工具。在之后的第 11 章至第 13 章中，我们讨论了租赁以及项目融资方面的相关内容。

虽然利率衍生工具合约本身并不构成结构金融，但大额结构融资最为显著的特点之一就是衍生工具的使用。第 2 章中我们讨论了利率互换、利率期权，以及二者的一些变形，包括利率上限（caps）、利率下限（floors），以及利率上下限（collars）。

20 世纪 80 年代，利率衍生工具和货币衍生工具曾经是最为重要的金融创新产品，而到了 20 世纪 90 年代，信用衍生工具变得更为重要。在第 3 章中，我们将解释信用衍生工具主要类型的结构和应用，包括信用衍生工具的合同和关键术语，并讨论信贷违约互换（单一资产的信贷违约互换、一揽子信贷违约互换，以及信贷违约互换指数）、资产互换，以及总收益互换。这一章中所讨论的信贷衍生工具是本书后面章节所讨论的结构金融产品（如合成型担保债务凭证、合成证券化，以及信贷关联证券等）的基本构成要素。

在接下来的两章中，我们讨论了证券化的问题。在第 4 章中，我们首先从证券化的基本原理开始。之后，我们从发行者的角度讨论了证券化的动机，分析了证券化债务工具对于投资者有哪些好处，探讨了证券化的基本机制，阐述了特殊目的载体（SPV）在其中的作用，并解释了投资者和评级机构是如何对资产支持证券

（ABS）进行分析的，包括如何度量及监督作为抵押来支持证券化的资产池的现金流状况。

在第5章中，我们阐述了利率衍生工具是如何应用于证券化中的，并解释了信用增级机制。我们讨论了外部信用增级机制，包括信用证、债券保险，以及内部信用增级机制，如优先—次优先级结构、超额抵押担保，以及储备基金。

接下来的两章是有关于担保债务凭证（CDO）的。在第6章中，我们解释了现金流型CDO的基本结构，讨论了CDO是如何根据发起人动机的不同而进行分类的。我们还讨论了如何通过符合性检验监测抵押资产池的质量，包括质量检验以及覆盖测试。

利用第7章中所讨论的合成型CDO，资产池的信用风险可以通过信贷衍生工具从发起人那里转移到投资人身上。我们将讨论合成型CDO的动机、机制、投资者风险，以及诸如套利型CDO和资产负债表型CDO的变形。

在接下来的第8章中，我们解释了各种各样的证券化及合成货币市场融资结构，包括商业票据和中期票据被结构化为合成证券化产品。我们将阐释总收益互换是如何与作为发行载体的商业票据以及中期票据结合，形成与回购协议目的相类似的结构的。

信贷衍生工具既可以有资金支持，也可以没有资金支持。没有资金支持的信贷衍生工具包括信贷违约互换，在这种工具中信用保护的卖方不需要提前向买方支付金额。而相比之下，第9章中所介绍的信贷关联证券（CLN）就属于有资金支持的信贷衍生工具。投资者（信用保护的卖方）需要向信用保护的买方（CLN的发行者）提前支付一笔费用。CLN有许多种形式，但所有形式的共同点在于所支付的回报和参考资产池的信用表现是相关联的。

在第10章中，我们将举出并解释结构化证券的多个例子。传统的债券有着固定的本金金额和到期日，而且票面利率要么是固定的，要么是随着某一参考利率浮动的，与参考利率之间有固定的息差。相比之下，结构化证券中含有一个或多个嵌入式期权，关于利息支付、赎回金额，或者本金偿还的时间的条款也更为复杂。对于投资者来说，结构化证券可以为其提供机会来增加收益或接触到其他的资产类别。对于发行者而言，为投资者量身打造产品可以有机会降低融资的成本。

接下来的两章中我们讨论的是租赁的问题。在第11章中，我们首先探讨了巨额租赁的基本原理，然后比较了租赁和其他融资方式的异同，讨论了各种形式的税收导向（tax-oriented）租赁和非税收导向租赁，描述了不同种类的出租人、租赁方案、租赁经纪人和财务顾问，解释了合成租赁，讨论了与租赁相关的会计、税收，以及财务报告的问题，并阐述了租赁是如何从承租人的角度进行估值的。

第12章中将介绍杠杆租赁。杠杆租赁能够使承租人得以控制出租人的资本，并且通过将折旧税收优惠转移给出租人来降低融资成本。我们将分别展示杠杆租赁的各参与方，解释债务融资是如何安排的，例举从设备到大型工业设施的各种应用，并说明杠杆租赁交易从组织结构、谈判，到结束交易的各个步骤。

在第 13 章中，我们将介绍项目融资。在项目融资中，资金的贷方关注的是项目本身的现金流状况，而不是项目担保人的信用状况。正如证券化一样，项目融资中会运用到特殊目的载体（SPV）。不过，与证券化不同的是，项目融资中涉及的现金流来自运营中的资产，而证券化中涉及的现金流来自金融资产，如贷款或应收账款。我们将解释为什么会有共同拥有或出资建设的项目，分析项目建设及运营期间贷款方可能面临的信用风险，探讨成功的项目融资所具备的要素，通过近期的案例分析讨论项目失败的风险和原因，并解释会计和税收上的考虑以及近期的一些趋势。

当然，本书所讨论的远远不止上面所提及的内容。在本书的附录中我们同样提供了许多有价值的信息。

近年来，大型银行进行证券化的动机一部分来源于对于资本充足率的复杂规定。在附录 A 中，我们将解释《巴塞尔协议》（Basel I）对银行资本的约束条件。首先解释的是针对核心资本（即 1 级资本）和补充资本（即 2 级资本）的巴塞尔准则，以及风险加权资产水平达到 8% 的要求。接下来我们讨论《新巴塞尔资本协议》（Basel II）的三大支柱：信用风险和操作风险的新资本的要求、对监管者发现银行风险上升时所采取的行动的要求，以及对银行更多地披露其潜在风险的要求。《新巴塞尔资本协议》对于所有的欧洲金融机构都适用，但仅对美国最大的银行适用。由于《新巴塞尔资本协议》允许大银行根据其自身的内部风险评估体系对资产进行分类，且可以拥有比标准化风险度量系统更少的资本支出，因此新协议可以让大银行拥有更多的竞争优势。我们将具体阐释《新巴塞尔资本协议》对于证券化和信贷衍生品的影响。

在附录 B 中，我们将讨论合成型抵押贷款支持证券的相关问题。合成型抵押贷款支持证券是一种通过信贷衍生工具去除与抵押资产池相关的信用风险的方式。资产发起人通常是抵押银行，也是信用保护的买方，将保留资产的所有权以及资产带来的经济利益。合成型抵押贷款支持证券与第 7 章中所讨论的合成型 CDO 遵循相似的原则，因此与合成型 CDO 一样，分为有资金支持或无资金支持的结构，而且应用的情形也是类似的。

弗兰克·J. 法伯兹
亨利·A. 戴维斯
莫拉德·乔德里

目　录

第 1 章　绪论 1
1.1　结构化金融的定义 1
1.2　结构化金融的其他定义 1
1.3　案例学习：安然事件如何影响到结构化金融的界限 9
1.4　结论 14
第 2 章　利率衍生工具 15
2.1　利率远期和期货合约 15
2.2　期货合约 15
2.3　利率互换 17
2.4　期权 24
2.5　利率上限和利率下限 29
第 3 章　信贷衍生工具 31
3.1　信贷衍生工具合同条款 31
3.2　信贷违约互换 33
3.3　信贷违约互换指数 34
3.4　一揽子违约互换 35
3.5　资产互换 38
3.6　总收益互换 40
3.7　总收益互换的经济意义 41
第 4 章　证券化的基本原则 46
4.1　什么是证券化交易 46
4.2　证券化图解 47
4.3　进行资产证券化的原因 50
4.4　证券化给投资者带来的利益 56
4.5　评级机构在为资产支持证券评级时看重什么 57
4.6　抵押品种类 58
4.7　提前还款的衡量 63
4.8　违约和拖欠债务 64
第 5 章　证券化结构 67
5.1　利率衍生品在证券化交易中的使用 67

5.2 信用增级 72
5.3 关于证券化更详细的案例 78
第6章 现金流型担保债务凭证 82
6.1 CDO家族 82
6.2 现金流型CDO的基本结构 83
6.3 CDO发起人动机 85
6.4 符合性检验 88
第7章 合成型担保债务凭证的结构 91
7.1 合成型CDO的发行动机 91
7.2 操作方法 93
7.3 融资机制 95
7.4 合成交易中的投资者风险 96
7.5 合成型CDO的变异 97
7.6 单一级的合成型CDO 101
7.7 合成结构的优势总结 102
7.8 分析CDO需考虑的因素 103
7.9 案例学习 104
第8章 证券化和合成型融资结构 108
8.1 商业票据 108
8.2 资产支持商业票据 109
8.3 合成型融资结构 114
第9章 信贷关联证券 126
9.1 信贷关联证券简介 126
9.2 信贷关联证券实例 126
9.3 投资者动机 127
9.4 结算 127
9.5 信贷关联的形式 128
9.6 首个违约信贷关联证券 133
第10章 结构化证券 136
10.1 结构化证券的定义 136
10.2 投资者和发行人的动机 137
10.3 发行方式和发行人 139
10.4 构造结构化证券 139
10.5 结构化证券举例 140
第11章 巨额租赁：租赁原理 146
11.1 租赁是如何运作的 146
11.2 设备租赁的类型 147

11.3　全额租赁与经营租赁　149
11.4　租赁的原因　149
11.5　出租人的类型　152
11.6　租赁经纪人和财务顾问　153
11.7　租赁方案　153
11.8　租赁交易中承租人的财务报告　154
11.9　联邦所得税对正式租赁交易的要求　157
11.10　合成租赁　158
11.11　租赁的价值评估：选择租赁还是借款购买　159
第12章　杠杆租赁原理　166
12.1　杠杆租赁的当事人　167
12.2　杠杆租赁的结构　170
12.3　完成交易所需要素　172
12.4　租赁过程中的现金流　173
12.5　杠杆租赁中的债务　173
12.6　设备租赁　174
12.7　建设融资　176
12.8　参股者的信贷风险　177
12.9　对未来税法变化的税务补偿　177
12.10　财务顾问的必要性　178
12.11　构建、协商、完成杠杆租赁的步骤　179
第13章　项目融资　182
13.1　什么是项目融资　182
13.2　共同拥有或出资建设项目的原因　184
13.3　项目融资中的信用风险　184
13.4　项目融资成功的关键因素　186
13.5　项目失败的原因　187
13.6　信贷影响方面的目标　195
13.7　会计因素　197
13.8　实现内部收益率目标　199
13.9　项目融资的其他好处　199
13.10　税收因素　200
13.11　项目融资的弊端　200
13.12　近期发展趋势　201
附录A　《新巴塞尔资本协议》框架和证券化　203
《巴塞尔协议》　203
对证券化和信贷衍生品的影响　207

附录 B 合成证券化：以抵押贷款支持证券为例 210
交易描述 210
交易结构 210
无资金支持的合成 MBS 211
有资金支持的合成 MBS 211
部分有资金支持的合成 MBS 212
投资者考虑的因素 213
发起人问题 214
现金流流动性风险 214
损失的严重程度 214

第 1 章　绪论

结构化金融的定义很广泛，并且对于其确切含义尚无统一的观点。在本章中，首先，我们将给出结构化金融的工作性定义；其次，我们讨论其他专家的不同观点；最后，我们讨论安然事件如何影响结构化金融的界限，通过对这一案例的学习结束本章。

1.1　结构化金融的定义

关于结构化金融并没有普遍的定义。很显然，从结构化金融团队在银行中的组织形式来看，这个术语包含了一系列的金融市场活动。我们认为，下面是对结构化金融比较好的一个工作性定义：

（结构化金融）是当资产发起或拥有者无法通过现有金融产品或金融工具解决融资、流动性、风险转移或其他问题时所采用的任何一种方法。为此，必须根据要求，将现有的产品和技术改造成特定的产品或流程。所以，结构化金融是一种灵活的金融工程工具。

我们认为结构化金融交易包括以下一种或多种要素：

■ 复杂的金融交易，可能涉及实际或名义上的资产或风险转移，其目的在于实现特定的会计、监管或税收目标；

■ 在特殊目的载体（SPV）内进行的交易；

■ 资产支持债券或与外部参考指数挂钩的债券；

■ 利率和信贷衍生品的组合；

■ 银行、其他金融机构以及企业为融资或获得有利的资本、税收、会计政策而进行的交易；

■ 银行及其他企业间的去中介化（disintermediation）。

之前说过，结构化金融还有其他的定义，我们将在接下来的部分讨论业界人士及监管者提出的一些定义。我们将发现，上面给出的关于结构化金融的工作性定义以及要素和接下来讨论的许多其他定义是紧密联系的。

1.2　结构化金融的其他定义

很显然，定义结构化金融的一种方式是依赖于已经出版发表的定义。下面是三个例子：

在国际清算银行（BIS）最近的一份报告中，结构化金融被定义为：

结构化金融工具具备三个关键特征：（1）资产汇集形成资产池（包括现金的和非现金的）；（2）以资产池作为抵押对负债进行分层（这一特征将结构化金融与传统的“传递型”证券化区别开来）；（3）将资产发起者的信用风险和抵押资产池的信用风险分离，这种分离一般是通过运用特殊目的载体（special purpose vehicle，SPV）来实现的。

纽约市律师协会下属的破产及企业重组委员会在1995年的一份题为《结构化金融的新发展》（New Developments in Structured Finance）的报告中，将结构化融资及其涉及的各方定义如下：

结构化融资的核心原则是：将一组特定的资产隔离，作为融资的基础，从而和资产发起者的破产风险相分离。通过将资产隔离，资产发起人更容易地获得了融资，而其融资成本比直接向投资者发行债券要低。结构化融资的主要好处之一是减少了融资成本（例如降低发行债券的收益率）。

结构化融资可能涉及以下多个实体：资产的发起者；特殊目的载体（SPV）；信用增级者（如融资担保人）；服务提供者（负责收集应收账款、管理现金流分配，或作为债券持有人的中介方）；流动性提供者（信用证开证银行）；受托人或抵押代理人；证券承销或配售商；评级机构。

穆迪投资者服务公司（Moody's Investors Service）的安德鲁·西尔弗对结构化金融做的定义是：

结构化金融一词在20世纪80年代逐渐形成，它包括多种多样的债务及其他相关证券，这些证券对投资者的偿还承诺凭借：（1）某种形式的金融资产的价值，或（2）交易第三方的信用支持得以实现。在很多情况下，为了获得理想的信用评级，两种方式会一起使用。

结构化融资是由传统债务担保工具衍生而来的，其信用地位是通过对特定资产的扣押权、毁约条款，或其他形式的信用增级手段获得保证的。传统的债务担保工具的偿还主要依赖于发行人的盈利能力。相比之下，对于结构化融资来说，偿还债务的负担从发行人那里转移到了资产池或第三方身上。

全部或部分由资产池作为支撑的证券被称为抵押贷款支持证券（mortgage-backed securities，MBS）（抵押贷款是首先被广泛证券化的一种资产）或资产支持证券（asset-backed securities，ABS）。后者用于抵押的资产包括除抵押贷款之外的其他任何一种现金流稳定的资产，从信用卡应收账款、保险单，到投机级债券，甚至还包括股票。在美国以外的其他地方，这两种结构化融资常常被统称为资产支持证券（ABS）。在此处我们也使用这种方式。

以上三个定义的问题在于它们仅仅关注了证券化这一个方面。我们认为，证券化只是结构化金融的一个分支。

2005年，《结构化金融杂志》的编辑及编委会承认定义结构化金融很困难，是一项挑战。他们认为，全面地考虑结构化金融在当今金融市场的定义是十分重要的。编委会认为，这些观点最好的来源是该杂志的专家撰稿人。他们向53人发放了问卷，并收回25份。这些回答一部分是由个人完成的，另一部分是在被调查者的公司中集体完成的。

调查向专家们提出了两个基本问题：

■ 对于结构化金融，你的定义是什么？

■ 你认为该定义的界限在哪儿？

问卷同时要求被调查者引用一些他们认为处于定义临界点的案例。

正如预期的那样，定义的范围有的宽泛，有的狭窄。在这部分中，我们主要基于以下几点讨论这些定义：

■ 基本概念的定义；

■ 工具和技巧；

■ 结构化金融在何时、何处使用；

■ 使用结构化金融的好处；

■ 对于证券化的强调。

即便是上面讨论的定义，也不能完全覆盖结构化金融在市场中多种多样的活动。图表1.1描述了一些更为深奥的交易，根据受访专家的意见，这些交易也在结构化金融的范畴之内。

图表1.1 **临界案例及界限**

本图表列出了调查中提及的结构化金融涉及的更广泛的交易类型。受访者对于结构化金融包括什么，不包括什么，持有各不相同的观点。对于结构化金融产品的不断创新以及结构化金融范畴的不断扩张也各持己见
■ 大多数人都认同ABS、CMBS、RMBS，以及CDO是属于结构化金融范畴的。受访者列出的处于临界位置的案例包括信贷机会基金（credit opportunity funds）、项目融资贷款、其他分级贷款、信贷违约互换（CDS），以及对冲基金。比如说，大多数受访者以及本书的作者都认为项目融资贷款以及信贷违约互换（CDS）属于结构化金融的范畴，但有些受访者却不这么认为
■ 有一位受访者认为，对于能够转移特定的、资本市场定价的信用风险的结构化金融产品而言，单纯的信贷衍生品就是一个例子。这就是为什么单纯的信贷衍生品应当被看作是结构化金融的一部分。信用保险和银团贷款也有着相同的财务目的，但是它们并没有包含从现有的参考资产中创造新的风险回报特征的条款
■ 另一位受访者认为结构化金融应该包括任何一种非标准的交易，或者，用市场上的术语来说，合同条款非“普通”（plain vanilla）的交易。这位受访者认为，结构化金融增加了非标准化的条款、条件，以及其他特征，从而为委托人或代理机构创造了新增的经济价值。因此，诸如银团贷款、股票发行（包括优先股的发行）、债券发行之类的普通交易不应当包括在结构化金融的范畴内。所有这些种类的融资从本质上说都相对地商品化了，这意味着，大多数简单的资本筹集活动都是由非常标准的条件和条款支配的。在这位受访者看来，当我们给简单、直接的资本筹集活动加上一些装饰和点缀的时候，就进入了结构化金融的范畴。结构化金融可以包括含有复杂结构的直接的权益或债务证券发行，为交易的各方提供额外的经济价值。举例来说，可以被添加在普通资本筹集活动中使之“结构化”的特征包括离岸特殊目的载体、利率和货币互换、嵌入式期权、远期销售，以及其他特殊种类的衍生产品。在这位受访者的定义之下，结构化金融还包括了“混合”债务或股票，例如受托优先股证券（trust preferred securities）、认股权证，以及可转换债券
■ 关于是否应当将衍生品市场和衍生品证券归类为“结构化金融”存在着不同的意见。我们可以认为衍生品证券是能够使得某些普通交易“证券化”的要素。尽管衍生品证券本身就是高度结构化的产品，但有些人认为结构化金融与包含非标准元素的资本筹集交易关系最为密切。不过，也有人指出，有许多基于衍生产品的综合性交易，其目的不在于筹集资本，而仅仅在于转移风险。这些交易正逐渐成为结构化金融越来越重要的一部分

续表

■ 从可重复证券化的资产的角度来说，随着知识产权、分期贷款（time-share loans）、烟草诉讼费、保单贴现等概念的列入，结构化金融的界限正变得越来越宽泛。其他可能很快被列入此范围内的资产包括可再生能源项目现金流，以及温室气体排放信贷。过去项目现金流（例如风力发电）仅来源于传统的项目融资，现在可以使用 ABS 技术，这一变化使得结构化金融和项目融资之间的界限变得越发模糊
■ 另一位受访者谈到了结构化金融界限扩张的 2 个问题：(1) 资产的确定性和可辨认程度有多高？在许多交易中，贷款人在特定契约下具备一定的灵活性，能够引入新的资产，或取走现存的资产。但是随着资产的确定性和可辨认程度的减弱，以该资产为基础设计结构化金融交易的难度也变得越来越大。(2) 证券的精确性如何？在许多交易中，并不是从一开始就有登记抵押的，登记是由特定的事件触发的。换句话说，结构化金融既能够被运用于“未来发生的资产”，又能被运用于已经抵押担保的资产
■ 有一位受访者认为结构化金融的定义不存在界限。他举了信用卡未来现金流的证券化的例子，这种证券化是由拥有比本国（例如阿根廷和土耳其）更高评级的银行发起的。尽管在大多数的证券化中，资产和发起人的信用风险是相隔离的，在信用卡未来现金流证券化的例子中，发起银行的信用评级事实上增强了交易的保障。作为证券化基础的信用卡支付产生的持续现金流取决于银行的信用状况
■ 和天气相关的证券是另一个证券化的重要例子。投资者将资金投入账户中，该账户投资于货币市场型金融工具。看跌套利（较低的托管所得的再投资率与应当支付给投资者的较高的利率之间的差）是由购买这种资本市场提供的再保险的美国财产保险公司所支付的再保险保费组成的。被证券化的资产是单个债务人的托管投资以及未来的再保险支付
■ 银行可能会提供某种储蓄产品，其收益是与某个指数相联系的，但同时也会保证最小收益。为了给此种产品规避风险，银行可能会从期权庄家那里购买一种组合式变形期权（同指数相联系的亚洲式期权），同时也购买零息债券。期权产品能够覆盖银行为了储蓄产品而必须进行的支付。这种普通产品、零息债券，以及与指数相关联的新型期权组合是结构化金融的另一个例子
■ 伊斯兰金融的某些方面也可能落入结构化金融的范畴。举例来说，当某个伊斯兰式的贷款涉及或有求偿权的时候，它就有可能变为结构化金融工具。在伊斯兰金融中，传统的固定收益工具通过更为复杂的条款被复制，其目的在于：(1) 遵守禁止有利息收入的宗教规定（riba）；(2) 不转移标的资产而进行债务的货币交换；(3) 建立非创业投资。结构化金融消除了传统形式的外部融资的道德障碍。比如说，伊斯兰银行为以债务为基础的债券融资创立了综合贷款，其中，借款人可以在涨价时通过回购或购买回购期权买回自己的资产。这可能会涉及现有资产（murabahah）的成本加利润销售，或者未来资产的项目融资（istina）。贷款人可以通过发行商业票据对出售价和（或）借款人的债务进行再融资。同样地，伊贾拉（ijarah）原则规定了基于资产的综合贷款再融资，其中贷款人对作为准利息收入的临时售后租回协议应收账款进行了证券化。这几种形式的再融资涉及的债务交易都反映了一种买卖期权、以平价交易为基础的利息收入的复制，其中贷款人持有名义贷款本金的股权，向借款人发行买入期权，而借款人拥有卖出期权，可以根据全额支付本金的承诺以及事后的涨价情况决定是否以约定的保费支付价格获得这些资金。两个期权的执行价格都等于上涨的价格以及名义贷款本金的数额。因此，贷款人在综合贷款建立时的头寸等于股权的价值减去买入期权的价值再加上卖出期权的价值，即等于本金以及传统贷款利息还款的现值
■ 有一位受访者相信结构化金融的定义是由投资者决定的。投资者会权衡某个特定交易的风险与收益。同样，像加利福尼亚的安然以及橘子县一样，结构化金融的定义还可以由公众的观点和法律体系来决定
■ 安然的交易所涉及的结构化金融技巧是难以定义的灰色地带。证券化行业曾经努力将业界的交易同安然的交易区分开来。但是在另一位受访者看来，最终的主要区别仅仅在于安然的交易是欺骗性的

1.2.1　基本概念的定义

从调查中可以明显看出，结构化金融包含一系列广泛的活动和产品。我们在此列出若干受访者给出的概念性定义，从而帮助我们理解不同术语之间的细微差别。结构化金融的定义包括：

■ 转移风险的综合性交易，这些交易可能涉及资金筹集，也可能不涉及。

■ 一种为筹集现金而进行的涉及资产转移的复杂金融交易。通常，这种交易还具有特定的会计、监管和/或税收待遇目的。这种交易可能涉及证券发行，也可能不涉及。

■ 将支付转移给他人的一方对该项权利的货币化。

■ 一种融资交易，通过合法的结构隔离资产风险，降低资产发起者的风险。

■ 某一资产（负债）或资产组合（负债组合）内在风险的确认和隔离。利用特定的风险转移机制、有效地为此种资产（负债）融资。

■ 将资产所产生的现金流塑造成合法的金融结构，从而与破产风险相隔离，并且提高现金流的可预测性。

■ 一种涉及将现金流货币化的筹资方式，可能在当前或未来某一时间到期。为了以更低的成本获得资金，这种方式采取了无追索权的融资技巧。同时，它帮助借款者实现其他的运营目标。

■ 通过重组将非流动性资产或资产组合变为流动资产或资产组合；将投资者原先不愿意购买的资产汇集，作为证券、凭证或票据出售给投资者；通过将一部分资产与资产发起人或证券发行人拥有的其他资产相隔离从而分散风险；为原先不适合投资的资产创造一个有效市场，并在当前的市场状况下交易这些新产生的投资工具。

■ 将原投资或投资组合分割成为三个或三个以上不同的证券，这些证券的价值来自于原先的投资或投资组合。

■ 包括所有高级的私人或公开金融协议，它的目的在于有效地为传统表内证券（债务、债券以及权益）以外的可盈利经济活动再融资或防御风险，降低融资成本，减少信息不对称带来的代理成本，削弱市场上对于流动性的阻碍。特别地，大多数结构化融资，（1）将传统资产与或有追索权结合起来，如风险转移衍生品或商品、货币、应收账款的衍生追索权；（2）通过综合方式再造传统资产。

最后一条定义可能是最接近结构化金融的本质含义的。显然，结构化金融包含比证券化更为广泛的意义，虽然证券化是最普遍的一种定义。

1.2.2　工具和技巧

一些受访者对结构化金融的定义着重强调了工具和技巧的使用：

• 一个术语的两种用法：（1）资产支持证券（ABS）、住宅抵押贷款支持证券（RMBS）、商用不动产抵押贷款支持证券（CMBS），以及担保债务凭证（CDO）；

(2) 以企业名义推出的信贷衍生品。这位受访者将资产支持证券信贷违约互换（ABS CDS）同时划入这两类。

- 包含下列部分或全部的组成部分：衍生品、证券化或特殊目的载体。简单的结构化融资可以仅仅是一个含有嵌入式期权的可赎回债券，复杂的结构化融资可以是跨国界、具有税收优势的证券化产品。

- 任何利用特殊目的载体（SPV）进行了特定结构化的交易（SPV 与原企业相分离，并具备破产豁免的特性），在交易所发行债券，并由围栏资产作为抵押，所产生现金流仅用以支持这笔交易。这些特点使得发行人能够获得比发行高级无担保债券更高的评级或杠杆率。

- 包括证券化技巧、租赁结构、税收抵免、衍生品的使用，以及涉及税收、证券和相关法律法规、会计政策的金融和监管套利的使用。

- 一种使收益最大化从而能够为发行人提供资金支持的融资方式，一系列的技巧被用来吸引投资者，这些技巧包括：（1）破产豁免的特殊目的载体的使用；（2）传递型实体的使用，从而避免双重课税情况的出现；（3）用以降低现金流损失风险的技巧的使用；（4）使发行人的税收优势最大化的技巧的使用。

- 包括隔离或转移风险的金融工具，例如信贷衍生品。作为通用的工作原则，信贷衍生品涉及或有信用保护的出售，这种保护预先规定了贷款交易中的信用事项。信贷衍生品是贷款发放和信用风险之间的联结，使得贷款人和借款人之间的关系变得完整。信用保护的买方通过向卖方定期缴纳一定的费用来换取对特定信用风险的保障；另一方面，卖方假定金融合同的信用风险和基础交易相隔离。信贷衍生品的重要意义在于其可以通过将信用风险转移给第三方来补充传统的信用风险对冲方法。单纯的信贷衍生品是结构化产品的一个明显的例证，这种信用风险转移的结构化产品能够转移特定的资本市场定价风险。其他基于非信贷衍生品的信用风险转移包括信用保险、银团贷款（syndicated loans）、贷款出售、债券交易，以及资产互换。这些金融工具和信贷衍生品的金融目的相同，但它们并不从参考资产中创立新的风险回报特征。

这个受访者对于狭义和广义上的信贷衍生品做了区分。后者包括单纯的信贷衍生品，例如信贷违约互换（CDS）、总收益互换、信用价差期权，以及具备明显信贷衍生品特征的证券化产品，例如担保债务凭证（CDO）。一些没有资金支持或只有部分资金支持的结构化金融交易，例如信贷关联证券（CLN）以及合成型 CDO，能够进行现金流重组以及特定分层的信用风险转移（这一点不适用于有完全资金支持的 ABS 和 MBS），因而既包含证券化的要素，也包含信贷衍生品的要素。这些混合型产品从广义上来说也属于信贷衍生品，它们通常决定了某特定的信用事件不发生时证券化债务的偿还（针对 CLN）、卖出参考资产信用保护的费用收入（针对合成型 CDO），或投资于作为参考资产的证券化交易所得的收益（资产池的资产池）。

CDO 在结构化金融领域的增长最为迅速。通常来说，CDO 代表了一种资产支持证券（ABS），它将大量、多样的资产风险池转化为可交易的资本市场债务工具（分层）。在CDO的结构中，资产管理者能够增加所管理资产的数量，同时锁定承诺的资金，并从市值波动中获得保护。现金CDO由实际债券作为抵押，其法定所有权归购买者。相比之下，合成CDO包含了大量的信贷衍生品以及各种第三方保证，以此从特定信用风险绩效的合成索赔中产生了部分资金支持的高杠杆投资。CDO涉及了现金流或者套利机制，从而为预期的本金和利息支付或者预期的交易活动提供资金支持。CDO使得发行者得以实现一系列财务目标，包括证券化风险的表外处理、降低资本的监管要求，以及获得其他途径的资产和流动性支持。传统的CDO设计认为证券化具备典型的三层结构，即初级、中间级，以及优先级。预期损失被作为股权集中在首先损失（first-loss）层级中，承担主要信用风险，并且常常由初级CDO所涵盖，将大部分不可预测的风险转移到更大、更高级的层级去，这些更高的层级具备明显不同的风险状况。这种风险共担的制度安排引发了构成层级的杠杆效应，而不同的层级具备不同的风险回报特征，以适应不同的投资偏好。

1.2.3 结构化金融在何时、何处使用

一部分受访者针对结构化金融在何时、何处使用进行了强调：

■ 当（1）现有的外部融资形式难以获得，或无法满足某一特定的融资需求，或（2）传统融资渠道太过昂贵时，金融或非金融机构会在银行业或资本市场中使用。

■ 贷款到期日内具有稳定的现金流，且贷款拥有者希望从融资收益中获得大额的现金支付，以保证对该现金流的拥有权和管理权。能够对一系列现金流加以利用，例如电力购买协议收入、房地产租金收入、信用卡收入、公路费收入、代替税收入、专利收入等。

■ 通过去中介化（disintermediation），用信贷融资代替基于资本市场的融资，即为银行存贷款能力以外的财务关系提供资助。发行者通过发行所有者凭证来筹集资金，这些凭证作为现有或未来金融资产投资池现金流的抵押，力图在不增加资本进出的情况下提高发行者的流动性；发行者亦可通过将参考资产卖给特殊目的载体（SPV），再由SPV发行债券为购买者提供资金支持。

1.2.4 使用结构化金融的好处

其他一些定义强调了结构化金融带来的好处：

■ 使得（1）之前只能通过传统借款方式融资或（2）不能通过结构化金融以外的方法融资的某一特定资产分类的融资成为可能。

■ 在期限结构、证券设计，以及资产类型方面为发行者提供灵活性，使得发行者能够向投资者提供更好的收益以及更适合其风险偏好的分散化程度。

■ 以最低的交易费用提供前沿的最优多元化的交易，为资本市场的完善做出贡献。

■ 使发行者能够获得比高级无担保债券更好的信用评级或更高的杠杆率。

■ 可以降低借款成本。通常，专属金融公司和独立企业能够获得比证券化资产发起人更高的评级。

■ 可以通过将流动性资产变为现金来提供资金和流动性。

■ 可以转移资产或负债的风险，使得作为发起人的银行能够从事更多的业务而又不让资产负债表膨胀。

■ 使得金融机构能够利用监管资本套利，例如采用低回报监管资本的资产证券化。

■ 能够被用来避免企业潜在的运营负债。

1.2.5 证券化

今天，市场的结构化金融很大一部分涉及证券化，这一点从我们先前提到的三条已出版发表的定义中就能看出。一些受访者也向我们提出了他们对于证券化的定义，这些定义包括以下一些内容：

■ 关于给定资产将有何表现，或给定风险将如何发生的高级信息的使用。这些资产将被融资，风险将被分散，这是通过一些结构化手段来隔离这些资产或风险而实现的。更为常见的是通过资本市场发行来实现。

■ 通过将金融资产转移至某一特殊目的载体来筹集资金的一种方式。特殊目的载体发行证券，其支付建立在与金融资产和发起人的信用风险相隔离的交易中，即投资者金融资产筹集的基础之上。

■ 一些人认为单个资产也能被证券化。就此而言，债券可以被视为一种证券，是支付承诺、现金流，或资产价值的证券化。

有一位受访者认为证券化和传统的担保债务十分接近。证券化的目的在于向贷款人或投资者提供比传统担保债务更强的保障，防范资产发起人的企业信用风险。从原则上说，证券化贷款人/投资者是一种“超级担保债权人”，拥有比传统担保债务贷款人更高的权利。证券化运用了一个概念，即资产主体已经被发起人“卖出”，因此如果发起人在《破产法》下申请保护，它就不会被卷入破产程序中。

这位受访者又进而向我们提供了证券化的工作性、功能性定义。在证券化中，公司通过发行由特定资产作支持的债券来筹集资金。在大多数情况下，标的资产是贷款，例如住房贷款或汽车贷款。标的资产所提供的现金流通常是借款者/发行人就该证券支付款项的资金来源。一般认为，证券化产品包含 ABS、RMBS、CMBS、CDO，以及资产支持商业票据。

证券化资产的“出售”通常需要利用特殊目的实体（SPE）。典型的证券化由两步交易构成：第一步，发起人将资产主体转移至 SPE，这一转移是确实发生的出售。第二步，SPE 发行由该资产作为支持的证券，SPE 用销售证券所得支付资产发起人。此外，发起人收到的一部分将资产转移给 SPE 所得的报酬是 SPE 的所有权。在有些证券化过程中，资产发起人并不享有 SPE 的股权，而是通过其他手段保留该证券化资产的从属地位或股权地位，例如采用可变费用结构。

■ 除了是灵活高效的资金来源外，证券化的资产负债表表外处理（1）能够减少资本的经济成本，同时作为资产负债表重组工具，减少监管所要求的最少资本；（2）另一位受访者指出，其还能够使资产风险多元化（尤其是利率风险和货币风险）。

■ 多元化的资产组合所产生的证券化现金流是一种向投资者和更广泛的资本市场重新分配资产风险的有效方式，它相当于资产风险的分割和变形。和普通债务不同的是，对承诺的资产组合业绩的证券化或有求偿权使得投资者能够以较低的交易成本根据个人风险敏感度、市场情绪，以及消费偏好的变化迅速调整所持有的投资。

1.2.6 关于更广泛定义的论述

有一位受访者倾向于更广泛的定义，该定义包含了项目融资、杠杆租赁、证券化、结构性风险转移（巨灾联结型证券、其他和保险挂钩的证券、内含价值型证券），以及其他各种衍生品的应用。的确，在这一更广泛的定义下，先前本章中讨论的大部分概念性定义都符合结构化金融的各个方面。根据这位受访者的观点，结构化金融最大的特性之一就在于它可能是无法定义的，而正是这种难以定义的特性使得它保持了充分的创造性、生命力和灵活性，并且使结构化金融在会计、监管以及其他诸多挑战下获得成功。

另一位受访者建议我们谨慎对待定义的包含范围，包括一些灰色地带，例如项目融资、设备信托凭证等。同样，还有一位受访者认为，在当今市场上，结构化金融仅仅指那些更为复杂的交易。市场上没有关于这些差异的统一标准并不奇怪，因为我们知道，金融领域极具活力，变化不断，今天看来很复杂的交易说不定明天就变得简单和普通。因此，这位受访者总结道，市场其实并不需要关于结构化金融的一个准确定义。一位金融界的咨询师也认同这一观点，表示“模棱两可的定义是对我有利的”。

总体而言，大多数受访者支持我们采用更为广泛、包容的定义。因此，在本书中，我们不仅包括证券化，也包括其他应该被视为结构化融资的交易。

1.3 案例学习：安然事件如何影响到结构化金融的界限

有一位受访者告诫我们说，随着结构化金融市场的复杂化和投资者可选择产品的多样化，对于信息的集合、管理，以及传播都不可避免地构成了挑战。另一位受访者提醒说，尽管结构化金融和证券化带来了灵活性，但它们也可能成为操纵财务报表和行骗的工具，不过这些违规行为最终将导致交易赞助方的利益受损。在给出定义的同时，有几位受访者也提到，安然事件超出了结构化金融的法律及道德界限。

2002 年 9 月，《结构性和项目融资杂志》采访了 9 位业界领先、贡献卓著的专家，听取他们关于安然事件如何影响到项目融资以及结构化金融的界限的建议。总体来说，这 9 位专家普遍认为，安然的破产及其他相关事件并没有改变传统项目融资的本质和作用，但事件导致了更具创新形式的结构化融资和项目融资发展的减速。另外，安然事件直接或间接的影响包括：贷款人及投资者对于能源和电力领域的投资更为谨慎；对于资产负债表表外交易更为慎重；更加强调交易对手的信用风险，尤其是当涉及公司的商业用电交易时；更注重分析公司经常性自由现金流是如何产生的。在这一领域，尽管对传统项目融资的信息披露已经比大多数类似公司的金融要求严格，但是，对信息透明和披露的重视还是增强了。在最近的市场环境中，出于安然事件的前车之鉴，一些电力公司已经取消了部分项目，出售资产以降低杠杆率，并借助于资产负债表表内融资方式增强流动性。

1.3.1 背景

安然公司破产的直接原因是投资者信心的丧失。这一信心的丧失是由于公司收入重述以及表外实体及相关债务披露的不足和误导所造成的。除此之外，还有一些和能源电力行业的情况相关的次要原因，但和结构化金融本身并没有关系。这些原因包括：（1）2001 年加利福尼亚州的电荒；（2）太平洋煤气电力公司的破产；（3）由于发电站的过度建设而造成的实时电价下跌；（4）投资者、贷款人，以及独立发电企业风险评级机构不断增强的洞察力；（5）对能源贸易行业与日俱增的怀疑，包括对利用电力合同逐日盯市制度和表外工具来操纵收入的怀疑。

1.3.2 传统项目融资的影响

花旗集团总裁乔纳森·林登贝格提醒我们，传统的项目融资是基于资产和现金流的融资，这与安然公司饱受批评的资产负债表表外合伙关系是截然不同的。根据 Bingham McCutchen 公司合伙人罗杰·菲尔德曼的观点，项目融资历来具备现金流的稳定性、交易对手的优质信誉、长时间交易的能力，以及对法律体系的信心等特点。凯雷投资集团总裁巴里·戈尔德认为：项目融资是一种使现金流货币化、提供保障、分担或转移风险的方式。安然所涉及的交易不具备上述任何一种特征，而是企图获得会计、税收以及信息披露的套利。

根据林登贝格的观点，传统的项目融资是建立在透明的基础上的，这与安然公司的合伙关系是不同的。任何一个称职的项目融资投资者或贷款人都会坚持尽职审查，而安然公司的外部投资者却没有这样的机会。称职的项目融资投资者会关注于所有导致现金流产生的细节，因此，项目融资比大多数企业并购涉及更多的信息披露。

巴里·戈尔德指出，在传统的项目融资中，分析师和评级机构不会面临当前信息披露标准的问题，披露标准向来都是显而易见的。首先，分析师和评级机构明白项目融资要么有追索权，要么没有追索权，要么在表内，要么在表外。例如，在合资企业中，如果公司对一个项目的拥有权不超过50%，那么会计上就应该采用权益法。在利润表上，该公司从项目获得的收入应列入线下的未合并子公司股权投资部分；在资产负债表上，公司对于该项目的投资应计入未合并子公司的股权投资中。要记住的一点是，不管项目是表内还是表外融资，分析师都知道应该在哪里找到相关信息。

林登贝格解释说，表外处理方式未必是人们选择项目融资的主要原因。更主要的动机在于，通过让不同信用评级的各方共同参与项目融资来转移风险，而如果它们各自进行表内融资的话，就会由于借款成本不同而提供不同数额的资本。上述所有的考虑与安然公司的合伙关系无关。安然公司以一家拥有3%股权且不承担任何风险的金融参与方充当噱头，将资产和相关的负债都移至了资产负债表表外。

1.3.3 结构化项目融资

尽管安然事件对单纯的项目融资并无严重影响，但林登贝格和沃伦克莱因注意到，类似于综合租赁、结构化合伙关系，以及股权信托这样具有创新形式的结构化融资活动的发展速度正在减缓。

林登贝格指出，综合租赁实际上是一种成熟的产品，至今已涉及数十亿美元的交易，对于评级机构和会计师来说并不陌生，但综合租赁的问题在于它的“头条风险”（译者注：即由于重大事件被媒体广泛报道而对公司造成的不良影响，而报道本身可能是缺乏依据的）。自安然事件以来，许多其他公司也出现了信息披露问题。尽管综合租赁的透明度很高，并为金融专家所熟知，但市场上的公众对于它的资产负债表表外因素依然缺乏正确的认识。

不过，格林盖特有限责任公司的克里斯多夫·戴蒙德提醒我们，市场对于任何听起来和安然类似的消息都反应过度了。结构化融资和项目融资技巧之所以得到发展，是出于对风险管理的全面考虑。戴蒙德认为，也正是基于这些考虑，必须为结构化融资和项目融资技巧进行有力的辩护。人们认为其金融结构过于“复杂”完全是偏见，这种偏见最终将导致切实的经济和财务代价。大多数投资者和项目发起人都足够懂行，能够辨明这些区别，假如他们发现市场对过于复杂的结构会产生不良反应，他们还是会停止使用这些金融工具的。安然危机之后，有好几家公司都公开承诺，表示它们不会使用资产负债表表外结构。不过，戴蒙德相信，公司与其迎合市场上这种无端的厌恶情绪，不如尽力去详细解释合法的无追索权负债和安然公司所采用的结构有什么不同。

1.3.4 特殊目的实体（SPE）

Bingham McCutchen 公司的菲尔德曼认为，安然公司用公司股票作为抵押，制造利益冲突，这损害了无追索权特殊目的实体的良好本质，导致所有这类结构都变得可疑。菲尔德曼强调，在传统的项目融资中，无追索权的特殊目的实体必须目的明晰，充分围绕相关交易。在处理安然公司破产的善后工作中，项目发起人以及支持这些项目的银行家、律师应当尽力就这些实体的合法商业目的给出解释。

1.3.5 自由现金流的来源

标准普尔总裁威廉·朱回忆道，安然申请破产保护之后，立即有人质疑项目融资和结构化金融是否能保持现有的形式继续存在。确实，一些拥有大笔表外融资、信息披露不足的公司受到了更严格的检验，且股票和债券的估值大幅下跌。为此，一部分公司尽可能地加强了流动性，并减少了债务。但是，威廉·朱相信，随着时间的流逝，安然事件以及近期其他一些市场冲击的影响可能不是对项目融资的放弃不用，而是细致地对企业如何产生经常性自由现金流、现金流会受什么影响进行评估。在这个过程中，项目融资和其他类型的结构化金融可能会继续发挥重要的作用。在威廉·朱看来，可能的变化在于，人们关注的重点将不仅仅是项目结构，而且包括该结构会如何影响公司层面的现金流以及信用状况——例如，通过条件担保（译者注：springing guarantee，即在特定事件发生时才生效的担保，例如当借款人申请破产时）和潜在的债务加速、通过或有赔偿和业绩保证、通过限制抵押以及其对于项目和企业控股公司层面的限制、通过合资企业的可能性和解散合伙关系使现金流突然发生变化。标准普尔通过项目以及企业信用分析提醒我们，美国公认会计准则（GAAP）和现金流分析之间可能存在很大的不同。

1.3.6 担保物权

菲尔德曼指出，在某种程度上，电力行业已经从合同交易转变为某种现金流贸易交易，交易对手对于一笔交易的可行性变得至关重要。交易中的担保不再是资产本身，而更多地取决于交易对手将对资产做些什么。资产在交易对手手中拥有期权价值，但如果银行要取消赎回权的话，其价值就会完全不同——低到你都不想知道了。

菲尔德曼认为，安然公司企图自己设定天然气、电力，以及其他各种新型的、交易量较少的衍生品合约的交易规则，这一现象向人们提出了几个关于抵押品和担保的有趣问题。过去，发电厂融资的担保包括合同、交易对手合约，以及资产。但是如果贷款人的担保取决于特定合同的每日市场价格，那么就存在交易对手逐日盯市的公正性的问题，包括多少销售量是足够的、多少抵押品是足够的、贷款人如何获得足够的担保物权、贷款人怎样监督担保物权的价值，以及贷款人怎样才能获得与交易相关的现金流的优先留置权。菲尔德曼认为，在结构化金融交易中，最核心的问题向来在于抵押品是否是切实存在的，以及贷款人是否真的能够获得该抵押品。

1.3.7 各个公司的回应

美国发电公司的雅各布·沃伦克莱因注意到，受到安然事件影响的企业面对后安然时代的市场环境迅速而果断地做出了反应，通过发行新股、取消一些项目、出售资产（要么使其脱离结构化金融交易，要么将其放在资产负债表内）来增强流动性，并加强了透明度和信息披露。虽然传统的项目融资和导致安然公司破产的资产负债表表外实体基本无关，但 PHJW 律师事务所的迪诺·巴拉哈斯担心公众的强烈抵制会导致信贷紧缩，对项目融资造成影响。如果发生这样的情况，可能的解决方法之一是进行更多的表内公司项目融资。有几家电力公司已经利用自身的总体企业现金流和信贷优势采取了大规模信贷措施。

公司可以采取的另一种方式是以一揽子电力项目为抵押进行融资，使得贷款人能够分散风险，但这一方法仍然很大程度上取决于借款企业本身的信用状况。不过，巴拉哈斯相信，不管对于项目发起人还是贷款人来说，单个发电厂的项目融资都比上述两种方法要好。比如说，假设一个公司为 10 个项目分别进行了融资，其中 3 个项目遇到了困难，公司可以做出理性决策，决定哪些项目是可以挽回的，哪些不值得再花冤枉钱了。公司可以取消项目的赎回权，对其进行重组并将其出售。但如果一个公司同时为 10 个项目融资，那么管理层将感到有必要人为地操纵调整一些项目，使得一个项目的失败不至于影响整体的信用状况。出于短期目的的考虑做出这样的决定对公司的长期利益没有好处。

1.3.8 透明度和信息披露的加强

沃伦克莱因注意到，安然事件以后，主要的电力公司开始披露更多关于公司经营和融资状况的信息。类似地，凯雷投资集团的戈尔德注意到这些信息披露带有一种强烈的保守气氛，例如企业在会议室讨论起草可能的项目融资的时候。银行家力图确认交易已经进行过披露，并且经过了正确的解释。

沃伦克莱因认为企业管理层应当努力重塑人们对于企业所披露数据的信心。企业应该像过去追求增长一样追求诚信，摒弃过去采用的那些花招噱头，连贯地传达并执行简单、明确的战略愿景。这将包括对资产负债表的清理，那些发起人有追索权的交易应该被重新放在资产负债表中。只有真正的无追索权交易才能放在表外。为了准确、公正地表述经营状况，公司必须竭尽全力去传达收入确认的假设和信息，包括逐日盯市交易的收入确认信息。在沃伦克莱因看来，对收入的管理应该被对现金流的管理取而代之，因为现金流才是评级机构所真正关注的，对于这一点，标准普尔的朱持有相同观点。

1.3.9 监管问题

菲尔德曼也提出了几个监管方面的问题。安然公司之所以能随心所欲地给天然气、电力，以及其他类型的合约估值，一个原因就在于它实际上成了世界上最大的一个不受监管的银行。它成功避开了美国商品期货交易委员会（CFTC）的监管，这一部分是安然公司自己努力游说而来的结果，一部分是由于联邦能源管理委员会（FERC）拒绝参与其中造成的。因此，安然公司能够回避监管机构对商业银行和投资银行进行期货交易的检查。当然，证券分析师一直抱怨安然的财务报表晦涩难懂，得到的回应却是他们不懂业务。

1.3.10 其他教训

东方汇理银行的詹姆斯·吉德拉从安然事件对结构化金融领域的启示上总结了几条教训：

■ 即使不是欺诈，将有形或无形资产转化成发起人控制下的非附属载体也有可能在非经常性收入或递延损失的程度方面误导投资人。

■ 由无形资产（例如投资、合同、公司股票）或不能公平有效进行估值的有形资产作为担保的结构性交易可能存在回收率低的风险。

■ 受安然破产的影响，参与结构化融资和项目融资以及能源行业的银行和投资人将会变得十分保守，这将限制该领域企业的资本获得能力，产生流动性问题。

格林盖特有限公司的戴蒙德就会计处理和信息披露提供了几个建议：

■ 各行业项目融资投资者关系部门从业人员必须努力使公众认识到真正的无追索权结构和安然公司的活动有什么不同。

■“无追索权”和“表外”必须是近义词关系。公司股东确实没有追索权的负债，这时负债才能被进行表外处理。安然公司似乎违反了这一原则，因为通过重新上市，安然的股东对表外未披露的负债拥有明显的追索权。

■ 很多项目融资结构的追索权虽然有限，但不是无追索权，因此就可能存在一些灰色地带，使得会计准则允许表外处理，但对于母公司股东又会有一些或有负债。在安然事件之前，任何关于潜在股东追索权的完整（附注）信息披露都是可取的，而现在则绝对是必需的。

总而言之，今天的项目融资作为结构化金融的一种形式良好地存在和发展着。我们只不过需要提醒有些人它的基本原理是怎样的。安然事件没有撼动项目融资的地位，也没有影响到人们对结构化金融的合理创新。安然事件对我们的主要启示在于透明度和信息披露的重要性。如果你的公司经营或者融资结构有一部分变得难以解释了，那么你最好首先问一问这样是不是合理的。

1.4 结论

我们在这章中强调，结构化金融这一术语包含了广泛的金融市场交易和产品。尽管较为常见的定义是围绕证券化展开的，但结构化金融产品也包含一些复杂的工具和交易，例如含有嵌入式特种期权的债券、项目融资，以及杠杆租赁。我们认为证券化以及 SPV 的使用是结构化金融较大的一个分支。

总之，结构化金融没有单一的定义，这个术语可以用来形容任何非常见的金融交易或工具。

第 2 章　利率衍生工具

第 1 章解释过，结构化金融产品常常和衍生品工具相联系。顾名思义，衍生品工具的价值决定于标的变量的价值。衍生品工具的形式有期货合约、远期合约、互换协议，以及期权类合约。衍生品的分类取决于其标的资产，包括利率衍生品、货币衍生品、股票衍生品、商品衍生品，以及信贷衍生品。在本章及下一章中，我们将着重讨论两种常用的衍生工具，即利率衍生工具（本章）和信贷衍生工具（第3章）。货币、股票以及商品的衍生品形式（期货、期权、远期和互换）同利率衍生品工具相类似。

2.1　利率远期和期货合约

远期合约是一种交易双方约定在未来的某一确定时间，以确定的价格买卖某种标的资产的场外协议。指定的双方交易日期被称为结算日或交割日。持有长（短）头寸的一方有义务以特定的价格买入（卖出）标的资产。合同的条款由双方协商决定。因此，远期合约对于交易双方来说都是特有的。我们通常称持有长头寸的一方为“买入远期合约”，持有短头寸的一方为“卖出远期合约”，但这是一种不确切的表述方式。在远期合同建立的时候，交易双方之间是没有款项易手的。双方都承诺根据预先商定的条款在未来进行交易。

在结算日，持有长头寸的一方需要向持有短头寸的一方支付特定的价格（远期价格）来换取标的资产。长头寸方所需支付的金额仅仅是标的资产价格减去远期价格的差，同样，短头寸方所需支付的金额是远期价格减去标的资产价格的差。很显然，远期合约是一个零和博弈。

2.2　期货合约

期货合约是买方（卖方）和交易所或其清算所之间的法律协议，买方（卖方）同意在某一确定日期以确定价格交割实物商品或金融商品。双方约定在未来确定日期进行交易的价格称为期货价格。买入期货合约从而持仓的市场参与者被称为期货合约的多头，或期货多头。反之，如果投资者以卖出期货合约开仓，就称该投资者为空头，或期货空头。

从描述中可以看出，期货合约与远期合约非常相似。它们的不同在于四点：第一，期货合约是规定了交割日期（或月份）和交付商品质量的标准化合约。另外，由于期货合约是标准化的，它们是在有组织的交易所中进行交易的。而远期合约通常是交易双方单独商定的，不存在或很少有二级市场交易。第二，期货合约的交易对手之间存在着清算所作为中介，以确保双方履行合同。远期合约双方都有交易对手风险。交易对手风险是指交易对手不能履约的风险。第三，期货合约采取逐日盯市制度，但远期合约可能不是这样。最后，虽然期货合约和远期合约都阐明了交割的条款，但期货合约不需要通过实物交割结算。

利率期货可以按照标的物的到期日来分类。短期利率期货合约的标的物在一年或一年内到期，例如标的物是一张三个月的欧洲美元存单的期货合约。长期期货合约的标的物到期日在一年以上，例如标的物是美国国库券的期货合约。

2.2.1 欧洲美元存单期货

欧洲美元存单是由美国、加拿大、欧洲各国，以及日本银行主要在伦敦发行、以美元计价的存单。这些存单以和美元 LIBOR 相关的一个利率作为固定利率。LIBOR 一词来自于伦敦银行同业拆借利率（London Interbank Offered Rate），是一家伦敦的银行提供给另一家信用良好的伦敦银行现金存款的利率。它是由英国银行家协会在每个工作日的早晨通过各家成员银行提供的平均利率而决定的。

三个月（90 天）的欧洲美元存单是欧洲美元存单期货的标的资产。这些合约在芝加哥商品交易所以及伦敦国际金融期货交易所的国际货币市场交易。合约的面值为 100 万美元，是在指数价格的基础上进行交易的。该指数价格基础等于 100 减去年化的 LIBOR 期货。例如，欧洲美元存单期货的价格为 98.23，则三个月的 LIBOR 期货为 1.77%。欧洲美元期货合约是以现金结算的合约。具体而言，交易双方在结算日根据由 LIBOR 确定的欧洲美元存单价值进行现金结算。欧洲美元存单期货合约是世界上交易量最大的合约之一，常常被用以进行短期市场交易，许多套期保值者认为这种合约在许多情况下是对冲的最好工具之一。

2.2.2 长期和中期国库券期货

长期国债期货合约在芝加哥期货交易所（CBOT）进行交易。合约的标的物是面值为 100 000 美元，假定期限为 20 年的债券。此债券的票面利率被称作名义息票率。名义息票率为 6%，标的资产为假定的长期国库券。尽管大多数利率期货合约都只能以现金结算，但长期国库券期货合约的卖方（空头）如果选择交割债券，而不是在结算日前买回合约的话，那么它必须有长期国库券可供交割。因此问题就在于，可供交割的是哪一种长期国库券呢？CBOT 规定了几种卖方可以交割的长期国库券。为了避免某一单一的债券供给短缺①，并将有不同支付进度的新发行债券考虑在内，这些合约包含了多种可交割债券。所有满足某一合约交割条件的一揽子债券都可以交割（deliverable basket）。我们将在下一章讨论信贷违约互换的这一

① 指某种特定证券供不应求。某种证券的空头方常常担心不能获得足够的该债券以轧平头寸。

特征。

长期国库券期货的交割过程具有创造性，是世界上各个交易所债券期货合约交易的典范。在结算日，期货合约的卖方（空头）需要向买方（多头）交割名义息票率为6%，面值为100 000美元，期限为20年的长期国库券。如前所述，这种债券其实是不存在的，因此卖方必须从一揽子可交割债券中选择一种交付给买方。为保证交易对双方都是公平的，芝加哥期货交易所（CBOT）使用换算系数调整每个可交割债券的价格，以满足长期国债期货合约的需要。在一揽子可交割债券中，转换系数是通过假设在收益率曲线水平且为6%的情况下，交割每个债券的成本都大致相等而计算出来的。已知每种债券的换算系数和期货价格，调整后的价格可以通过换算系数乘以期货价格算出。调整后的价格叫做转换价格。

在选择用以交割的债券的时候，持有短头寸的一方会从所有可交割债券中选择一个从买现卖期交易（cash-and-carry trade）中获得回报率最大的债券。买现卖期交易是用借来的资金买入可交割债券，同时卖出长期国库券期货合约的一种交易方法。买来的可交割债券可以压平期货空头头寸。于是，通过买入可交割国债并卖出期货，投资者实际上等于是以交割价格（即转换价格）卖出了债券。我们可以计算出这个交易的回报率。这个回报率被称为隐含回购利率（implied repo rate）。拥有最高隐含回购利率的债券被称为交割成本最小的债券。我们讨论信贷违约互换时会再一次谈到这个概念。

中期国库券期货合约分为三种：10年期、5年期和2年期的。这三种合约和长期国库券期货的形式类似，在芝加哥期货交易所交易。

2.3　利率互换

利率互换向市场参与者提供了改变投资组合、资产负债表、特定资产或负债，以及结构性交易的利率风险和现金流的工具。

在利率互换中，交易双方约定定期相互交换利息。所支付利息的数额取决于预先决定的本金，该本金称为名义本金。每一方支付给对方的金额等于约定的利率乘以名义本金。双方只进行利息的支付，而不涉及本金的交换。因此，名义本金只是将利率转化为现金流的一个比例系数。在最常见的互换中，一方承诺在合同期的确定日期里向另一方支付固定金额的利息，这一方被称为固定利率支付者。另一方承诺根据某一参考利率支付浮动利息，其被称为固定利率接受者。

利率互换中浮动利率的参考利率包括货币市场的一系列利率：短期国债利率、LIBOR、商业票据利率、银行承兑利率、定期存款利率、联邦基金利率，以及最佳客户利率（prime rate）等。最为常见的是伦敦银行间同业拆借利率（LIBOR）。LIBOR是伦敦一家主要银行向另一家主要银行在特定期限所提供的欧洲美元以及其他货币存款的利率，对于不同的到期日有不同的利率。例如有1个月的LIBOR、3个月的LIBOR，以及6个月的LIBOR。同样，根据到期日以及报价的金融机构的不同，短期国债、银行承兑、定期存款等也有不同的利率。利率互换协议以及其他的金融协议会明确定义使用哪些利率，以及怎样使用这些利率。

图表2.1所描述的是交易对手之间进行利率互换的情况。假设在未来5年内X承诺向Y每年支付10%的利率，而Y承诺向X支付6个月的LIBOR（参考利率）。X是固定利率支付者，Y是固定利率接受者。假定名义本金是50 000 000美元，每6个月支付一次利息，那么每6个月X（固定利率支付者）就要向Y支付2 500 000美元（10%乘以5 000万美元再除以2），Y（固定利率接受者）向X支付的金额是6个月的LIBOR利率乘以5 000万美元再除以2。假设6个月的LIBOR利率是7%，那么Y需要向X支付1 750 000美元。这里我们除以2是因为支付的是半年的利息。

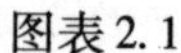
图表2.1 交易双方之间利率互换关系示意图

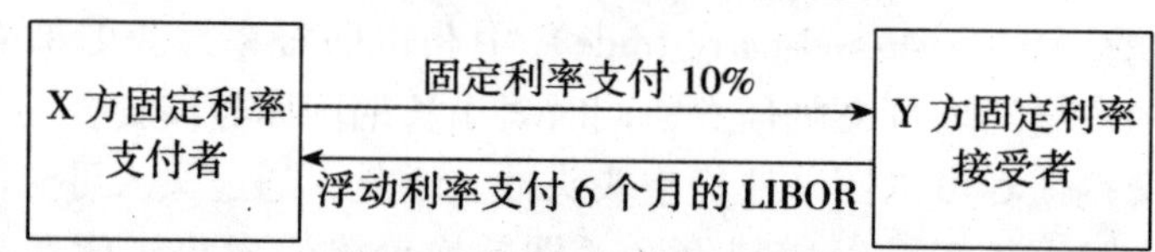

利率互换是场外交易，不在交易所进行交易。因此，交易双方进行互换时面临的风险可能是另一方无法履行协议规定的义务。也就是说，交易双方都面临着违约风险，我们称之为“交易对手风险”。在任何双方需要根据合同履行一定义务的协议中，交易对手风险指的是另一方违约的风险。对于期货以及在交易所进行交易的期权来说，交易对手风险就是清算所违约的风险。市场参与者认为这种风险是很小的。相比之下，互换中的交易对手风险比较大。

2.3.1 正确理解互换的头寸

互换的头寸可以通过两种方式理解：（1）一个远期/期货合约的组合以及（2）买卖现金市场工具而产生的现金流组合。

2.3.1.1 远期合约的组合

继续使用上文中用到的利率互换的例子，考虑X的头寸。X承诺支付10%的利率并收到6个月的LIBOR利率。更具体地说，假设名义本金为50 000 000美元，那么X承诺用2 500 000美元购买一种名为“6个月LIBOR”的商品。这实际上构成了一个6个月的远期合约，在该合约中，X承诺将以2 500 000美元买入6个月LIBOR。固定利率支付者实际上是持有6个月LIBOR的6个月远期合约的长头寸。浮动利率支付方相当于持有6个月LIBOR的6个月远期合约的短头寸。因此，对应于每个交换日期都存在着一个隐含的远期合约。

综上所述，利率互换可以看成是更基本的利率衍生工具的组合——远期合约的组合。

2.3.1.2 现金市场工具的组合

为了理解为什么互换也可以看成是现金市场工具的组合，我们考虑一个投资人进行了如下的交易：

■ 买入50 000 000美元面值的5年期浮动利率债券，每6个月按照6个月LIBOR支付利息。

■ 用50 000 000美元的借款来购买上述债券，借款期限为5年，年利率为10%。利息以6个月计算。

图表2.2是上述交易的现金流情况。图表第二列是购买5年期浮动利率债券所产生的现金流。最初有50 000 000美元的现金流出，其后有10笔现金流入。由于利率决定于未来6个月LIBOR的利率，因此现金流入的量是不确定的。图表的第三列是以固定利率借入50 000 000美元产生的现金流。图表的最后一列是整个交易的净现金流。从最后一列可以看出，最初的现金流入和流出相互抵消，因此没有净现金流。在全部的10个6月期内，净头寸是由LIBOR相关的现金流入以及2 500 000美元的现金流出产生的。这个净头寸和固定利率支付者/浮动利率接受者的头寸是完全相同的。

图表2.2 **以固定利率融资来购买5年期浮动利率债券所产生的现金流**

6个月	现金流（单位为百万美元）		
	浮动利率债券	借款成本	净值
0	50	+50	0
1	+（$LIBOR_1$/2）×50	−2.5	+（$LIBOR_1$/2）×50−2.5
2	+（$LIBOR_2$/2）×50	−2.5	+（$LIBOR_2$/2）×50−2.5
3	+（$LIBOR_3$/2）×50	−2.5	+（$LIBOR_3$/2）×50−2.5
4	+（$LIBOR_4$/2）×50	−2.5	+（$LIBOR_4$/2）×50−2.5
5	+（$LIBOR_5$/2）×50	−2.5	+（$LIBOR_5$/2）×50−2.5
6	+（$LIBOR_6$/2）×50	−2.5	+（$LIBOR_6$/2）×50−2.5
7	+（$LIBOR_7$/2）×50	−2.5	+（$LIBOR_7$/2）×50−2.5
8	+（$LIBOR_8$/2）×50	−2.5	+（$LIBOR_8$/2）×50−2.5
9	+（$LIBOR_9$/2）×50	−2.5	+（$LIBOR_9$/2）×50−2.5
10	+（$LIBOR_{10}$/2）×50+50	−52.5	+（$LIBOR_{10}$/2）×50−2.5

从图表2.2的净现金流可以看出，固定利率支付者的现金头寸和持有浮动利率债券的长头寸以及持有固定利率债券的短头寸是相同的——持有固定利率债券的短头寸即相当于通过发行固定利率债券借款。

浮动利率支付者的头寸又是怎样的呢？显然，浮动利率支付者的头寸相当于以浮动利率借款来购买固定利率债券的头寸。其中的浮动利率就是互换中的参考利率。换句话说，浮动利率支付者的头寸相当于持有固定利率债券的长头寸或者持有浮动利率债券的短头寸。

交易：

■ 购买面值为 50 000 000 美元的 5 年期浮动利率债券：
浮动利率＝LIBOR，每半年支付。
■ 借 50 000 000 美元的 5 年期贷款：
固定利率＝10%，每半年支付。

2.3.2 术语、惯例以及市场报价

在这里，我们回顾一下在互换市场中使用的术语，并解释互换是如何报价的。互换的交易日指的是办理互换交易的日期。交易中的条款包括固定利率、到期日、名义本金，以及互换双方的支付方式。浮动利率支付确定的日期称为重设日（reset date 或 setting date），重设日也可能就是交易日。利率在计息期开始前两个工作日确定。第二个（以及之后的）重设日是第二个（以及之后的）计息期开始前的两个工作日。生效日（effective date）是开始计算利息的那一天，通常是交易日的两个工作日之后。在远期互换（forward-start swap）中，生效日是条款规定的未来某一日期。浮动利率在每一期的期初确定，因此交易双方可以提前知道利息支付的金额（当然，交易双方在整个互换过程中都知道固定利率）。

我们的例子假设固定利率支付者和浮动利率支付者的现金流发生时间相同，但实际上互换中很少有这样的情况。协议中可能规定固定利率支付者每年支付利息，而浮动利率支付者的支付则更频繁（每半年或每个季度支付）。另外，互换双方利息累计的方式也不同。通常，固定利率的日算基准为 30/360。以美元或欧元计价的互换的浮动利率支付日算基准是实际天数/360，这和这些货币的其他货币市场工具相类似。以英镑计价的互换的日算基准是实际天数/365。

固定利率的利息支付由于前后的计息时间长度不同会有微小的差别。浮动利率的利息支付由于日算的不同以及参考利率的变化也会有差别。

由于互换的头寸可以看成是现金市场工具组合的头寸或者期货/远期组合的头寸，因此互换市场中描述头寸的术语是现金和期货市场术语的结合。前面说过，利率互换的交易对手是固定利率支付者或浮动利率支付者。

固定利率支付者接受浮动利率，被称为做多或买入互换。多头相当于是买入了浮动利率债券（因为其接受的是浮动利率），并发行了固定息票债券（因为要定期支付固定利率）。从本质上讲，固定利率支付者实际上是以固定利率借款投资于浮动利率资产。固定利率接受者被称为做空或卖出互换。空头相当于是买入了固定息票债券（因为其接受的是固定利率），并发行了浮动利率债券（因为要支付浮动利率）。固定利率接受者实际上是以浮动利率借款来投资于固定利率资产。

互换报价的惯例是由交易商将浮动利率设定为与参考利率相等，然后再报出固定利率的价格。为了解释这一惯例，考虑一个 10 年期互换的例子：

■ 固定利率接受者：
每季度支付 3 个月期 LIBOR 的浮动利率。
每半年接受 8.75% 的固定利率。

■ 固定利率支付者：

每半年支付8.85%的固定利率。

每季度接受3个月期LIBOR的浮动利率。

交易商报给固定利率支付者的卖出价是支付8.85%的固定利率，收到与LIBOR持平的浮动利率（“持平”指的是没有息差）。交易商报给浮动利率支付者的买入价是支付与LIBOR持平的浮动利率，收到8.75%的固定利率。买卖差价是10个基点。

互换中会明确规定固定利率支付的频率，浮动利率支付不一定要与之相同。

假设固定利率和浮动利率都是每季度支付，日算惯例都是实际天数/360。计算某一时间段固定利率支付数额的公式是：

名义本金×互换利率×（这一时间段的天数÷360）

计算浮动利率支付数额的公式和上面一样，但要使用的是参考利率而不是互换利率（在本例中是3个月期LIBOR）。

例如，假设互换利率是4.98%，某个季度有90天，则本季度需支付的固定利率金额是：

$100 000 000×0.0498×（90÷360）=$1 245 000

如果这个季度有92天，那么该季度需支付的固定利率金额是：

$100 000 000×0.0498×（92÷360）=$1 272 667

注意每个季度的利率是固定的，但支付金额取决于该时间段的天数。

2.3.3　利率互换的应用：合成固定利率证券或浮动利率证券

假设有一家跨国机器公司，两家信用评级机构给出了A的评级，可以以6%的固定利率发行1亿美元的10年期债券。有另一家儿童玩具公司规模较小，没有评级，不能发行固定利率公共债务，只能以超出LIBOR较多的利率发行高收益债务。儿童玩具公司以6个月LIBOR+2%的利率从银团借出一笔1亿美元的贷款。跨国机器公司发现，通过和浮动利率债务进行互换可以有机会降低公司的融资成本。而儿童玩具公司倾向于固定利率的风险，认为将浮动利率换成固定利率是有利可图的。

假设两家企业分别需要支付的固定利率和浮动利率在10年期债务发行市场的价格如下：

对于跨国机器公司来说：

浮动利率=6个月LIBOR+30bp

固定利率=6%

对于儿童玩具公司来说：

浮动利率=6个月LIBOR+200bp

固定利率=10%

注意无论是固定利率还是浮动利率，跨国机器公司都能以比儿童玩具公司更低的价格进行贷款。

假设跨国机器公司和儿童玩具公司分别进行了债券发行和银行贷款，双方通过互换交易商进行了名义本金为 1 亿美元，期限为 10 年的利率互换。图表 2.3 是这笔互换的示意图。假设互换的条款如下：（原作者注：注意互换交易商支付并收到 6% 的浮动利率，收到儿童玩具公司 6.45% 的固定利率并同时支付给跨国机器公司 6.2% 的固定利率。这 25 个基点的息差是交易双方都履行义务的情况下互换交易商所能获得的收入。）

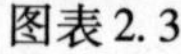

图表 2.3 **利率互换中的利息支付图**

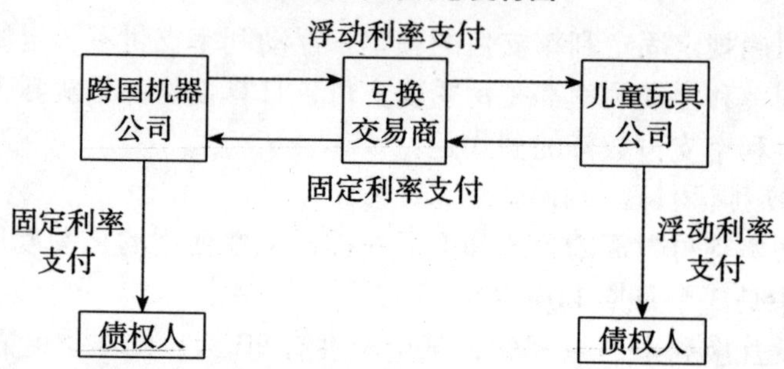

对跨国机器公司来说：

支付 6 个月 LIBOR 的浮动利率

接受 6.2% 的固定利率

对儿童玩具公司来说：

支付 6.45% 的固定利率

接受 6 个月 LIBOR 的浮动利率

对于跨国机器公司来说，发行债券的成本如下：

支付的利息

发行债券支付的利息	=6%
利率互换支付的利息	=6 个月 LIBOR
共计	=6% +6 个月 LIBOR

收到的利息

利率互换收到的利息	=6.2%

净成本

支付的利息	=6% +6 个月 LIBOR
收到的利息	=6.2%
共计	=6 个月 LIBOR−20bp

因此，跨国机器公司获得了较为有利的浮动利率，实现了其财务目标。

对于儿童玩具公司来说，其银团贷款的成本如下：

支付的利息

银团贷款支付的利息	=6 个月 LIBOR+200bp
利率互换支付的利息	=6.45%
共计	=8.45% +6 个月 LIBOR

收到的利息

利率互换收到的利息　　=6个月LIBOR

净成本

支付的利息　　=8.45%+6个月LIBOR

收到的利息　　=6个月LIBOR

共计　　=8.45%

我们可以看出，通过利率互换，儿童玩具公司得以获得理想的固定利率融资，而这个利率水平如果不通过互换是无法获得的。

事实上，仔细研究这两个交易我们会发现，两家公司都可以降低它们的融资成本，而如果它们直接在市场上发行它们需要的债券，融资成本就会比不使用互换高。两种融资方式的成本比较总结如下：

跨国机器公司：

浮动利率债券：6个月LIBOR+30bp

固定利率债券+互换：6个月LIBOR-20bp

儿童玩具公司：

固定利率高收益债券：10%

浮动利率银行贷款+互换：8.45%

虽然像这个例子中如此大幅地减小融资成本在现实中几乎不可能发生，但出于本章先前描述的一些原因还是有机会降低融资成本的。事实上，在20世纪80年代早期，利率互换就成为美国发行者在欧洲债券市场上获得较低的融资成本的重要工具。

2.3.4　特殊利率互换

互换市场十分灵活，可以根据结构性交易的需要专门设置金融工具。市场上有各种各样的互换合约，例如互换合约的条款不是固定不变的、互换是可延期的或可赎回的。在可延期互换中，交易中的某一方有权利但没有义务将互换延长到原到期日之后。而可赎回互换中，一方有权利在原到期日之前终止合约。

其他在结构化融资交易中可能出现的互换品种将在后面的部分谈到。

2.3.4.1　固定期限互换

在固定期限互换中，交易方用LIBOR利率换取固定的互换利率。例如，互换的条款可能规定用6个月的LIBOR换取每半年支付利息的5年期的互换利率或5年期的政府债券利率。在美国市场上，后一种固定期限互换被称为固定期限国库券互换。

2.3.4.2　递增型互换和摊销互换

在普通互换（plain vanilla swap）中，名义本金在整个互换期限内是不变的。但也有可能存在名义本金在互换期限内随时间变动而变动的互换。递增型互换（accreting or set-up swap）的名义本金随着时间的增加而增加。相反地，摊销互换（amortizing swap）的名义本金随着时间的增加而减少。递增型互换可以在被对冲的融资负债随时间的增加而增加的情况下使用。摊销互换可以被借款人用来对冲具有偿债基金支付特征的债券，这种债券在外流通的名义本金会在特定的时间被部分偿还。如果本金的数额上下波动，例如在某一年增加继而在另一年减少，那么这种互换就被称为过山车互换（roller-coaster swap）。摊销互换的另一个应用是作为分期偿还贷款的对冲。这种互换常常和远期互换相结合，与贷款所应支付的现金流相联系。摊销互换的定价和估值从原理上来说和普通的利率互换是相同的。单一的互换利率可以通过相关的贴现因子计算出来，并且在这个利率下，在互换开始时所产生的现金流净现值（NPV）等于零。

2.3.4.3 基准互换

在传统的互换中，互换的一方支付固定利率，另一方支付浮动利率。在基准互换（basis swap）中，互换双方都采用浮动利率，但是参考的是不同的货币市场指数。通常，一方和 LIBOR 利率相联系，而另一方可能和 CD（定期大额存单）利率或商业票据利率相联系。这种类型的互换可以由美国的银行在以基本利率进行贷款，同时以 LIBOR 利率进行贷款的融资的时候使用。基准互换可以消除银行的收入和利息支出之间的基差风险。其他的基准互换可以是互换双方都采用 LIBOR 利率，但到期期限不同。举例来说，互换的一方可能采用的是 3 个月的 LIBOR 利率，而另一方采用的是 6 个月的 LIBOR 利率。在这样的互换中，支付的频率不同，基差也不同：交易的一方每半年支付一次，而另一方每个季度支付一次。

2.3.5 互换期权

互换期权（swaption）是一种未来某一日期买卖利率互换的期权。互换期权的合约规定了互换期权的到期日、固定利率，以及所涉及的互换的合约期限。互换的固定利率被称为互换期权的行权价格（strike rate）。互换期权分为两种类型，分别是支付固定利率类型以及收到固定利率类型。支付（收到）固定利率类型的互换期权的买方拥有决定是否进入一个利率互换的权利，在这个利率互换中，支付（收到）固定利率的现金流，同时收到（支付）浮动利率的现金流。支付固定利率类型的互换期权也被称为互换买权（call swaptions），收到固定利率类型的互换期权也被称为互换卖权（put swaptions）。

2.4 期权

期权是一种发行方给期权的买方以特定的价格、在特定的期限内（或某个特定的日期）买入某种物品的权利。买方有买入的权利而不是义务。期权的发行方，或者称为卖方给买方这种权利所获得的报酬是某个数额的一笔现金，被称为期权价格或期权费。反过来说，期权的买方向期权的发行者支付一笔期权费，从而获得发行方的承诺。标的资产可能被买入或卖出的价格被称为行权价格（exercise price 或 strike price）。自某个日期之后期权即失效，这个日期被称作到期日。在本章中，我们重点关注的是标的物为利率工具的期权。

如果一个期权赋予购买者从发行方处买入特定工具的权利，则这样的期权被称为看涨期权或买入期权（call option）。反之，如果一个期权赋予购买者将特定金融工具卖给期权发行方的权利，则这样的期权被称为看跌期权或卖出期权（put option）。

期权也同样可以根据期权的买方何时执行权利来分类。有的期权在到期日前任何一个日期（含到期日）都可以被执行，这样的期权被称为美式期权。也有的期权只有在到期日当天才能被执行，这样的期权被称为欧式期权。还有一种被称作百慕大期权合约的期权（bermuda option），它是美式和欧式期权之间的一种混合期权合约。百慕大期权合约最为显著的特征在于，提前行权是有可能的，但是必须被限制在特定的某些日期内。

期权买方可能遭受的最大损失就是期权价格。期权的发行方可能获得的最大收益也是期权的价格。对于期权的买方来说，标的资产价格上涨从而获得的收益可能是很大的，而对于期权的卖方来说，它可能面临着遭受很大损失的风险。稍后我们将研究期权的风险与回报之间的关系。

只要期权的价格被一次性付清，对期权的购买者就没有准备金的要求。由于投资者所会承担的最大损失就是期权的价格，不论标的资产的价格波动多么大，都不需要准备金。由于期权的发行方承诺将承担标的资产带来一切风险（而不是收益），发行方通常被要求将收到的期权费用作为保证金。此外，由于价格的波动会对期权发行者的头寸造成不利影响，发行者被要求根据逐日盯市制度存入额外的保证金（当然也有例外情况）。

需要注意的是，与期货合约不同，期权合约的一方并没有义务进行交易。具体地说，期权的买方有权利而不是义务进行交易。期权的发行方有义务履约。在期货合约中，买卖双方都有义务进行交易。当然，在期货合约中，合约的买方不需要向卖方支付金额来获取承诺，而在期权合约中买方需要向卖方支付期权费。

因此，期货合约和期权合约的风险收益特征也是不同的。在期货合约中，当价格上涨的时候，合约的买方获得的是实实在在的收入，而价格下跌时获得的也是实实在在的损失。对于期货合约的卖方来说情况与之相反。而期权合约就不具备这种对称的风险收益特征。期权的买方可能面临的最大损失也就是期权的价格。虽然期权的买方能获得所有的潜在收益，但所得要减去期权的价格。期权的卖方所能获得的最大的收益是期权的价格，这笔期权的费用抵消了可能的损失风险。期权和期货之间的区别是极为重要的，因为管理者可以利用期货来防范对称的风险，而用期权来防范非对称风险。

2.4.1 期权的风险回报特征

在这里，我们阐述一下四种基本期权头寸的风险回报特征：（1）买入看涨期权；（2）卖出看涨期权；（3）买入看跌期权；（4）卖出看跌期权。在讨论中，我们假设每个期权头寸都在到期日才行权，而不会被提前行权。由于基本原理对于期货期权也是适用的，因此我们将针对现货期权进行讨论。为了简单起见，我们不考虑交易的成本。买入看涨期权构成了一个看涨期权的长头寸。可能的最大损失是期权的价格，而潜在的收益可能是很大的。看涨期权的发行者被称为持有看涨期权的短头寸，该头寸所能产生的最大收益是期权的价格。买入看跌期权构成了一个看跌期权的长头寸。正如所有的长头寸一样，该期权的损失仅限于期权的价格。而潜在的收益可能是很大的：理论上说，最大的收益产生于标的资产的价格跌至零的时刻。将这种收益的可能性同买入看涨期权的收益可能性相比较。看涨期权买入者理论上的最大收益无法被事先决定，因为它取决于标的资产在到期日当天或之前可能达到的最高价格。

持有资产 XYZ 的短头寸的投资者面临着下行风险以及上升的潜在收益，而持有看跌期权的长头寸则将下行风险抑止在期权价格内，同时又保证了上升的潜在收益（只需要减去期权价格）。

发行一个看跌期权则构成了一个看跌期权的短头寸。该头寸的收益—损失状况就相当于是看跌期权长头寸的镜像。该头寸可能产生的最大收益就是期权的价格。理论上说，如果标的资产的价格下跌，最大损失可能是相当大的。损失的最大值发生在标的资产的价格一路跌至零的时候，此刻的损失等于行权价格减去期权的价格。

总结一下，如果标的资产的价格上升，买入看涨期权或卖出看跌期权可以让投资者获得收益。如果标的资产的价格下跌，卖出看涨期权或买入看跌期权能够让投资者获得收益。

2.4.2 交易所交易的期权以及场外交易（OTC）的期权

期权可以分为在交易所交易的和场外（OTC）交易的。交易所交易的期权具备两个优势。首先，合约的执行价格以及到期日是标准化的。其次，和期货合约一样，由于交易所交易的期权的可交换性，当订单被执行后，买卖双方之间就建立了直接的联系。在期权合约中，同交易所相联系的清算所发挥的作用与其在期货合约中发挥的作用是一致的。

当机构投资者专门制定了期权，而交易所交易的标准化期权又无法满足其投资目标的时候，就会使用到 OTC 期权。在 OTC 期权市场中，投资银行和商业银行扮演了委托人和经纪人的作用。

根据机构投资者或其他投资者的需求，OTC 期权可以以各种方式被量身定制。最为普通的标准式期权（plain vanilla options）可以是以某种国债为标的资产的期权。更为复杂的 OTC 期权被称为特种期权（exotic options）。我们将在下一章中给出 OTC 期权的具体例子。虽然 OTC 期权的流动性不如交易所交易的期权，但机构投资者往往并不关注这一缺陷，因为这种期权作为资产或负债的避险手段往往会被持有至到期。

在没有清算所的情况下，OTC 合约的任何一方都可能面临着交易对手风险。以远期合约（OTC 交易的一种）为例，由于交易双方都有义务履约，因此双方都面临着交易对手风险。正因为如此，交易对手风险是双方面的。相比之下，在 OTC 期权合约中，一旦期权的买方支付了期权费，就等于履行了它的义务。剩下的问题就在于如果期权被执行，期权的卖方则需履行义务了。因此，期权的买方面临的是单方面的交易对手风险，即期权的卖方无法履约的风险。

利率期权的标的资产可以是某一固定收益证券或某一利率期货合约。前者被称为现货期权（options on physicals）。在美国，并没有在交易所频繁交易的现货期权。标的物为利率期货的期权被称为期货期权（futures options）。期货期权在交易所被广泛地交易。

期货期权赋予期权买方在到期日前的任何日期以行权价格向期权的发行方买入或卖出特定期货合约的权利。如果期货期权是买入期权，则买方有权利以行权价格购买特定的期货合约。也就是说，卖方有权利获得某一期货合约的长头寸。如果期权的买方执行了该权利，期权的发行方则相应地获得了期货合约中的短头寸。期货合约的卖出期权赋予了期权的买方以行权价格向期权的发行方卖出特定期货合约的权利。也就是说，期权的买方有权利获得特定期货合约中的短头寸。如果该看跌期权被执行，则发行方相应地获得了期货合约的长头寸。先前我们讨论过在世界范围内各个交易所交易的几种利率和债券期货合约。这几种利率和债券期货的期权也同样在这些交易所中交易。

为了与 OTC 期权市场竞争，芝加哥期货交易所（CBOT）于 1994 年引入了灵活国债期货期权（flexible treasury futures options）。这种期货期权允许交易双方在一定的限制内定制自己的期权。具体来说，行权价格、到期日，以及期权种类（美式期权还是欧式期权）都可以在 CBOT 限定的范围内由交易双方自行决定。

2.4.3　期权的估值

期权的价值反映了期权的内在价值以及超过内在价值外的任何额外价值。溢出期权的内在价值部分通常被称为时间价值。如果期权被立即行权，则它的内在价值就是它的经济价值。如果立即行权不会带来正的经济价值，则内在价值为零。

对于看涨期权来说，如果标的资产的现价高于行权价格，则其内在价值为正数。于是，期权的内在价值就是两个价格之间的差。如果看涨期权的行权价格大于标的资产的现价，则期权的内在价值为零。当期权具备内在价值的时候，就被称为在价内（in the money）。当看涨期权的行权价格超过证券的现价时，就称该看涨期权在价外（out of the money），价外的期权没有内在价值。如果期权的行权价格等于证券的现价，则称该期权是平价（at the money）的。价外期权和平价期权的内在价值都等于零，因为如果期权被执行，它们不会产生任何正的报酬。对于看跌期权来说，期权的内在价值取决于标的资产的现价比行权价格低多少。当行权价格低于或等于市场现价的时候，期权的内在价值为零。上面所描述的关系可以由图表

2.4来总结归纳。

图表2.4 证券的价格、行权价格，以及期权内在价值之间的关系

如果证券价格大于行权价格	看涨期权	看跌期权
内在价值 业界术语	证券价格减去行权价格 价内（in the money）	零 价外（out of the money）
如果证券价格小于行权价格	看涨期权	看跌期权
内在价值 业界术语	零 价外	证券价格减去行权价格 价内
如果证券价格等于行权价格	看涨期权	看跌期权
内在价值 业界术语	零 平价（at the money）	零 平价（at the money）

期权的时间价值指的是期权价格超出其内在价值的部分。期权的买方希望在期权到期的某个时间，标的证券的市场价格变动会增加期权所体现的权利价值。出于这一点考虑，期权的买方会愿意支付超出期权内在价值部分的溢价。

以下6个因素会影响到标的资产为固定收入工具的期权的价值：

1. 标的证券的现价；
2. 行权价格；
3. 距离到期日的时间；
4. 在期权到期日内预期的收益波动；
5. 期权到期日内短期的无风险利率；
6. 期权到期日内的息票支付。

上述各个因素的影响大小可能取决于：(1) 该期权是看涨期权还是看跌期权，以及 (2) 该期权是欧式期权还是美式期权。图表2.5总结了每个因素对于看涨或看跌期权的价格的影响。

图表2.5 各种因素对标的资产为固定收益工具的期权价格的影响

某一因素增加，其他因素不变	对看涨期权的影响	对看跌期权的影响
标的证券的现价	增加	减少
行权价格	减少	增加
距离到期日的时间（美式期权）	增加	增加
预期的收益波动	增加	增加
短期无风险收益率	增加	减少
息票支付	减少	增加

在任何一个时刻，期权的内在价值都可以被决定。问题的关键在于期权的时间价值是多少。为了回答这个问题，期权定价模型得以发展。股票期权定价最广泛使

用的模型当属布莱克—斯科尔斯（Black-Scholes）期权定价模型。通过引入特定的假设以及套利论证，布莱克—斯科尔斯期权定价模型计算出了无股利派发股票的欧式看涨期权的公允价格（或理论价格）。由于模型内在的假设，该模型在用于给固定收益工具期权或期货期权估值时是存在问题的。更为常用的期货期权定价模型是布莱克模型（Black model）。该模型被用于给期货合约的欧式期权估值。

2.4.4 场外（OTC）利率期权

OTC利率期权是商业银行和投资银行为满足顾客的需求而创造的。该期权的交易商可以根据需求制定期权的到期日、标的资产，以及期权的种类。举例来说，标的资产可以是某一固定收益证券，或者是两个固定收益市场部分之间的利差。

除了美式期权和欧式期权以外，OTC期权还允许期权的买方在到期日前的某几个指定日期行权。这种期权被称为百慕大期权。在OTC期权中，买方不需要在购买期权时就支付期权费，而是可以在到期日或行权日支付。在这种期权中，期权的买卖双方都有交易对手风险。

在OTC期权市场中有标准式期权（plain vanilla options）和特种期权（exotic options）。标准式期权是以某个特定证券或债券市场的两个部分之间的息差为标的资产的期权。特种期权的收益更为复杂，我们在本章中不予讨论。

2.5 利率上限和利率下限

利率的上下限是双方之间的一种协议，在该协议中，如果指定的利率（称为参考利率）与某一事先约定的水平不同，则一方同意向另一方进行补偿。如果参考利率和预先约定的水平不同，则受益的一方被称为买方，而可能需要支付的一方被称为卖方。预先约定的利率水平被称作行权利率（strike rate）。利率上限（cap）规定了如果参考利率超过了行权利率，则卖方同意向买方支付一定数额的补偿。利率下限（floor）规定了如果参考利率低于行权利率，则卖方同意向买方支付一定数额的补偿。

利率合约中的条款包括：（1）参考利率；（2）决定了利率上限和利率下限的行权利率；（3）合约的时间长度；（4）重设的频率；（5）名义本金的数额（它决定了支付的数额）。如果利率的上下限在重设日是在价内的，则卖方的支付通常是到期后支付。

2.5.1 利率上限

从本质上说，利率上限就是一系列期权。以某一现有利率进行负债的借款人可以通过购买利率上限来防范利率上升的风险。当利率上升至高于利率上限水平时，借款人将能收到现金补偿。相反地，如果利率下降，借款人获得的好处是融资成本的降低，而唯一的代价就是其为了购买利率上限而预先支付的费用。如果在重设日当天参考利率高于上限利率，则利率上限买方的收益如下：

名义本金×（参考利率-上限利率）×（结算期内的天数/一年内的天数）

显而易见，如果参考利率低于上限利率，则收益为零。

2.5.2 利率下限

可以通过购买利率下限来防范利率下跌的风险。当参考利率下跌，低于行权利率的时候，利率下限的收益情况和利率上限是完全相反的。利率下限可以被金融机构用来防止由于利息下降而带来的利息收入损失。举例来说，假设一个商业银行拥有很大份额的浮动利率资产就可以购买利率下限。对于利率下限的购买者来说，如果在重设日参考利率低于下限利率，则该利率下限的收益如下：

名义本金×（下限利率-参考利率）×（结算期内的天数/一年内的天数）

2.5.3 利率上下限（collars）

将利率上限和利率下限组合起来，就产生了利率上下限（collars）。利率上下限构成了一个将利息支付和收入水平固定在一定范围内的通道。利率上下限有时候是对借款人有利的，因为它的成本比单纯的利率上限要低。利率上下限能够防范利率上升的风险，并且在利率跌至下限时提供一定程度的收益。上限和下限之间的差额较小的利率上下限价格最为低廉。

第 3 章　信贷衍生工具

前一章所介绍的利率衍生工具主要用于在结构化金融中控制由于利率水平的波动而带来的利率风险。相比之下，信贷衍生工具可以在结构化金融交易中让希望避免信用风险的一方将信用风险转移给愿意承担信用风险的交易对手。

英国银行家协会（British Bankers Association）认为主要的信贷衍生工具有以下 7 种：

■ 信贷违约互换；

■ 指数互换（例如信贷违约指数互换）；

■ 一揽子违约互换；

■ 资产互换；

■ 总收益互换；

■ 组合/合成型担保债务凭证（portfolio/synthetic CDO）；

■ 信贷关联证券。

我们将会在本章中讨论前 5 种信贷衍生工具，在之后的章节中讨论最后两种工具。其中组合/合成型担保债务凭证将在第 7 章讨论，信贷关联证券将在第 9 章中讨论。

3.1　信贷衍生工具合同条款

在描述各式各样的信贷衍生工具之前，我们将首先讨论信贷衍生工具的合同和关键术语。国际互换及衍生品协会（ISDA）于 1988 年首次开发出了一份标准合同，该合同可以用于信贷衍生工具合约的交易。虽然该合同主要是为信贷违约互换以及总收益互换而设计的，但合约形式灵活，也可以用于本章将介绍的其他种类的信贷衍生工具中。

3.1.1　参考实体和参考债务

信贷衍生工具的合同确定了参考实体和参考债务。参考实体（reference entity）也被称为参考发行人（reference issuer），是债务工具的发行人。参考债务（reference obligation）也被称为参考资产，指的是为寻求信用保护而发行的债务工具。比如说，参考实体可以是维康公司（Viacom），而参考债务就是该公司发行的特定债券。

3.1.2 信贷违约事件

信贷衍生工具的支付取决于某个特定的信贷违约事件（credit event）是否发生。ISDA 于 1999 年出版的《信贷衍生工具的定义》（也被称为“1999 年版定义”）列出了 8 类信贷违约事件。这 8 类事件基本涵盖了可能使参考实体的信用质量下降或者参考债务的价值下跌的事件的所有可能性：

1. 破产；
2. 并购前的信贷违约事件；
3. 交叉加速；
4. 交叉违约；
5. 信用评级降低；
6. 支付违约；
7. 拒付债务/停止偿付；
8. 重组。

破产的定义是各种与破产或《破产法》相关的行为。支付违约是指参考实体一次或多次未能在到期日内进行支付。当参考实体违反条约时，就称其是中断履行义务。当违约发生时，责任就变为到期应付状态，早于原先安排好的到期日（假设参考实体还没有违约的话）。这种情况被称为债务加速到期（obligation acceleration）。参考实体可以反驳或质疑其债务的合理性，这就属于拒付债务/停止偿付（repudiation/moratorium）的情况。

信贷衍生工具可能包括的最有争议性的信贷违约事件是债务的重组。重组指的是变更债务的条款，使得其对于债务持有人的吸引力减少。常见的可以变更的条款包括下列一条或多条：

- 利率的降低；
- 本金的减少；
- 重新进行本金偿还的安排（例如，延长债务的到期日）或延迟利息支付；
- 改变参考实体债务结构的优先级别。

重组之所以具有很强的争议性，是因为将重组作为信贷违约事件列入信用保护的范围内对于信用保护的购买者来说是有益的，去掉重组就会削弱信用保护的强度。反过来，信用保护的卖方会倾向于不要将重组包括在信贷违约事件范围内，因为即便是对于借贷条款很常规的修改也可能致使其需要向信用保护的买方支付补偿。更进一步说，如果参考债务是一笔贷款，而信用保护的买方就是贷方，则对于信用保护的买方来说，进行贷款重组对其是有双重好处的。第一重好处是信用保护的买方能从卖方处收到一笔支付。第二重好处是有利的重组条件使贷款人（即信用保护的买方）和借款人（即负有参考债务的公司实体）之间形成了一种伙伴关系。

由于这个问题的存在，国际互换及衍生品协会（ISDA）在 2001 年 4 月发布了

《关于重组的1999年版信贷衍生工具定义的补充定义》，被称为《补充定义》。该补充为重组提供了修改定义，对于信用保护的购买者向借款人即参考债务的债务人发放贷款的贷款重组的限制进行了规定。除此之外，《补充定义》还限制了在重组导致信用保护的买方进行实际支付的情况下，参考债务的到期时间。

2003年1月，ISDA在其2003年版的《信贷衍生工具的定义》（被称为2003年版定义）中发布了修改的信贷违约事件定义。该修改后的定义修正了1999年版本中几处关于信贷违约事件的定义。具体来说，2003年版对破产、拒付债务，以及重组进行了修正。其中最主要的变化在于对重组的定义。ISDA允许涉及相关交易的方面从下列4个定义中进行选择：

1. 不进行重组；
2. “完全”或“旧式”重组，即在1998年版定义的基础上进行的重组；
3. 修正后的重组，及在《补充定义》基础上进行的重组；
4. “修正后的修改后重组”。

3.2 信贷违约互换

到目前为止，信贷违约互换是信贷衍生工具市场上最大的一个部分。信贷违约互换只有单独一个参考实体，因而被称为“单一资产的信贷违约互换”（single-name credit default swap）。在信贷违约互换中，信用保护的买方向卖方支付一定的费用来换取当参考实体发生信贷违约事件时其受到补偿的权利。假如信贷违约事件发生了，那么信用保护的卖方必须支付给买方一定金额的补偿，从而终止合约。如果直到互换到期也没有发生信贷违约事件，则双方都终止合约，且不会再涉及后续的义务。信贷违约互换的期限通常为3年到5年。

在典型的信贷违约互换中，信用保护的买方会分别在几个结算日支付信用保护费用，而不是提前支付。标准的信贷违约互换是每个季度付款。每季度支付的数额是根据债券市场上使用的实际天数/360的日算惯例计算确定的，同样的惯例也被应用于美元利率互换市场中。日算惯例为实际天数/360的含义是，为了计算出每个季度应该支付的金额，应当使用该季度的实际天数，而将一年的天数假定为360天。因此，某一季度应支付的信贷违约互换费用为：

每季度互换费用=名义本金×互换利率（以小数表示）×（该季度的实际天数/360）

信贷违约互换既可以用现金结算，也可以用实物结算。实物交割意味着如果合同规定的信贷违约事件发生了，那么信用保护的买方就需要向卖方交付参考实体发行的债券，作为现金支付的交换。由于在信贷违约互换中实物交割不需要依赖于参考债务的市场价格就能够计算出需要支付的金额，这种交割方式能够更有效地决定信用保护的支付数额。

为了更好地说明信贷违约互换的原理，我们假设参考实体是一家名为W的公司，标的资产是W公司发行的面值为10 000 000美元的债券。这10 000 000美元就是合约的名义本金。互换的费用，即信用保护的买方向卖方支付的金额，是每年250个基点。假设一个季度的实际天数是91天，那么信用保护的买方每季度所需要支付的费用是：

10 000 000×0.025（91/360）= 63 194.44 美元

如果信贷违约事件没有发生，那么信用保护的买方需要在整个互换的期限内按季度支付费用。如果信贷违约事件发生了，将会发生下列两件事情：

1. 信用保护的买方需支付自上一个支付日至信贷违约事件发生之日为止的应计费用，以天数作为基准。在该笔应计费用支付之后，信用保护的买方无需再向卖方支付其他的费用。

2. 该信贷违约互换的终止价值将被计算出来。

终止价值的计算步骤取决于信贷违约互换合约所规定的条款。交割可以由现金或者实物完成。如前所述，实物交割是信贷违约互换市场的惯例。在实物交割的情况下，信用保护的买方需向卖方交付参考实体发行的特定面值的债券。而信用保护的卖方需向信用保护的买方支付债券的面值。

由于信贷违约互换所涉及的所有参考实体都同时有多种流通在外的证券，信用保护的买方在选择向卖方交付的时候可以有不同债券供选择。这些可供选择的债券被称作可交割债券（deliverable obligations）。互换合约会列出有资格发行可交割债券的必要特征。持有短头寸的一方将会选择最廉价的债券进行交付，这种选择权对于短头寸方来说实际上就是一个嵌入式期权。信用保护的购买者将会从可交割债券列表中选出最廉价的债券交割给信用保护的卖方①。

在现金交割的情况下，终止价值等于参考债务的名义本金和信贷违约事件发生时该参考债务的市场价值之间的差额。因此，终止价值就是信用保护的买方向卖方支付的金额，信用保护的买方不向卖方交付债券。在后面的部分中，我们将介绍一揽子违约互换，这种互换的合同中阐明了信贷违约事件发生时，市场价值是如何计算的。

3.3 信贷违约互换指数

在信贷违约互换指数中，标准化一揽子参考实体的信用风险在信用保护的买方和卖方之间进行了转移。2005年末，唯一的标准化指数就是经道琼斯编制的指数。公司债券的指数分为投资级别的指数以及高收益级别的指数。至2005年末，交易市场上最为活跃的合约是基于北美投资级指数（North American Investment Grade Index，被记作 DJ. CDX. NA. IG）的。从指数的名称就可以看出，该指数的参考实体是那些具有投资级评级的债券。北美投资级指数包含了北美洲的共125家公司名

① 由于国债和债券期货合约在结构化金融交易中并不常见，因此我们不在这里讨论。不过，最廉价交付债券的概念仍然存在于国债和债券期货合约市场中。这是由于国债也属于被认可的交付债券之一，交易的短头寸方有权从列表中选择国债或国债期货合约。

称。该指数是平均加权指数，也就是说，每一个编入该指数的公司名（亦即参考实体）所占的权重都是0.8%。该指数由道琼斯公司每半年更新一次。

信贷违约互换指数的原理机制与单一资产的信贷违约互换略微有所不同。其不同之处在于，单一资产的信贷违约互换需要支付互换费用，但是，如果信贷违约事件发生的话，单一资产的信贷违约互换中所需要支付的互换费用将会终止。相比之下，在信贷违约互换指数中，如果信贷违约事件发生了，信用保护的购买方仍然需要继续支付互换费用。但是，每个季度需要支付的互换费用的数额将会减少。这是由于，当参考实体发生了信贷违约事件的时候，互换的名义本金也随之而减少了。

举例来说，假设一个资产组合经理是 DJ. CDX. NA. IG（北美投资级指数）的信用保护购买方，名义本金是1亿美元。我们利用上面提到的共识来计算每个季度需要支付的互换费用。在信贷违约事件发生之前所需要支付的互换费用的数额如下：

100 000 000 美元×互换利率（以小数的形式表示）×（该季度的实际天数/360）

当参考实体发生了信贷违约事件之后，名义本金就从1亿美元减少至99 200 000美元。减少之后的数额相当于原先1亿美元名义本金的99.2%，这是因为，DJ. CDX. NA. IG 中的每一个参考实体所占的权重是0.8%。因此，修改后的每个季度的互换费用的计算过程如下，这个计算过程一直到到期日或者下一次信贷违约事件发生前都是适用的：

99 200 000 美元×互换利率（以小数的形式表示）×（该季度的实际天数/360）

这种计算方法的前提是信贷违约互换指数的交割方式是实物交割。但是，市场上还存在着现金交割的方式，这是由于参考实体发生信贷违约事件时交割可能存在零星交易的情况而带来的成本。举例来说，在我们假设的信贷违约互换指数中，如果信贷违约事件发生了，那么信用保护的购买方就需要向信用保护的出售方交付面值为80 000 美元的参考实体的债券，但无论是信用保护的买方还是信用保护的卖方都不愿意就这样的小额头寸进行交易。

3.4　一揽子违约互换

我们在第1章中介绍过，担保债务凭证（CDO）是一种结构化的投资组合信用。CDO 市场的主要增长动力来自于合成型 CDO 的增长。这种结构依赖于一揽子违约互换的使用。与单一资产的 CDS 所不同的是，在一揽子违约互换中，参考实体的数目不止一个。一揽子违约互换可分为不同的种类，具体的分类方法如下：

- 第 N 个违约互换（Nth-to-default swaps）；
- 次级一揽子违约互换；
- 高级一揽子违约互换。

3.4.1　第 N 个违约互换

在第 N 个违约互换中，信用保护的出售方只需要在第 N 个参考实体发生违约之后再支付费用，而不需要为其他（N-1）参考实体支付费用。一旦为第N个参考实体进行了支付之后，信贷违约互换的合约就终止了。换句话说，即便其他先前没有违约的参考实体后来发生了违约，信用保护的出售方也不需要进行任何支付。

让我们首先通过第1个一揽子违约互换来进行说明。我们假设该违约互换一共涉及了5个参考实体。当这5个参考实体中的1个发生违约之后，信用保护的出售方需要进行支付。但是，不管剩下的4个参考实体之后是否发生违约，信用保护的出售方都不需要再进行支付。

在第2个一揽子违约互换中，只有当第2个参考实体发生违约之后才需要进行支付。同样地，我们假设一共有5个参考实体。对于第2个一揽子违约互换来说，如果在整个互换的合约期限内只有1个参考实体发生了违约，那么信用保护的出售方不需要进行任何支付。但是，如果在互换的合约期限内又有第2个参考实体发生了违约，那么信用保护的出售方就需要进行支付了。在支付进行之后，互换合约就终止了，信用保护的出售方不再为剩下的3个参考实体的违约进行任何支付。

3.4.2 次级一揽子违约互换

在次级一揽子违约互换中有下列两个关键要素：

1. 每个违约的参考实体的最大支付金额；
2. 一揽子违约互换合约期限内的最大支付总金额。

为了对次级一揽子违约互换进行说明，我们假设一共有5个参考实体，并且（1）每个参考实体的最大支付金额是1 000万美元，（2）最大支付总金额为1 500万美元。同样，我们假设在互换的合约期限内，违约将导致的损失情况如下：

违约造成的损失	金额（单位：百万美元）
第一个参考实体	6
第二个参考实体	10
第三个参考实体	16
第四个参考实体	12
第五个参考实体	15

次级一揽子违约互换的原理机制如下：

- 如果第1个参考实体发生了违约，则需要进行600万美元的支付。
- 如果其他剩下的4个参考实体发生违约，只有900万美元可供支付。
- 如果第2个参考实体发生违约，需要支付900万美元而不是1 000万美元。
- 互换合约终止。

3.4.3 高级一揽子违约互换

在高级一揽子违约互换中，每一个参考实体都有一个最大金额的支付，但是只有当损失的额度达到一定数额的时候，才需要进行支付。为了说明这种类型的互换，我们再次假设该互换一共涉及5个参考实体，并且每个参考实体的最高支付金额为1 000万美元。同时，我们假设直到违约损失达到4 000万美元时才需要进行支付。4 000万美元这个数额被称为临界值。

我们采用上面表格中所假设的损失金额，对信用保护的卖方所需支付的数额进行说明。假设前3个违约的损失达到了3 200万美元。但是，由于每个参考实体有最大金额限制，第3个参考实体的1 600万美元中只有1 000万美元能被用于4 000万美元临界值的加总中。因此，在第3个参考实体的违约发生后，判断是否达到临界值的加总是2 600万美元（600万美元+1 000万美元+1 000万美元）。当第4个参考实体发生违约时，只有1 000万美元被加总。此时，加总达到3 600万美元。当我们讨论的案例中第5个参考实体发生信贷违约时，由于每个参考实体的最大金额限制是1 000万美元，只有1 000万美元的数额是相关的。这1 000万美元中的头400万美元被用于加总到临界值4 000万美元中，使得信用保护的出售方需要支付的金额总额达到了4 000万美元。

3.4.4 不同类型违约互换风险的比较[①]

让我们站在信用保护出售方的角度来比较一下各个种类违约互换的风险。这种比较同样能够加强我们对于不同种类的互换的理解。

我们假设一揽子违约互换所涉及的是同样的5个参考实体。下面由高到低分别列出了4种信贷违约互换的风险，并解释了这样排序的原因。

1. 次级一揽子违约互换：每个参考实体的最大支付金额为1 000万美元，同时总的最大支付金额是1 000万美元。

2. 第1个违约互换：如果第1个参考实体发生违约，所需支付的最大金额是1 000万美元。

3. 第5个违约互换：如果第5个参考实体发生违约，所需支付的最大金额是1 000万美元。

4. 高级一揽子违约互换：每个参考实体的最大支付金额是1 000万美元，但是如果没有达到4 000万美元的临界值，则不需要进行支付。

除了高级一揽子违约互换之外，所有这些类型的互换都明确要求信用保护的出售方在第5个参考实体发生违约时进行支付（支付金额取决于单个参考实体所规定的最大支付数额）。因此，高级一揽子违约互换对于信用保护的出售方来说是风险最小的。

现在让我们来考察一下其他三种最大支付金额为1 000万美元的违约互换的风险：即次级一揽子违约互换、第1个违约互换，以及第5个违约互换。我们首先比较一下次级一揽子违约互换以及第1个违约互换。假设第1个参考实体发生违约带

---

① 这一部分的阐释以及讨论来自于《第N个掉期互换及违约证券：关于违约相关性的一切》，*CDO观察*，2003年5月30日，瑞银华宝。

来的损失是 800 万美元。在第 1 个违约互换中，信用保护的出售方需要支付 800 万美元，随后互换合约终止（也就是说，信用保护的出售方不需要再支付任何其他的金额）。而在次级一揽子违约互换中，信用保护的出售方在支付了第 1 个参考实体违约所需支付的 800 万美元之后，互换合约还没有终止，信用保护的出售方仍然面临着需要支付额外的 200 万美元的风险。其他 4 个参考实体中任何一个发生违约都会导致信用保护的出售方支付这额外的 200 万美元。因此我们说，对于信用保护的出售方而言，次级一揽子违约互换的风险要高于第 1 个违约互换的风险。最后，第 1 个违约互换给信用保护的出售方带来的风险要小于第 5 个违约互换，这是因为信用保护的出售方必须在第 1 个参考实体发生违约时就进行支付。

3.5 资产互换

如果投资者意图获得固定利率信用风险债券的信用息差，但同时又想通过将固定利率风险转化为浮动利率风险从而避免利率风险，那么他可以使用资产互换这一金融工具。在资产互换中，投资者同时进入了下列两个交易中：购买固定利率的信用风险债券，同时购买一个利率互换。我们在第 2 章中已经对利率互换进行了讨论。

虽然资产互换并不是真正意义上的信贷衍生工具，但它和信贷衍生工具市场有着紧密的联系。这是因为资产互换明确地将信用价格设定为高于投资者的融资成本的某一息差。这里，投资者的融资成本通常指的是伦敦银行同业拆借利率（LIBOR）。虽然资产互换允许获得信用风险，同时最小化利率风险，但它不允许投资者将信用风险进行转移。正是由于资产互换存在这一缺陷，市场上创造出了其他类型的衍生品工具以及结构化产品，尤其是信贷违约互换。

3.5.1 投资者结构的资产互换

当投资者通过下列条款进行利率互换时就产生了这一结构：

■ 投资者将同意作为固定利率的支付者；

■ 投资者所选择的互换条款同其购买的信用风险债券的到期日是相匹配的；

■ 互换进行支付的时间同其购买的信用风险债券的现金流发生时间也是相匹配的。

如果信用风险债券的发行人发生了违约，投资者需要继续向交易商支付利息，因此投资者仍然面临着利率风险。

现在我们来介绍一个基本的资产互换。假设有一名投资者平价购买了评级为 A 的某电信公司发行的，面值为 2 000 万美元，票面利率为 6.85% 的 5 年期债券。利息为每半年支付一次。同时，该投资者同交易商进行了一笔 5 年期的利率互换。在该互换中，投资者是固定利率支付者，每半年支付一次利息。假设互换利率为 6.00%，而投资者收到的浮动利率为 6 个月的 LIBOR 利率加上 45 个基点。

我们列出未来5年中该投资者每半年的现金流状况：

电信公司债券收到的利息：	6.85%
-向互换交易商支付的利息：	6.00%
+从互换交易商处收到的利息：	6个月LIBOR利率
该投资者的净利息收入：	0.85%+6个月LIBOR利率

因此，无论利率如何变化，只要电信公司发行的债券不发生违约，该投资者就能获得高于LIBOR利率85个基点的利息收入。实际上，投资者相当于将固定利率的A级5年期债券转换成了5年期的基于6个月LIBOR利率的浮动利率债券。由此，投资者创造了一个合成浮动利率债券。

这一交易与无资金支持的总收益互换（unfunded TRS）有一些相似之处，虽然交易商并不支付债券的总收益，而是以LIBOR利率为基础支付浮动利率。因此，这一交易可以看做是介于单纯的资产互换和TRS之间。从专业术语使用的角度来说，我们应该注意到，在单纯的资产互换中，固定利率债券的投资者需要向交易对手支付与债券息票相同的金额来换取浮动利率（例如LIBOR，或LIBOR加上或减去某个基点）。如果固定利率支付的金额与债券息票不同，那么从技术的角度来说，虽然该交易的经济效益同单纯的资产互换相类似，投资者也仅是持有固定利率债券并进行了一个利率互换。

我们解释了资产互换是如何将固定利率债券转换成合成浮动利率债券的。同样，资产互换也可以用来将浮动利率债券转换成合成固定利率债券。

3.5.2 交易商所创造的资产互换结构（一揽子交易）

在我们所描述的资产互换中，投资者购买了信用风险债券，同时与交易商进行了一个利率互换。在典型的资产互换中，投资者以平价向交易对手出售其所拥有的信用风险资产，且不计利息，同时，投资者购入一个利率互换。这一类型的资产互换结构或方案被称为面值资产互换（par asset swap）。如果信用风险债券的发行者发生了违约，资产互换交易就会终止，发生违约的债券会在逐日盯市制度的基础上加上或减去一定数额后退还给投资者。因此，投资者仍然面临着债券发行人的信用风险。

面值资产互换中，息票被用来与LIBOR利率相交换，如果必要的话还会加上一定的息差。这一息差被称为资产互换息差，它是资产互换的价格。从实质上来说，资产互换使得以LIBOR利率融资的投资者能够获得资产互换息差。这一息差是关于标的信用风险债券信用风险的函数。资产互换息差可以被视为该资产的信贷违约互换的应付价格。

为了说明这种资产互换的具体结构，我们假设先前所采用的例子中，市场上普遍采用的互换利率是6.30%而不是6.00%。投资者持有电信公司的债券，并将其以平价出售给交易商，不计利息。交易商和投资者之间的资产互换协议如下：

■ 协议期限为5年；

■ 投资者同意向交易商支付6.30%的利息，每半年支付；

■ 交易商同意向投资者支付6个月的LIBOR利率，再加上30个基点的资产互换息差；

■ 投资者将电信公司债券卖给交易商之后，不再收到该债券的息票。

在我们早先讨论过的资产互换的例子中，投资者不通过交易商就创造了一个合成浮动利率债券。投资者是标的债券的实际持有者。这种资产互换中唯一涉及交易商的地方是其作为利率互换的交易对手。而在第二种资产互换结构中，交易商是资产互换结构中的交易对手，并实际拥有标的信用风险债券。如果违约发生，交易商将该债券退还给投资者。从本质上来说，这一交易相当于是无资金支持的总收益互换（TRS）。通常，在无资金支持的TRS中，标的信用风险债券从投资者的资产负债表中移至交易商的资产负债表中，并且交易商需要支付浮动利率（在本例中为6个月的LIBOR利率加上30个基点），同时收到市场普遍采用的互换利率（在本例中为6.30%的固定利率），但投资者仍然会收到债券的息票。而在真实出售的资产互换中，投资者是不会收到债券的息票的。

3.5.3 利用互换期权去除不利的结构特征

基本的资产互换结构有许多种类的变形，能够去除标的信用风险资产的一些不利的非信用结构特征。最简单的例子是当标的债券是可赎回债券时互换期权对于去除不利结构特征的应用。如果债券是可赎回的，那么该债券所产生的未来现金流是不确定的，因为债券的发行者随时可能赎回债券。并且，如果利率下跌并低于债券的票面利率时，发行人很有可能赎回该债券。

这一问题可以通过投资者买入债券并进行利率互换得到解决。利率互换的合约期限仍然是债券的期限。同样，投资者也可以进入一个互换期权合约，在这个合约中，投资者在第一个赎回日期直至债券的到期日之间都有权利终止互换合约。在该互换期权中，由于投资者支付固定利率并收到浮动利率，该互换期权必须规定投资者收到固定利率并支付浮动利率。具体而言，投资者将进入一个收到固定利率的互换期权。

在交易商结构化的资产互换中，利用互换期权去除不利的结构特征的方法更为简单，只需要规定债券被赎回是终止资产互换合约即可。

3.6 总收益互换

在总收益互换中，互换的一方向交易对手阶段性地支付浮动利率，同时收到参考资产（或标的资产）所实现的总收益。参考资产可以是下列中的任何一个：

■ 信用风险债券；

■ 贷款；

■ 由债券或贷款组成的参考投资组合；

■ 代表一部分债券市场的某个指数；

■ 股票指数。

在这一部分中，我们关注的重心在于参考资产是上述所列类型中前四种的总收益互换。我们将首先解释当参考资产是信用风险债券或贷款时，总收益互换是如何应用的。尽管这几种总收益互换更为恰当的名称是总收益信用互换（total return credit swaps），但我们还是简单地将它们称为总收益互换。当债券指数是由债券市场上的信用风险部分构成时，总收益互换被称作总收益指数互换（total return index swap）。我们将解释总收益指数互换是如何为资产管理经理以及对冲基金经理管理债券组合提供了更多的灵活性的。在本章的附录部分，我们解释了总收益互换的定价机制。

3.7　总收益互换的经济意义

参考资产的总收益包括所有的现金流，还包括该资产的资本增值或资本折旧。浮动利率是参考利率（通常是 LIBOR 利率）加上或减去息差。同意支付浮动利率并收到总收益的一方被称为总收益的接受者，或互换的买方。而同意接受浮动利率并支付总收益的一方被称为总收益的支付者，或互换的卖方。由于不需要预先支付金额，总收益互换被看作是无资金支持的信贷衍生品。

如果总收益的支付者拥有标的资产，那么它就将该资产的经济风险转移给了总收益的接受者。那么，事实上，总收益的支付者就获得了一种中立的立场，将获得 LIBOR 利率加上息差。但是，总收益的支付者仅仅是将经济风险转移给了总收益的接受者，而并没有转移资产本身。总收益的支付者必须继续以借款的边际成本或投资的机会成本为标的资产提供资金支持。

总收益的支付者在互换交易发生之前可能并不拥有参考资产。相反地，在互换协议确定之后，总收益的支付者将会购买参考资产来对冲其向总收益的接受者支付总收益的义务。为了购买参考资产，总收益的支付者必须借入资本。借款成本被包含在总收益接受者需要向互换卖方支付的浮动利率中。图表 3.1 是总收益互换工作原理的示意图。

图表 3.1　**总收益互换**

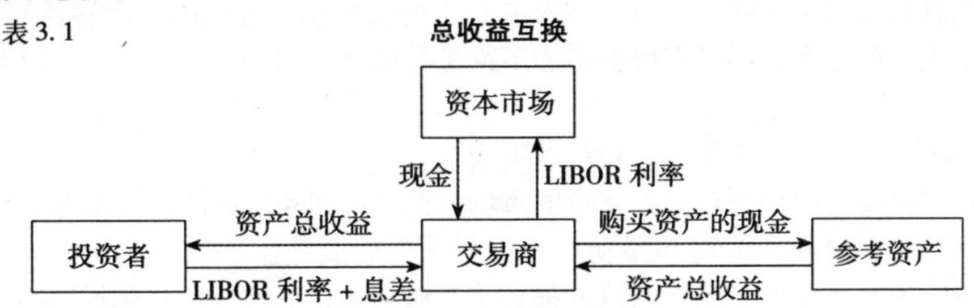

在图表中，交易商从资本市场上以 LIBOR 利率筹集资金。从资本市场流向交易商的资金转而直接流出用来购买参考资产。该资产既提供了利息收入，也通过价格波动带来了资本利得或损失。根据总收益互换的条款，这笔总收入被完全地转交给投资者。而投资者通过向交易商支付 LIBOR 利率加上息差来完成交换合约规定的义务。

从交易商的角度来看，图表 3.1 中的所有现金流都归为其从投资者处获得的与 LIBOR 利率之间的息差。因此，交易商的收益等于息差乘以总收益互换的名义本金。更进一步说，交易商的风险保障措施是完备的。除了投资者带来的交易对手风险外，交易商不需要面对其他风险。从本质上来说，交易商能够无风险地收到息差。

事实上，如果交易商在其资产负债表中已经拥有了参考资产，那么总收益互换就可以被看成是一种信用保护，能够比信贷违约互换更好地降低风险。信贷违约互换只有一个目的，即帮助投资者抵御违约风险。如果参考资产的发行人发生了违约，信贷违约互换进行支付。但是，如果标的资产仅仅是价值减少，而并没有违约，那么信用保护的购买方不会收到任何金额的支付。相比之下，在总收益互换中，交易商拥有的参考资产的价值会因其价值减少而受到保护。实际上，对于交易商来说，投资者相当于是第一损失责任人，因为参考资产任何价值的减少都是由投资人来补偿的。

另一方面，投资者可以以简单的形式获得所需资产的总收益。采用总收益互换而不是直接购买参考资产还有其他几个好处。第一，总收益的购买者不需要为购买标的资产本身进行融资。相反地，他只需要向总收益的支付者支付一定的费用来换取该资产的总收益。第二，投资者可以有效利用交易商购买参考资产时的“最佳执行”责任。第三，总收益的接受者可以只通过一次性的互换交易就获得多样化的一揽子资产，而如果不通过总收益互换则需要几次现金市场的交易才能取得。从这个意义上来说，总收益互换交易是比现今市场交易更为高效的方式。第四，如果有投资者希望做空某一信用风险资产（例如公司债券），那么他很难在市场上实现这一交易，但通过总收益互换则可以有效地实现。在这种情况下，投资者是总收益的支付者。

资产管理经理利用总收益互换来获得信用保护时，总收益互换存在着一个缺陷。在总收益互换中，总收益的接受者需要同时面临信用风险和利率风险。比方说，信用息差可能会下降（这将导致参考资产的价格朝着有利的方向移动），而利率水平的上升所导致的参考资产价格的下跌又会抵消信用息差下降带来的收益。

3.7.1 总收益互换同利率互换的比较

我们有必要比较一下总收益互换的市场惯例以及利率互换的市场惯例。标准式的利率互换是固定利率支付和浮动利率支付之间的交换。基准互换（basis swap）是一种特殊的利率互换，互换的双方都采用浮动利率，不过参考利率不同。举例来说，交易一方的支付是基于 3 个月的 LIBOR 利率，而另一方的支付是基于 6 个月的国债利率。在总收益互换中，交易的双方都支付浮动利率。

标准式的利率互换以及总收益互换的报价惯例也是有区别的。在标准式的利率互换中，固定利率的支付者支付与互换合约期限相同的国库券的息差（即互换息差），同时，固定利率接受者支付平价的参考利率（即没有息差）。固定利率接受者（也就是浮动利率支付者）所进行的支付被称为“资金部分”（funding leg）。例如，假设一个5年期、3个月LIBOR利率互换的互换息差报价是50个基点，这意味着固定利率支付者同意支付5年期的国债利率再加上50个基点，该国债利率在互换协议生效之初就已经存在；同时，固定利率接受者同意支付3个月的LIBOR利率。相比之下，总收益互换的报价惯例是总收益的接受者收到平价的总收益，同时向总收益的支付者支付一定的利率，该利率是在某一参考利率（通常是LIBOR利率）的基础上加上或减去息差。也就是说，“资金部分”（即总收益的接受者所进行的支付）是包含了息差的。

3.7.2　实例

让我们举一个参考资产是公司债券的总收益互换的例子。假设某个资产管理经理认为XYZ公司的财富将会在未来一年内增加，因而该公司相对于美国国库券的信用息差将会降低。XYZ公司平价发行了利率为9%的10年期公司债券，因此收益率为9%。假设在债券发行时，10年期的国债利率是6.2%，这意味着信用息差为280个基点。该资产管理经理相信，在未来的一年内，信用息差将降低至280个基点。

如果资产管理经理持有这一观点，那么他可以进入一个总收益互换交易，期限为1年。该资产管理经理是总收益的接受者，参考资产是10年期、收益率为9%的XYZ公司债券。为了简单起见，我们假设该总收益互换是每半年进行一次支付。假定互换合约规定总收益的接受者支付6个月的国债利率加上160个基点，同时收到参考资产的总收益。该合约的名义本金是1 000万美元。

假设在互换的1年合约期限内发生了下列事件：

- 用于计算第一次半年利息支付的6个月国债利率是4.8%；
- 用于计算第二次半年利息支付的6个月国债利率是5.4%；
- 在第一年年末，9年期国债的利率是7.6%；
- 在第一年年末，参考资产和国债利率之间的息差是180个基点。

让我们首先来看一下资产管理经理所需要进行的支付。该经理所需要进行的第一笔支付等于3.2%（4.8%加上160个基点再除以2）乘以1 000万美元的名义本金。第二笔支付等于3.5%（5.4加上160个基点再除以2）乘以1 000万美元的名义本金。因此有，

第一笔支付金额：1 000万美元×3.2% =320 000美元

第二笔支付金额：1 000万美元×3.5% =350 000美元

总支付金额：　　670 000美元

该资产管理经理收到的支付包括债券的息票支付再加上参考资产的价值变动。

息票支付共有两次。由于息票率是9%，其将收到的息票支付是900 000美元。

最后我们需要决定参考资产的价值变动是多少。在一年的年末，参考资产的期限为9年。由于9年期国债利率为7.6%，且信用息差将会从280个基点下降至180个基点，因此参考资产的卖出收益率是9.4%。票面利率为9%，卖出收益率是9.4%的9年期债券的价格是97.61。由于面值是1 000万美元，因此该债券的价格是9 761 000美元。资本损失为239 000美元。因此，总收益的接受者能够收到的金额是：

息票支付=900 000美元

资本损失=239 000美元

互换支付=661 000美元

将支付的金额与收到的金额相减，计算出资产管理经理需要支付的金额为9 000美元（661 000美元减去670 000美元）。

值得注意的是，虽然该资产管理经理的预测是正确的（即信用息差的确下降了），但他需要付出一笔净支出。事实上，我们所举的这个例子印证了先前讨论过的互换总收益的缺点：投资者的最终收益既取决于信用风险（即信用息差的上升或下降），又取决于市场风险（即市场利率的上升或下降）。有两类市场利率风险会对固定收益资产的价格造成影响。与信用无关的市场风险（credit independent market risk）指的是总体的利率水平，它会在互换的合约期限内波动。这一类型的风险与参考资产的信用恶化没有任何关联。与信用相关的市场利率风险（credit dependent market interest rate risk）指的是实际预测到的或实际发生的违约风险对于计算资产价值的折现率可能造成的改变。

在我们的实例讨论中，参考资产会受到市场利率风险的负面影响，但也会因为接受与信用相关的市场利率风险而获益。为了解决这一问题，总收益的接受者可以根据需求定制总收益互换交易的条款。例如，资产管理经理可以要求收到参考资产的息票收入再加上由于信用息差造成的任何资产价值变动。这样，资产管理经理就能针对信用风险采取措施，而与信用无关的市场风险将不会影响到互换的价值。在这种情况下，除了息票收入之外，资产管理经理还会收到当前280个基点的息差下参考资产的现值与180个基点的息差下参考资产的现值之间的差额。

3.7.3 总收益指数互换

到目前为止，我们讨论的重点都在单个的参考资产上。总收益指数互换是一种参考资产为某一市场指数的互换。市场指数可以是股票指数或债券指数。在这里我们着重讨论参考资产是债券指数的总收益指数互换。

诸如雷曼、所罗门、美邦以及美林指数等在内的广义债券市场指数（broad-based）都还包含了一些子指数，分别代表了债券市场的不同部分。举例来说，这些子指数所代表的部分包括国债和政府机构部分、信用部分（即投资级的公司债券，曾一度被称为公司部分）、抵押贷款部分（由机构住房抵押贷款支持证券构成)、商用不动产抵押贷款支持证券（CMBS）部分以及资产支持证券（ABS）部分。非国债部分在国债利率的基础上提供了一定的息差，因而也被称为“息差部分”。住房按揭贷款部分的息差主要是为了补偿投资这一领域可能面临的提前还款风险。信用风险除了补偿信用息差部分以外，还用来补偿 CMBS 以及 ABS 部分。也有一些指数是用来代表债券市场上的其他信用息差部分的，例如高收益企业债券以及新兴市场债券部分。因此，标的指数的总收益指数互换是使得资产管理经理能够增加或减少与其接触的信用息差部分。

第 4 章　证券化的基本原则

证券化是全球债券资本市场上最广为接受的实践之一。它指的是资产的出售。这种出售可以产生现金流，该现金流从拥有资产的实体流向为了特殊目的而设立的另一个实体。证券化也可以指后一个实体（即特殊目的实体）发行证券的行为。这些证券是由将原资产出售给后一个实体所产生的现金流作为担保的，因此被称为资产支持证券。这一技巧首先在 1969 年被美国的存款机构用作融资手段，是美国住房金融市场繁荣的主要原因之一。其后，该技巧又被用于其他资产，例如信用卡还款、应收汽车贷款等。这一技巧也被金融机构用于资产/负债管理，从而降低资产负债表的风险。

通过证券化，包括银行、保险公司、金融服务公司等在内的金融实体以及非金融企业得以将不能立即出售变现的资产（例如住房抵押贷款、汽车贷款，或租赁应收款项）变为经过评级的证券，从而可以在二级市场上销售。购买这些证券的投资者获得了原先不可能获得的接触这些标的资产的机会。

在本章中，我们将从发行人的角度讨论进行证券化的动机，解释证券化的基本机制和原理，并对担保品进行描述。在下一章中，我们着重关注证券化的结构。在本章和下一章中，我们讨论的重点是一种被称为现金证券化的证券化形式。在附录 B 中，我们将讨论一种较为新型的证券化形式，即合成证券化。

虽然我们在这一章和下一章中主要讨论的是企业对于证券化的应用，但值得一提的是，一部分市政府也会采用这一手段进行融资，而不是发行市政债券。同样，一些欧洲国家的中央政府也采用这种融资手段。本章及下章所讨论的证券化技巧也被应用于担保债务凭证（CDO）的创立中，我们将在第 6 章和第 7 章介绍相关内容。

4.1　什么是证券化交易

证券化的关键在于发行人偿还贷款人的义务是由交易第三方提供的金融资产或信用支持作为担保的。这里所说的“金融资产”指的是贷款、应收账款，或应收票据。需要牢记的是，贷款或应收账款对于贷款人来说是资产，而对于借款人来说则是负债。因此，在证券化中，贷款人使用的是其拥有的贷款或应收账款资产池，作为其发行的债务工具的担保。作为证券化担保的金融资产被称为证券化资产。为了使证券化所创立的资产支持证券拥有良好的评级，在证券化中既需要金融资产的价值，也需要第三方的信用支持。

企业所发行担保债务工具的信用状况通过对于某一特定资产（即抵押债券或抵押信托债券）的扣押权而获得，信用状况也可以通过第三方的担保来获得。相比之下，传统的担保债券的信用是通过债券发行人获得足够的收入从而具备偿付债权人的能力来取得的。因此，假设一家农用设备制造商发行了一种抵押债券，该债券的持有者拥有对其中一家工厂的第一扣押权，但这些债券持有人在很大程度上仍然要依赖于该制造商的整体运营情况和制造商偿还债务的能力。

在证券化中，偿还资金的来源从发行人的现金流转移到了金融资产池身上，并且（或者）当金融资产池无法产生足够的现金流时，就转移到第三方担保人身上。假设该农用设备制造商拥有与客户签订的分期付款销售合同的应收账款（这对该公司来说是一项金融资产），并且该公司将这些应收款项作为证券化的抵押。这样，对于债券持有人进行偿还的能力就只取决于该公司收取应收账款的状况如何了。也就是说，不取决于该公司的整体运营所产生现金流的能力。

在资产证券化中被作为抵押的资产被称为证券化资产。

资产支持证券的发行者包括以下几类实体：

- 制造企业下的专属金融公司，只针对母公司所制造的产品提供金融服务；
- 大型工业企业的金融附属公司；
- 独立的金融公司；
- 国内或国外的商业银行。

第一类发行者包括汽车制造商的专属金融公司。例如，福特汽车信贷公司（Ford Motor Credit Co.）就是福特汽车公司的一家专属金融公司。它为希望购买车辆的个人提供贷款，也为批量购买福特汽车的公司提供商业融资。

大型工业企业的金融附属公司不仅仅针对母公司生产的产品提供金融服务，也为其他厂商的产品提供金融服务。我们可以举出三个例子，即通用电气资本公司（又被称为GE资本）、IBM全球融资公司，以及卡特彼勒金融服务公司（又被称为卡特金融）。GE资本是通用电气的全资子公司，提供多样化的金融服务。IBM全球融资公司也是IBM全资拥有的下属公司，针对IBM和非IBM的产品提供融资服务。卡特彼勒公司是全球最大的建筑及采矿设备、天然气及柴油引擎，以及工业燃气涡轮机的制造商。卡特金融是该公司的金融部门，为一系列产品提供广泛的融资服务，其服务对象包括：卡特彼勒生产的工具、太阳能燃气轮机、采用卡特彼勒生产组件的设备、美国三菱卡特彼勒铲车公司生产的起重机，以及通过卡特彼勒的经销商销售的一系列相关产品等。

4.2　证券化图解

让我们以图解的形式来说明证券化的过程。在这一章的整个说明中，我们都采用一个虚构公司的例子，即农业设备公司。假设该公司是制造农业设备的，一些产品通过现金销售，但其主要的销售是以分期付款的形式进行的。从实质上说，分期销售合同相当于是对农业设备的购买者的贷款，购买者同意在特定的时期内向农业设备公司进行偿还。简单起见，我们假设贷款是4年期的。该贷款的抵押品是借款人购买的农业设备。贷款合同规定了设备购买者所需要支付的利息。

农业设备公司的信贷部门做出是否向客户提供贷款的决定。也就是说，信贷部门收到客户的贷款申请，根据该公司制定的信贷标准，决定是否提供贷款，以及提供贷款的数额。做出决定所参考的标准被称为授信作业标准（underwriting standards）。由于农业设备公司批准了该贷款，该公司被称为贷款的发起人。

另外，农业设备公司可能还有一个部门是负责该贷款的相关跟踪服务的，包括向借款人收取还款、通知有可能拖欠账款的借款人，以及在必要的时候（如果借款人在一段时期内未能偿付的话）收回或处置抵押品（在本例中即农业设备）。虽然相关跟踪服务的提供者不一定是贷款的发起人，但在本例中，我们假定农业设备公司就是贷款跟踪服务的提供者。

现在，我们来看一下这些贷款是如何运用在结构化金融的交易中的。我们假设农业设备公司拥有超过2亿美元的分期销售合同。我们进一步假定农业设备公司需要筹集2亿美元的资金。公司的财务总监决定不通过发行2亿美元的公司债券来获得融资，而是进行结构性融资（做出这一决定的原因我们将在下一章中讨论）。

为了达到这一目的，农业设备公司需要建立一个合法的实体，被称为特殊目的载体（SPV）。现在我们对该合法实体的目的进行解释，但之后我们会更清楚地发现SPV在结构化金融交易中起着至关重要的作用。在我们的解释中，假设农业设备公司成立的特殊目的载体名为FE资产信托（FEAT），农业设备公司将把2亿美元的资产卖给FEAT，而FEAT将向农业设备公司支付2亿美元的现金，也就是农业设备公司希望筹集的资金数额。问题就在于，FEAT是如何获得这2亿美元的呢？这2亿美元是通过出售以2亿美元贷款作为抵押的证券来获得的。这些证券就是我们先前所提到的资产支持证券。在结构化金融交易中发行的资产支持证券也被称为债券分类或分层。

这一结构由图表4.1所示。

图表4.1　　基本的证券化结构

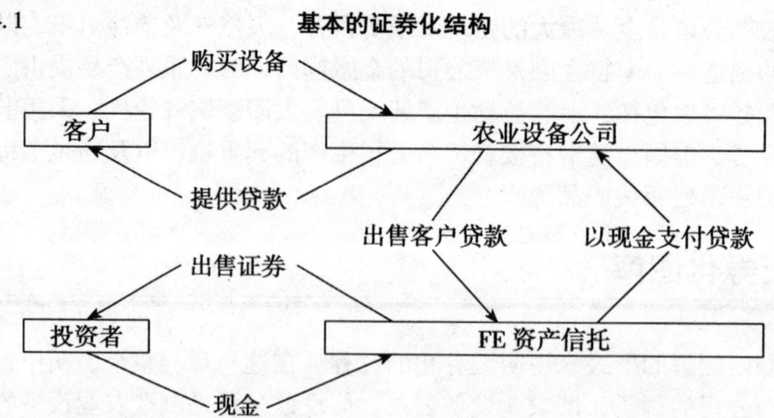

简单的交易可能只包括一个层级的债券销售，该债券的面值为2亿美元。我们将它称为A层债券。假设A层债券共发行了200 000张，每张的面值为1 000美元。因此，每张债券的持有人都拥有抵押资产支付的1/200 000。每项借款人（即农业设备的购买人）进行的分期偿还都包括本金偿还和利息支付。

交易的结构也可以更复杂一些，可以对不同层级的债券的本金和利息之间的分配进行规定，而不是简单地按比例分配。在介绍的初始阶段，读者可能很难理解为什么应该建立这样的结构。必须要理解的一点是存在着一些结构投资者，它们可能需要期限、风险，以及价格波动性不同的各种债券。因此，可以通过证券化设计创立不同的债券层级，从而满足机构投资者对于债券的需求。

举例来说，在一个更为复杂的交易中，创立了两个不同层级的债券，A1层债券和A2层债券。A1层债券的面值是9 000万美元，A2层债券的面值是1.1亿美元。优先级规则可以简单地规定为A1层债券收到所有借款人（即农业设备的购买者）偿付的本金，只有当所有的A1层债券被还清之后，A2层债券才开始收到贷款的本金偿付。因此，A1层债券的期限比A2层债券要短。

稍后我们将解释，在某些结构中，债券的层级不止一层，但不同层级之间的区别在于当借款人（即农业设备的购买者）发生违约的时候损失是如何进行分配的。在这种结构中，不同层级的债券被称为优先级债券和次优先级债券。因此这种结构被称为优先级—次优先级结构。如果发生损失，则首先由次优先级债券承担，然后再由优先级债券承担。例如，假设FEAT发行了1.8亿美元面值的A层债券，即优先级债券，以及2 000万美元面值的B层债券，即次优先级债券。只要借款人不发生2 000万美元以上的违约，那么A层债券就可以全额还清1.8亿美元。

证券化的大致流程如图表4.2所示。在图示的这种情况下，前三种债券具有从AAA到BBB的不同评级。这些分类也被称为层级，而创立这种结构的过程有时被称为分层。

图表4.2　**证券化的过程**

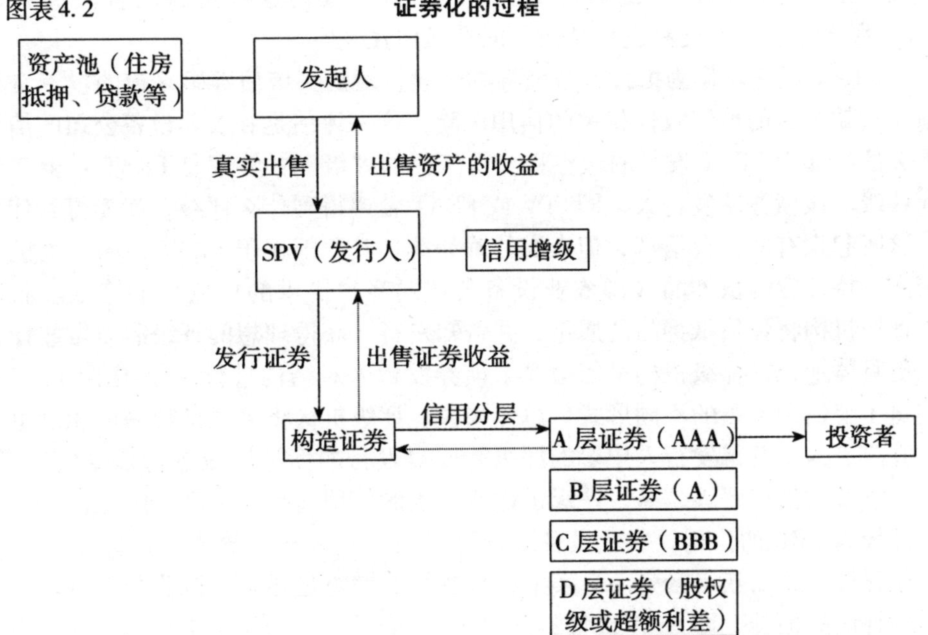

4.3 进行资产证券化的原因

非银行企业决定发行资产支持证券而非公司债券的主要原因包括：（1）有可能减少融资成本，（2）使融资的渠道多样化，（3）加速财务报表上的收入确认。对于银行来说，还有额外的原因。我们首先讨论的是非银行企业进行资产证券化的动机，再讨论银行选择资产证券化的原因。

4.3.1 减少融资成本的可能性

为了理解发行资产支持证券而非公司债券能够减少融资成本的可能性，假设农业设备公司的信用评级是 BBB。如果该公司希望筹集 2 亿美元的资金并且通过发行公司债券来完成，则其融资成本是基准国库券收益率加上信用评级为 BBB 的发行人的息差。相反地，假设农业设备公司利用其 2 亿美元的分期销售合同（即对客户的贷款）作为抵押进行债券发行，那么融资成本是多少呢？答案可能和发行公司债券是一样的。原因在于，如果农业设备公司流通在外的任何债务发生了违约，贷款人将对该公司的所有资产进行追偿，其中包括向客户提供的贷款。

然而，假设农业设备公司可以建立另一个合法实体，并向该实体出售贷款。这一实体就是我们先前所假设的虚构交易中的特殊目的载体，在我们的阐述中，也就是 FE 资产信托公司（FEAT）。如果农业设备公司向 FEAT 合理出售资产的话，即如果交易是以该贷款的市场公允价格进行的话，那么 FEAT 而非农业设备公司则成为了该应收账款的合法拥有者。这意味着如果农业设备公司被迫破产的话，该公司的债权人不能够收回已经出售给 FEAT 的贷款，因为这些贷款的合法拥有人是 FEAT。那么，这样对交易进行结构化的意义何在呢？

当 FEAT 以贷款作为抵押发行债券的时候，对购买该债券感兴趣的投资者将会评估与贷款本身的可回收性相关的信用风险，这一评估是和农业设备公司的信用评级无关的。那么 FEAT 发行的债券将获得怎样的评级呢？答案是 FEAT 希望获得的任何评级。该债券的发行人，即 SPV 或 FEAT 希望得到什么评级，就能得到什么评级，这听起来有些不合情理，但事实的确如此。其原因在于 FEAT 将向评级机构展示资产支持证券的抵押品（即农业设备公司向客户提供的贷款）的特征。而反过来，评级机构将评估抵押品的质量，并告知发行人获得理想的评级需要做些什么。

更具体地说，评级机构可能会要求债券发行人对结构进行“信用增级”。稍后我们将了解信用增级的不同形式。总体来说，评级机构将关注抵押品可能发生的损失，并决定为了获得发行人想要的评级需要对发行的债券层级进行多少信用增级。发行人需要的信用评级越高，评级机构所要求的信用增级就越高。因此，作为一家信用评级为 BBB 的公司，农业设备公司可以通过将客户贷款作为抵押品获得更好的信用评级，从而获得融资。事实上，只要信用增级足够高，该公司就可以发行最高信用评级的债券，即 AAA 级债券。

特殊目的载体（SPV）是公司发行比自身信用评级更高级的债券的关键。SPV的角色至关重要，因为正是SPV（在本例中即FEAT）将作为抵押品的资产从寻求融资的公司（在本例中即农业设备公司）中分离出来。

为什么在证券化交易中，一家公司不会一直寻求信用评级最高的资产支持债券呢？答案在于信用增级并非是没有成本的。稍后我们将会看到，信用增级有不同的机制，而每一种机制都增加了通过资产支持证券进行证券化借款所需要的成本。因此，当寻求更高级的信用评级时，公司必须正确衡量债券信用增级所需的额外成本以及发行更高级别债券所降低的融资成本之间的关系。

需要认识到的是，如果希望融资的公司发生了破产（在本例中即农业设备公司），那么法官可能会判决SPV的资产也在破产公司债权人对该公司资产拥有的权利之列。在美国，这是一个悬而未决的法律争议。法律专家认为这是不恰当的。在资产支持证券的招股说明书中，会有相关的法律章节涉及此内容。这就是为什么在美国，特殊目的载体被称为“破产隔离”实体。

4.3.2　使融资渠道多样化

发行人如果希望通过证券化来筹集资金则必须在资产支持证券市场上占据一席之地。这要求在市场上出售足够多份额的债券以树立自己的名声，并且创立具备合理流动性的售后市场用以交易这些证券。一旦发行人在市场上具备了立足之地，就可以观察公司债券市场以及资产支持证券市场，从而决定更好的融资渠道。也就是说，发行人将对比公司债券市场和资产支持证券市场上的融资总成本，并从中选择成本较低的一个。

4.3.3　加速财务报告上的收入确认

美国通用会计准则（GAAP）允许公司为了股东报告的目的在报表中采用应收款项或资产组合的形式来加速收入的确认。我们将举例来说明这一原因。

再次考虑农业设备公司。假设该公司拥有2亿美元的分期销售合同。从财务报告的角度看，这些分期付款合同的收入直到收到支付后才能进行确认。假定与农业设备的购买者签订的合同中规定购买者需每年支付8%的利息。我们进一步假设农业设备公司的财务总监向投资银行进行了咨询，被告知该公司可以出售以分期付款合同作为抵押的资产支持证券，其成本为5%。农业设备公司收到的利率和支付的利率之间的差额是3%，或300个基点。部分息差体现了农业设备公司对分期付款合同进行跟踪服务的成本。现在我们假设提供服务的费用为1%。

将100个基点的服务费用从300个基点中减去之后，这被称为净息差。这200个基点的息差是农业设备公司通过出售资产支持证券所获得的利润，并且可以被立即确认为收入。这一收入从本质上说是一种资产的形式，被称为利息证券（interest-only strip）。那么，在财务报表里，这部分收入中的多少能够被确认呢？换句话说，利息证券的价值是多少？我们可以利用估值的基本原理来确认它的数额。其过程如下。首先，农业设备公司的财务总监必须确定在资产支持证券的期限内这200个基点每年对应的金额是多少。其次，需要计算出这笔金额每期所对应的现值。

举例来说，假设这2亿美元的分期销售合同需要在未来的4年内每年偿还5 000万美元的本金。如果没有违约发生，或者贷款在应付日期之前就被提前偿还的话，则基于200个基点计算出的每年的美元净息差收入如下表所示：

每年年初	未偿还款项（单位：美元）	净息差收入（单位：美元）
1	200 000 000	4 000 000
2	150 000 000	3 000 000
3	100 000 000	2 000 000
4	50 000 000	1 000 000

下一步是计算出净息差收入的限制是多少。问题在于，折现率取多少比较合适？这一折现率应当能够体现出在未来的4年内确认预期净息差收入的不确定性。让我们假设市场公允利息为12%，那么以12%为折现率的美元净利息收入的现值是8 022 088.78美元，如下表所示：（原作者注：注意，为了简化计算，我们假设净利息收入在每年的年末收到）。

每年年初	未偿还款项（单位：美元）	美元净利息收入（单位：美元）	贴现率为12%时的现值系数	现值（单位：美元）
1	200 000 000	4 000 000	0.89286	3 571 428.57
2	150 000 000	3 000 000	0.79719	2 391 581.63
3	100 000 000	2 000 000	0.71178	1 423 560.50
4	50 000 000	1 000 000	0.63552	635 518.08
利息证券的价值				8 022 088.78

这8 022 088.78美元的利息证券价值将在资产支持证券发行的当年作为收入体现在财务报表上。

利息证券进行估值的关键在于确定每年的美元净利息收入以及合适的贴现率。首先我们来考虑美元净利息收入。在上面的分析中，前提假设是这2亿美元的分期销售贷款会被全部偿还，也就是说，客户不会发生违约。但是，如果发生了违约，那么财务报表上的未偿还款项一栏就要做出如下调整：

每年年初	未偿还款项（单位：美元）	净息差收入（单位：美元）
1	199 000 000	3 980 000
2	147 000 000	2 940 000
3	95 000 000	1 900 000
4	42 000 000	84 000

那么，在12%的贴现率下，每年的美元净利息收入的现值以及利息证券的价值如下表所示：

每年年初	未偿还款项（单位：美元）	美元净利息收入（单位：美元）	贴现率为12%时的现值系数	现值（单位：美元）
1	199 000 000	3 980 000	0.89286	3 553 571.43
2	147 000 000	2 940 000	0.79719	2 343 750.00
3	95 000 000	1 900 000	0.71178	1 352 382.47
4	42 000 000	84 000	0.63552	533 835.19
利息证券的价值				7 783 539.09

因此，基于上面的计算，在报表中体现的证券化所带来的收入应当是7 783 539.09美元（即利息证券的价值）以及8 022 088.78美元，后者是在没有违约发生的情况下计算出的数额。如果合适的贴现率比12%高的话，则利息证券的价值将会减少。比如说，假如贴现率是15%，在没有违约发生的情况下，利息证券的价值就变成了7 633 477.58美元。而如果发生上面表中所示的违约，则利息证券的价值就变成了7 413 485.51美元。

如果发生提前还款的话，利息证券的价值也会减少，这是因为当借款人偿还贷款时，贷款余额将会减少。发行人只收到未偿还款项带来的美元净利息收入。例如，假设没有发生违约，且借款人提前还款，那么每年的未偿还款项调整如下表所示：

每年年初	未偿还款项（单位：美元）	净息差收入（单位：美元）
1	200 000 000	4 000 000
2	70 000 000	1 400 000
3	20 000 000	400 000
4	10 000 000	200 000

从上表中可以看出，这种情况下的利息证券价值的现值为5 099 315.71美元。当折现率为12%，且没有发生违约时，利息证券的现值就更少了。

想要决定违约的程度并由此计算美元净利息收入以及合适的贴现率并不是一件容易的事。因此，公司的独立审计师必须评估管理层对于证券化所带来的收入所做出的假设。曾经出现过股东起诉管理层以及独立审计师的情况，原因是股东对出现财务困难的公司进行证券化所产生的收入提出了质疑。争论的关键在于管理层是否对于违约以及折现率做出了正确估计。

我们必须理解，公司可以通过证券化融资来获得理想的收入状况，这一点是相当重要的。股票分析师推测出公司的盈余。假设在不进行证券化的情况下，管理层需要每股0.1美元才能获得目标收入。而如果管理层将公司的所有或部分应收账款和贷款用作证券化的话，就可以达到目标收入。

在这里，还需要提及证券化的另一个优势。我们在这里主要讨论的是以财务报表为目的确认收入。那么税务处理方面又怎样呢？税法规定，将资产出售给 SPV 所导致的收入不需要在税务上进行确认。也就是说，在财务报表上进行确认的收入项目不需要在税务上进行确认。因此，将金融资产出售可以在财务报表上加速收入的确认，而在税务上该笔收入可以延迟确认。

4.3.4 银行进行证券化的动机

对于银行来说，进行证券化背后的最大动机在于需要实现资产负债表上资产的价值。这些资产通常包括住房抵押贷款、公司贷款，以及零售贷款（例如信用卡债务）等。下面可能是导致银行将其资产负债表中的一部分进行证券化的原因：

■ 增加 ROE（股权收益率）：如果在证券化后资产所带来的收入基本保持不变，而证券化之后资产的规模缩小了，那么证券化将会导致股权收益率的增加。

■ 减少资本要求：证券化可以减少支持资产负债表所需要的资本数量，从而进一步节约成本，或者说，使得银行可以将资本投向其他更有利可图的地方。

■ 获得成本更低的融资：通常，资产支持证券的应付利息要比这些被证券化的标的贷款的应付利息低很多，因此发起证券化的实体可以获得利润。

换句话说，银行将其资产负债表的一部分进行证券化的主要原因包括下面一个或者多个因素：

■ 为其拥有的资产进行融资；

■ 资产负债表资本管理；

■ 风险管理以及信用风险转移。

下面我们来依次讨论上述三个原因。

4.3.4.1 融资

银行可以利用证券化来：（1）支持资产增长，（2）使资金组合多样化并降低融资成本，（3）减少期限错配（maturity mismatches）。资产支持证券的市场规模很大，因此银行如果获得了该市场内的融资渠道，就能够以比依靠传统的融资渠道更快的速度扩大其贷款业务。例如，英国北岩银行的前身是一家建房互助协会，该银行就利用了资产证券化来扩大其在英国的住房抵押贷款市场。

资产证券化也能让银行多样化其融资组合。并非所有银行都愿意仅仅依赖于单个或少数几个融资渠道，因为在市场面临困难的时候，这样做的风险是很高的。银行希望使得其零售、银行间，以及批发业务的融资组合最优化。证券化在这一融资组合中起着至关重要的作用。同样，证券化可以降低银行的融资成本。这是由于证券化的过程使得证券化发起机构的信用评级与所发行的证券本身的信用评级分离开来。通常，大多数通过 SPV 发行的证券评级都要高于发起银行自己发行的债券的评级。虽然 ABS 二级市场的流动性通常都比企业债券市场的流动性低，而且这造成了 ABS 所需要支付的收益率更高，但由于 ABS 证券信用评级的提高，证券化发起机构在 ABS 市场上发行债券的成本仍然要低于在公司债券市场上发行债券的成本。

最后，我们讨论期限错配的问题。银行的资产负债管理（ALM）工作的内在含义就包括了解决期限错配问题，这是因为银行通常用短期负债（例如银行存款或银行间借款）来支持长期资产（例如住房抵押贷款）。通过证券化可以有效解决期限错配问题，因为银行获得的融资来自于资产的出售，而所发行的资产支持证券的期限通常是和银行的资产相匹配的。

4.3.4.2 资产负债表资本管理

银行利用证券化来改善资产负债表资本管理。资产证券化可以带来：（1）监管资本的释放，（2）经济资本的释放，（3）资本渠道的多样化。国际清算银行（BIS）资本规则明确规定，银行必须根据资产的风险情况维持不低于一定水平的资本量。根据《巴塞尔协议》，银行必须为每100美元的风险加权资产持有8美元的资本；但是，各个资产之间的风险权重的分配是受到限制的。例如，不论借款人的信用评级如何，或不论抵押品的质量怎样，除了抵押贷款之外的客户贷款的风险权重都必须是100%。

这种规定所导致的异常情况在2007年生效的《新巴塞尔资本协议》中进行了讨论和解释（将在附录A中涉及），在这里我们不详细讨论。但是，1992年生效的《巴塞尔协议》是进行证券化的另一个动机所在。由于SPV并不是一家银行，它不需要受到巴塞尔规定的约束，只需要在经济上满足其资产本质上需要的资本量即可。这个资本量并不是一个固定的数额，但肯定比银行8%的资本充足率要求要低得多。证券化的发起银行在将其资产移出资产负债表出售给SPV时，并没有得到100%的监管资本释放，这是因为银行常常在发行的证券中保留有第一损失部分（first-loss piece，稍后将进行讨论）。尽管如此，在证券化之后，银行的监管资本要求的确有所降低。

由于证券化可以释放监管资本，它也可以被看成是除了传统的第一层（股本）、优先股，以及具有利息递增债券特征的永久贷款票据之外的另一种资本筹集方式。通过减少支持资产池所需的资本数量，银行也可以改善其股权收益率（ROE）。这一点将受到股东的欢迎。

图表4.3展示的是证券化交易对发起银行资产负债表的影响。跟随这一流程，选定的资产被移出资产负债表，不过发起银行通常保留了第一损失部分。就对于监管资本的影响而言，这笔第一损失的数额被从银行的总资本中扣除。例如，假设银行拥有1亿美元的风险权重资产，并且目标巴塞尔比率为12%，该银行将这1亿美元的资产进行了证券化。在《巴塞尔协议》下，对于风险权重资产所需要保持的资本比率最低为8%；监管者更倾向于看到银行的实际资本比率在8%之上，且银行自身也通常会尽力将资本比率维持在与同行业相当的水平上。银行会保留第一损失层级，大约占ABS发行总额的1.5%。剩下的98.5%向市场出售。银行还需要拿出1.5%的资本来缓冲未来的潜在损失，但对于剩下的10.5%的资本则可以自由使用了。

图表 4.3 证券化交易对发起银行资产负债表的影响

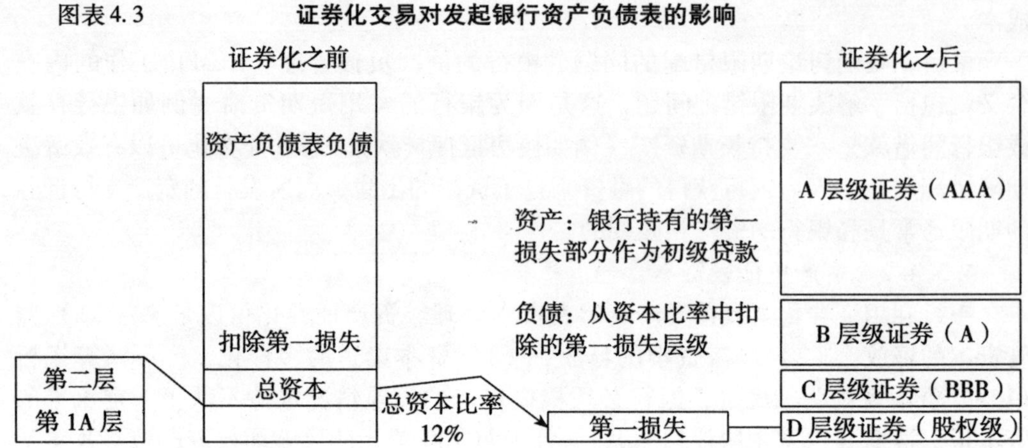

4.3.4.3 风险管理

一旦资产进行了证券化，发起银行标的资产的信用风险就大为减少，并且，如果银行不保留第一损失部分的资本的话（也就是所发行证券的最低级部分），风险就被完全移除了。这是由于资产已经出售给了 SPV。证券化也可以用来将银行的不良资产移出资产负债表。这将带来双重好处：既去除了信用风险，又从投资者的角度通过降低不良贷款相对于总贷款的比率来改善了银行的价值。同样，如前所述，这样做也释放了监管资本。进一步说，将不良资产进行证券化的潜在好处在于：如果当中的任何资产又开始盈利了，或者该违约资产具备回收价值，那么发起银行就能收到 SPV 获得的盈余利润。

4.4 证券化给投资者带来的利益

自从资产支持证券问世以来，投资者就对 ABS 市场表现出极大的兴趣。这是由于投资者认为资产支持证券具备一些优点，它使得投资者能够：

- ■ 利益多元化；
- ■ 获得不同的（有时是高级的）风险回报特征；
- ■ 有机会接触到其他途径无法接触的市场部分。

证券化 ABS 的关键利益在于它使投资者能够制定符合自身需求的风险回报特征。如果某一特定评级上缺少相关资产的话，就可以通过证券化来创造。ABS 通常都能提供比相同评级、相同期限的公司债券更好的风险回报特征。举例来说，某一评级为 AA 的债券仅仅因为是资产支持证券就比另一债券具有更好的信用表现，这听起来有些不合理，但这种情况却常常发生。这是因为证券化的发起人已经在证券化结构中持有了第一损失部分。

持有 ABS 证券同样也能使投资者的风险敞口多样化。例如，面临发行人潜在的事件风险，投资者可以不用购买 1 亿美元的 AA 级公司债券，而是购买 100 种资产池资产以分散风险。很显然，这些资产池资产具备更低的集中性风险。

4.5　评级机构在为资产支持证券评级时看重什么

在本章中，我们来考察评级机构——包括穆迪投资者服务公司、标准普尔，以及惠誉国际评级公司——是如何给资产支持证券进行评级的。在分析信用风险时，评级机构主要关注：（1）抵押品的信用质量；（2）出售方/服务方的质量；（3）现金流压力和支付结构。下面我们就逐一讨论这三个因素。

4.5.1　抵押品的信用质量

对抵押品的信用质量分析取决于资产的类型是怎样的。评级机构会关注标的借款人的支付能力，以及借款人在该资产中所拥有的股权情况。这里的“借款人”指的是对在证券化中作为抵押品的金融资产负有债务的个人或企业实体。在我们的农业设备公司的例子中，借款人指的就是通过分期付款形式购买了农业设备的实体。借款人对抵押品是否拥有股权是借款人是否具备违约动机或是否会将资产变卖以偿还贷款的决定性因素。

例如，假设三年前一位农民购买了一台设备，该设备现在的市场价是200 000美元，分期付款合同中的未偿还部分为30 000美元。那么这位农民对该设备拥有的股权为170 000美元（200 000美元减去30 000美元）。在这种情况下，该农民发生违约的可能性不大。可以预见，该农民将出售设备以实现170 000美元的股权，而不是选择违约让设备被收回。相比之下，如果设备的市场价是200 000美元，而分期销售合同中的未偿还部分是320 000美元，则如果该农民无力如期付款的话，则很有可能选择违约。

同样，评级机构也会考察贷款发起人的经历，并评估交易中的标的贷款是否的确像发行者所报告的那样具备某些特征。也就是说，贷款的发起人或分期销售合同——在我们的例子中即农业设备公司——有信贷部门来审核是否向客户发放贷款。如果授信标准比较宽松的话，则会体现在较高的违约率上。如果授信标准较为严格，则相应的违约率也较低。如果授信标准有所下降或有所提升的话，评级机构也会通过考察过去的违约率或监测某一段时间内的违约率来评估授信标准。

除了违约率以外，评级机构也会关注过去的回收率。违约率和回收率共同决定了潜在的损失是多少。举例来说，假设过去抵押品的回收率是40%，违约率是12%，这意味着每100美元的抵押品中大约有2美元发生违约。在2美元的违约中，有0.8美元可以被收回，因此1.2美元将会被损失掉。因此，有1.2%的损失，这被称为损失率。

贷款的集中性也是评级机构关注的方面之一。资产证券化的一个重要原则之就在于抵押品所对应的大量借款者能够分散并降低信用风险。如果相对于整个资产池来说，数额较大的贷款只对应着少数的借款人，该抵押品池就不具备风险分散化的优势，这将导致违约率的提高。这种风险就被称为集中性风险。评级机构对任何一个借款人的贷款或应收账款设立数额或百分比的限制，被称为集中性限制。如果在证券发行时超过了集中性限制，那么证券就会获得比原先更低的信用评级。如果在债券发行之后超过了集中性限制，则债券可能面临着降级。

4.5.2 出售方/服务方的质量

所有的贷款和应收账款都必须有相应的跟踪维护服务。这一职责是由资产支持证券交易的第三方来完成的，该第三方称为服务方。尽管被看做是“第三方”，但在许多资产支持证券交易中，服务方实际上就是证券化的发起人，也就是希望寻求融资的公司。

证券发行人由于暂时的资金短缺而无法向购买资产支持证券的投资者按时支付（未来还是有可能支付）时，服务方可能会负责进行预先垫付。

服务方在证券化交易中扮演着重要的角色。因此，评级机构将会在对债券进行评级之前，考察服务方执行其所有责任的情况。例如，当对服务进行评估时，评级机构会考虑下列因素：提供服务的历史、经验和能力、人力资源、财务状况、增长速度、竞争情况，以及业务环境。

基于这些分析，评级机构将决定服务方合格还是不合格。如果服务方不合格的话，证券化交易就没有评级。如果对于服务方的经营能力有所怀疑的话，评级机构还可以要求提供一个“后备”服务方。

需要记住的是，资产支持证券的发行人，即特殊目的载体，是一个没有员工的企业。它所拥有的仅仅是贷款和应收账款。因此，服务方就在应收款的收集工作中起到了重要的作用。

4.5.3 现金流压力和支付结构

评级机构将分析抵押品所产生的现金流能够在多大程度上满足资产支持证券交易的义务。抵押品所产生的现金流包括本金和利息。需要支付的现金流包括向投资者支付的利息和本金、服务费，以及发行人所需要支付的其他任何费用。评级机构将评估这种支付结构，测试抵押品所产生的现金流是否能够同发行人为了履行义务而必须支付的现金流相匹配。这就要求评级机构对于各种利率情景下可能的损失或拖欠情况进行假设。

基于对抵押品的分析以及对支付结构的压力测试，评级机构对债券持有人不能被全部偿付的风险进行了评估，决定为了获得某一特定的信用评级，发行人需要多少信用增级。

4.6 抵押品种类

支持证券化交易的资产池（也就是抵押品）的现金流是用来支付各个层级债券的本金和利息的。投资者希望弄清有多少现金流能够分配给它们，因此必须对提前还款和违约的情况进行估计。为此，投资者需要用到招股说明书、补充说明书，以及面向投资者的宣传材料中的计算和汇款汇报部分中提供的信息。

在债券发行之后，S-3 表格对自发行以来的经营情况进行了报告（包括拖欠付款以及损失的情况），这些信息被称为静态池信息。在这部分，我们将讨论描述资产池的不同方法，以及对实际发生的和预期发生拖欠及损失进行量化的方法。“静态池”这一术语常常在 ABS 市场上被用来指那些在大致相同的时间、以相似的标准发起或购买的一组资产或应收账款，这些资产的业绩状况将被跟踪考察。[①]

4.6.1　摊销结构以及循环结构

到目前为止，在我们的讨论中，抵押品都是摊销资产的资产池。也就是说，对于本金的偿还制订了一个计划，并且未偿还款项在整个结构的期限中是随时间的增加而减少的。资产池中不再增添新的贷款，这样的证券化结构被称为摊销结构。本金的偿付计划被称为分期偿付进度表（amortization schedule）。超过计划本金支付进度表的任何支付都被称为提前还款。提前还款可以还清所有未偿还余额。偿还部分余额的提前还款被称为缩减（curtailment）。

也有些证券化标的资产是非摊销的。非摊销资产只要求定期支付的最小金额的款项，而且不存在本金偿付的计划。如果从资产池到 SPV 的支付比需要支付给 ABS 投资者的贷款未偿还款项的利息要少，那么短缺的数额就会被加在未偿还贷款的余额之上。如果定期支付的数额比未偿还贷款的利息数额要大，那么两者之间的差额将会：（1）扣减未偿还贷款的余额，（2）被用来购买资产池中的额外资产。（1）或者（2）中哪一种情况会发生取决于时间阶段。在这样的结构中存在一个“锁定期”（lockout period），在锁定期内收到的任何本金的偿还将被用作购买额外资产。在锁定期过去之后，收到的本金偿还将会用来支付债券的本金。这一阶段被称为“本金摊还期”。具备这种结构的证券化就叫做循环结构。由于对于非摊销资产来说，没有本金偿还的进度表（也就是没有分期偿还进度表），提前还款的概念并不存在。

4.6.2　信用担保程序中所使用的信息

为了正确理解资产池支持证券化的相关信息，我们有必要对信用担保过程中所使用的信息进行理解。贷款人在决定是否向客户提供贷款时所参考的重要信息是：贷款与价值比率、支付收入比率，以及信用评分[②]。我们将在下面逐一对这些指标进行讨论。

4.6.2.1　贷款与价值比率

贷款的本金余额与资产的价值之间的比率被称为贷款与价值比率（LTV，loan-

① 参考［美］爱德华·E. 盖纳：《如何遵守证券交易委员会对于公开发行资产支持证券的新规定》，载《结构化金融杂志》10，no. 3（2004 年秋季），p. 19。

② 在住房抵押贷款的情况下，借款人一同提交的文件类型以及申请贷款的原因也是重要的考虑因素。

to-value ratio)。在LTV比率中资产的价值可以是市场上出售的价值，或是经过评估的某一价值。例如，如果LTV比是0.8，那么这意味着该资产的本金余额是该资产市场价值的80%。通常，以住房或商业抵押贷款作为支持的证券化产品都使用这一比率。

资产的价值与贷款的本金余额之间的差额被称为“借款人权益”。当LTV小于1时，借款人对该资产拥有正的权益，因而借款人没有动机去违约。当LTV大于1时，则意味着借款超过了资产的价值，因此借款人具备违约的动机。所有关于违约的研究都发现，LTV是预测借款人发生违约的重要变量之一。LTV比率越高，借款人发生违约的概率就越大。

与LTV相类似的一个概念是进展率（advance rate），这个概念是在以汽车贷款作为支持的ABS证券中被使用的。新车和二手车在计算进展率时的计算方法是不一样的。对于二手车来说，进展率等于贷款占该汽车批发价的百分比。而对于新车来说，进展率是贷款与制造商建议零售价（MSRP）之间的比率。对于新车来说，进展率可能超过100%，因为税收、配件，以及质保延长费并不计算在制造商建议零售价（manufacturer's suggested retail price）之内。

4.6.2.2 支付收入比率

支付收入比率（payment-to-income ratio，PTI）指的是每个月的贷款还款数额与每个月可以用来还贷的收入的比率。PTI越高，借款人收入中需要用来偿还贷款的部分就越大。

在住房抵押贷款的情况下，通常需要计算两种PTI，即“前”比率和“后”比率。前比率是通过用每个月和住房相关的总支付（包括本金、利息、物业税以及房屋保险等）除以每个月的税前收入计算出来的。后比率与之类似，但需要在用于计算前比率的总收入的基础上再加上其他的债务支付（包括汽车贷款和信用卡支付）。

在商业按揭贷款的情况下，一种相类似的计算方法是债务偿付比率（debt service coverage ratio，DSCR）。这个比率是用房屋的净运营收入（NOI）除以偿债金额计算得出的。NOI被定义为房屋的租金收入减去现金运营支出。如果该比率大于1，则说明房屋所产生的现金流足以支付债务偿还的全部金额。债务偿付比率越大，则借款人通过房屋所产生的现金流来满足债务偿还的能力就越强。

4.6.2.3 信用评分

衡量信用风险最为重要的指标之一可能就是信用评分了。信用评分的作用就是将借款人的信用历史用一个数字来表示，也就是对借款人的信用历史的等级进行划分。信用评分的具体方法是利用评分模型给不同的变量打分，根据对借款人大量样本的研究发现，这些变量可以很好地预测借款人未来的信用状况。用于预测未来借款人信用情况的变量包括在某一特定时期内借款人逾期付款的次数、建立信用所用的时间、已经使用的信用额度与剩余信用额度之间的比较、在当前住所居住的时间、雇用记录，以及负面的信用信息，例如破产、罚款等。

当前所使用的信用评分模型分为以下几种：Fair Isaacs 模型、Empirica 模型，以及 Beacon 模型。有三家信用报告公司分别利用这三个模型进行信用评分。益百利（Experian）公司所采用的是 Fair Issacs 模型，环联公司（Transunion）采用 Empician 模型，而艾贵发（Equifax）公司采用的是 Beacon 模型。虽然各种信用评分模型之间有着不同的方法原理，但这些评分被统称为是"FICO"信用分数。通常，贷款人会收到不止一个的信用评分，以减小不同评分机构所给出的分数间方差的影响。当贷款人获得全部的三个分数时，通常会采用中间的那一个。当只有两个分数的时候，按照惯例应当采用较低的那一个。常用的经验规则是借款人需要达到 660 分或 660 分以上才算得上是具备优良的信贷资质。

4.6.3 资产池的属性

在描述资产池的组成和特征时，发行人通常会将资产按照属性分为不同的类别。在下面的部分中，我们讨论资产池的属性，通常都是从范围上来表达的。资产分类的方式是某种属性下的特定分类，其对现金流的影响是相似的（提前还款和违约）。

4.6.3.1 加权平均合同利率

并非所有在资产池中被证券化的贷款都具有相同的利率。贷款利率被称为合同利率。总加权平均合同利率（gross weighted average contract rate），或总 WAC，是将资产池中的各个贷款按照未偿还贷款余额占资产池总的未偿还贷款余额的百分比进行加权平均而得到的①。总加权平均合同利率的另一个名称是加权平均合同利率。

令：

R_i = 第 i 个贷款的合同利率，

W_i = 第 i 个贷款的未偿还贷款余额/资产池未偿还贷款余额的总和，

N = 贷款数目总和，

那么，总 WAC 的计算方法如下：

总 $WAC = r_1 w_1 + r_2 w_2 + \cdots + r_N w_n$

假设某一个资产池有 7 个贷款，每个贷款未偿还贷款余额、合同利率，以及距离到期日还剩余的月份如图表 4.4 中所示。

那么这个资产池的 WAC 等于：

0.1750（7.0%）+ 0.1312（6.8%）+ 0.2105（7.10%）+ 0.1017（6.60%）+ 0.0929（7.25%）+11.59%（7.20%）+17.28%（6.75%）= 6.96%

在任意给定时间的总 WAC 乘以未偿还贷款余额就等于在支付任何费用以前可以用做支付债券利息的潜在利息收入（不考虑违约的情况）。

在描述一个证券化的特征时，另一个重要的度量是净 WAC。净 WAC 的计算需

① 对于汽车贷款 ABS 来说，贷款利率被称为年百分比率，即 APR。

要在总 WAC 的基础上减去（1）服务费用，（2）受托人费用，（3）信用增级所需要的任何费用。用净 WAC 乘以资产池中的未偿还贷款余额所得到的是假如贷款都如期偿还的话可以用来支付债券利息的部分。在许多结构中，净 WAC 被看作是用来向某些债券层级支付利息的利率。总 WAC 的计算见图表 4.4：

图表 4.4　总 WAC 的计算

贷款	未偿还贷款余额（单位：美元）	在资产池中的权重（%）	合同利率（%）
1	320 000	17.5	7.00
2	240 000	13.12	6.80
3	385 000	21.05	7.10
4	186 000	10.17	6.60
5	170 000	9.29	7.25
6	212 000	11.59	7.20
7	316 000	17.28	6.75
总计	1 829 000	100.00	

4.6.4 超额利差

在不发生潜在损失的情况下，向债券持有人付清利息、其他所有费用，以及信用增级所需费用之后的剩余被称作是总超额利差。在总超额利差的基础上减去损失所扣除的部分就是净超额利差。根据结构的不同，超额利差的一部分可能需要被 SPV 保留，用来逐步建立信用支持。净超额利差减去被 SPV 所保留的部分叫做自由超额利差（free excess spread），可以被分配给债券的发行人。

4.6.5 加权平均期限

加权平均期限，或 WAM（weighted average maturity），是将资产池中各个贷款的剩余到期月数按照未偿还贷款余额占资产池总的未偿还贷款余额的百分比进行加权平均而得到的。令 L_i 等于第 i 个贷款的剩余到期月数，则 WAM 的计算过程如下：

$$WAM = w_1 L_1 + w_2 L_2 + \cdots + w_N L_n$$

（译者注：原作中为 $WAM = r_1 L_1 + r_2 L_2 + \cdots + r_N L_n$ 是不正确的，应该将 r 替换为 w。）

这样，图表 4.4 所示资产池的 WAM 计算如下：

17.5%（165）+0.1312（158）+0.2105（173）+0.1017（189）+0.0929（170）+11.59%（163）+17.28%（174）=168 月（四舍五入后）

4.7　提前还款的衡量

如先前所解释的那样，对于摊销资产来说，提前还款（即超过了本金支付进度的任何本金偿还）是有可能的。为了描述资产池的提前还款情况，市场参与者通常引用提前还款率或提前还款速度。

4.7.1　每月提前还款率

最为常用的每月提前还款率的度量被称为每月提前还款率（single monthly mortality rate，SMM）。为了计算这一指标，需要首先计算出资产池中当月可以用于提前支付的数额是多少。假设月份为t，当月资产池中可用于提前支付的金额等于t月月初时的贷款余额减去t月份的计划本金支付金额。这样，t月份的SMM值的计算过程如下：

SMM_t=t月份的提前支付金额/（t月月初贷款余额-t月份计划本金支付金额）

为了说明上述公式，我们假设在t月份时有如下数字：

t月月初贷款余额　　　　=179 163 383美元

t月份计划本金支付金额　=920 674美元

t月份的提前支付金额　　=148 913美元

因此，t月份的SMM值为：

SMM_t=148 913美元/（179 163 383美元-920 674美元）=0.0005143=0.5143%

0.5143%的SMM_t值可以作如下解读：在t月份，未偿还贷款余额中可以用来提前还款的0.5143%被用于提前还款了。

上面的计算过程体现的是如何计算一个月的SMM值，之后就需要当月的提前还款金额来决定资产池当月的现金流。给定t月份的SMM推测值，t月份的提前还款金额预测值如下所示：

t月份的提前还款金额=SMM×（t月月初贷款余额-t月份计划本金支付金额）

假设在月初的未偿还贷款余额为1.45亿美元，当月的计划本金支付金额为150万美元，当月的预计SMM值为0.5143%，那么该月的预测提前还款金额为：

0.0005143×（145 000 000美元-1 500 000美元）=738 021美元

4.7.2　有条件的提前还款率

SMM是一个月度比率。将SMM进行年化就得到了有条件的提前还款率（conditional prepayment rate，CPR），也被称为固定提前还款率。给定某一个月的SMM值，CPR的计算公式如下：

$CPR=1-(1-SMM)^{12}$

例如，假设SMM值为0.5143%，那么CPR的计算过程如下：

$CPR=1-(1-0.5143\%)^{12}=1-(0.994875)^{12}=0.06=6\%$

6%的CPR值可以作如下解读：除了计划内的本金支付以外，当年年初资产池中的未偿还贷款中大约有6%的部分将在当年的年末被提前还款。

这一度量之所以被称为“有条件的”提前还款率，是因为某一年的提前还款取决于前一年可以被用来提前支付的金额情况。

给定CPR的值，SMM可以通过下面的公式计算出来：

$$SMM=1-(1-CPR)^{1/12}$$

4.7.3 汽车贷款支持交易的提前还款

汽车贷款支持证券的提前还款是用绝对提前还款率（absolute prepayment rate）来度量的，用APR或ABS来表示①。ABS是原抵押品每月提前还款的百分比表示形式。回忆一下，SMM是基于上一个月的贷款余额来表示提前还款情况的。

ABS与SMM之间是有一定的数学联系的。给定SMM的值（以小数形式表示），ABS（以小数形式表示）通过以下公式计算：

$$ABS=SMM/1+[SMM\times(M-1)]$$

在这里，M表示自发起之后过去的月份数（也就是贷款的时间）。

假设SMM的值为2.1%，或0.021，M的值为32，那么ABS为：

$$ABS=0.021/1+[0.021\times(32-1)]=0.0127=1.27\%$$

如果给定ABS，则可以用下列公式计算出SMM：

$$SMM=ABS/1+[ABS\times(M-1)]$$

利用上文所提到的公式，可以将SMM转化成CPR。

为了说明上面的公式，假设ABS为1.5%，或0.015，M的值为26，那么SMM的值为：

$$SMM=0.015/1-[0.015\times(26-1)]=0.024=2.4\%$$

4.8 违约和拖欠债务

4.8.1 拖欠债务的度量

当借款人一次或多次未能及时还款时，就称该贷款被拖欠了。度量拖欠债务的目的在于估计借款人是否及时还款，并根据拖欠的严重性将未偿还贷款进行分层。具体采用哪种方法是由服务方来决定的。当资产池的标的资产是抵押贷款时，通常所采用的是美国储蓄监督办公室（OTS）以及住房抵押贷款银行家协会（MBA）推荐的两种分层方法。

OTS推荐的方法将拖欠债务按照下面的标准进行分类：

- 距离付款到期日已逾期30天：及时还款（current）；
- 逾期30～60天：拖欠债务30天；

① ABS之所以被采用，可能由于它是第一个资产支持证券提前还款的度量。

■ 逾期60~90天：拖欠债务60天；

■ 逾期超过90天：拖欠债务90天以上。

MBA推荐的分类方法要比OTS的方法更为严格。只要还款到期未付，就将贷款划分为拖欠债务30天。因此，在OTS方法下被划分为“及时还款”的贷款在MBA方法下将被归类为拖欠债务30天。为了进一步说明这两种方法之间的不同，穆迪于2000年6月9日发布了名为《自相矛盾的说法：住房抵押市场术语的差异性》的报告，指出采用不同的方法时拖欠贷款的差异是十分巨大的。

4.8.2　违约的度量

某些造成拖欠债务的情况可能发生改变（例如失业或疾病），因此本金和利息的偿还可以恢复。然而，有些被划分为拖欠的贷款可能最终变成了损失。根据定义，违约在借款人对财产失去所有权的时刻发生。通常，当债务拖欠超过90天的时候就会发生违约（原作者注：由于借款人破产而发生拖欠的贷款可以更早地确认为违约）。

对违约进行量化的三种方法是有条件的违约率、累计违约率，以及销账率。有条件的违约率（conditional default rate，CDR）是一个月内新发生违约的未偿还本金价值的年化值占当月月初资产池未偿还本金总额的百分比。为了计算CDR，需要首先算出当月的违约率。

t月份的违约率=t月份拖欠贷款余额/［t月份月初余额-t月份计划内本金偿还］

为了得到CDR，需将上面的比率进行年化：

$CDR_t=1-(1-t\text{月份的违约率})^{12}$

第二种违约的度量方法称为累计违约率（cumulative default rate），为了避免和CDR相混淆，记为CDX。CDX是资产池中发生违约的贷款占资产池中所有贷款的总面值的比例，以百分比的形式表示。

销账率（charge-off rate）是年化的贷款清算率（原作者注：参考弗兰克·J.法伯兹（编）《资产支持证券投资》一书中的第18章：吉尔·W.布朗和威廉·M.瓦登，《抵押贷款信用分析》（霍博肯，NJ：约翰·威利父子出版公司，2000年））。

t月份的清算率=t月份的清算贷款余额/［t月份的月初余额-t月份计划内本金偿还］

然后再将清算率年化，得到：

$COR_t=1-(1-t\text{月份的清算率})^{12}$

4.8.3　损失严重性的度量

在贷款人对财产有扣押权的情况下，贷款的一部分价值可以通过合法的收回程序（抵押品赎回权的取消或者财产的收回）以及收回后资产的出售得到恢复。收回程序所获得的进款（所有交易成本都已经扣除之后）与本金余额损失之间的差额就是美元损失。损失严重率（loss severity rate）等于：

损失严重率=（t 月份的清算余额-清算进项）/t 月份的清算余额

损失严重率的值可以在 0 到 1 之间变化。如果损失严重率的值为 0，那么清算所获得的进项就等于所清算贷款的余额。如果损失严重率的值为 1，则意味着清算没有收到进项。

损失率（loss rate）= 销账率（COR）×损失严重率

4.8.4 信用卡应收款 ABS 的每月支付率

对于一个标的物为信用卡的应收账款资产池来说，其现金流包括财务费用的收集、服务费，以及本金。财务费用的收集体现的是对信用卡借款人在宽限期之后未能还款部分的每期利息收集。服务费包括超期支付的收费以及会员年费等。

每月支付率（MPR，monthly payment rate）表示的是信用卡应收账款组合每个月收到的还款（包括财务费用、服务费，以及所有的本金支付）占资产池中未偿还信用卡债务的总额的百分比。也就是说，在 t 月份中，

MPR_t=t 月份的财务费用、服务费，以及本金支付/t-1 月份信用卡未偿还债务总和

举例来说，假设一个在 1 月份有 5 亿美元的信用卡应收账款组合在 2 月份时收到了 5 000 万美元的还款。那么 MPR 的值就是 10%（5 000 万美元除以 5 亿美元）。

MPR 之所以重要，有两个主要原因：第一，如果 MPR 的值达到了一个极低的水平，那么由该资产作为支持所发行的债券的本金支付就面临着延期风险。第二，如果 MPR 的值很低，那么就有可能出现现金流不足从而无法偿还本金的情况。这是在信用卡支持交易中可能引发本金提前摊还的事件之一。

第 5 章 证券化结构

在前面的章节中我们介绍了证券化的基本原理。在这一章中，我们讨论证券化的结构以及证券化中利率衍生品的使用。

5.1 利率衍生品在证券化交易中的使用①

第 2 章回顾了衍生工具。在这一部分中，我们介绍证券化交易如何使用利率衍生品来对冲风险，增加收益。证券化过程中经常使用的三种场外利率衍生品为利率互换、利率上限和利率通道。因为它们都是场外交易工具，从而将信托机构（特殊目的载体，SPV）暴露于对手风险之中。

5.1.1 利率互换

利率互换可以用来改变资产（负债）的现金流特征以和负债（资产）的特征相匹配。例如，假设某一交易涉及一揽子固定利率、按月支付的贷款组合，但是由其支持的债券却是浮动利率、按月支付的。一般的或普通的互换就可以基于参考利率和归属于所覆盖债券的息差将每月固定利率的现金流转换为每月浮动利率的现金流。比如丰田汽车应收账款 2003-B Owner 信托公司，5.54 亿美元浮动利率资产支持证券，A-3 期的补充发行公告中说道：

当应收账款负担固定利率时，为了使发行的 A-3 期证券负担浮动利率，信托公司将与互换对手进行互换交易。根据互换协议，每一支付日信托公司都应支付给互换对手关于 A-3 期证券的一定金额，相当于在 30/360 的基础上根据 A-3 期证券自上一支付日起尚未偿还的本金余额以 2.295% 的固定利率（A-3 期证券的名义利率）计算出的应付利息（A-3 期互换利息金额）。互换对手在任一支付日需支付的关于 A-3 期证券的金额是从上一支付日到当前支付日之间按相关浮动利率计算出的应计利息额（A-3 期利息额）。

信托公司在任一支付日应支付给互换对手的净额都将在支付证券的本金或利息之前从相关托收期间的托收额中扣除。

在上面的案例中，信托公司支付给对手固定利率而作为交换获得浮动利率。但在其他的证券化交易中支付程序可能是相反的，即信托公司支付给对手浮动利率而

① 这一部分资料来源：Frank J. Fabozzi, Raymond Morel, and Brian D. Grow, "Use of Interest Rate erivatives in Securitization Transactions," *Journal of Structured Finance* 11 (Summer 2005), pp. 22 - 27。

换得固定利率。例如，在花旗银行信用卡发行信托，5 亿美元，4.75% 利率，2013 年 12 月到期的 2003-A10 期证券交易中，A 级证券以固定利率支付，但是资产（在本例中是信用卡应收账款）形成的是浮动利率。这种不匹配可以通过利用摊销互换对冲掉，其中信托公司支付给对手 LIBOR 加上一定差额作为交换以获得固定利率并传递给资产支持证券的持有人。下面这段话摘自相关的补充发行公告：

在利率互换中，发行人每月支付给互换对手的利息由在名义金额上以相当于一个月的 LIBOR 加上息差（每年不大于 0.21%）的浮动利率计算得出，互换对手每月支付给发行人的利息由在名义金额上以适用于这些 A 级证券的固定利率计算得出。

发行人的净互换支出将来源于这些 A 级证券的利息资金子账户中的可用资金。从互换对手那儿获得的净互换收入将被存入这些 A 级证券的利息资金子账户中并用来支付这些 A 级证券的利息。

第 2 章中介绍过，摊销互换是一种基于预定的摊销计划，实际抵押品余额或实际债券余额，其名义金额随时间的增加而不断减少的互换。这种互换用于某些抵押资产随时间分期减少的证券化。因此一开始采取保护手段时，若资产池慢慢减少，固定名义金额的普通互换会对冲过度而摊销互换可以缓冲这一风险。例如，在 KeyCorp 学生贷款信托 2003-A，资产支持证券交易中，其名义金额取决于实际抵押资产余额。相关的补充发行公告规定：

根据 Group I 利率互换协议的条款，每一分配日信托公司应支付互换对手下述金额（净互换支出）（I），以相关托收期的每一个月为周期，从 2003 年 9 月 1 日开始算起：依下述内容计算：

1. 每月第一天就确定好的商业票据利率；
2. 每月第一天就确定好的商业票据利率贷款的总本金余额；
3. 一个分数，分子为每一个月的实际天数，分母为 360 天。

根据 Group I 利率互换协议的条款，每一分配日互换对手应支付信托公司下述金额（净互换收入）（Ⅱ），以相关托收期的每一个月为周期，从 2003 年 9 月 1 日开始算起：依下述内容计算：

1. 三个月 LIBOR（以同样的计算方式在同一天计算出相关利息周期的证券指数）减去 0.15%；
2. 每个月第一天就确定好的商业票据利率贷款的总本金余额；
3. 一个分数，分子为每一个月的实际天数，分母为 360 天。

信托公司和互换对手之间的支付根据 Group I 利率互换协议中的每一条款在净额的基础上进行，即净支付为上述相关托收期的（I）减去（Ⅱ），此时为净互换支出；或者上述相关托收期的（Ⅱ）减去（I），此时为净互换收入。

同样地，信用卡应收账款支持证券的发行人也会使用摊销互换，其名义金额与负债的本金额相关联。下面一段话摘自花旗银行信用卡发行信托，5 亿美元，4.75% 利率，2013 年 12 月到期的 2003-A10 期证券的补充发行公告，证明了这一点：

利率互换的名义金额等于这些 A 级证券的未偿还本金余额，并且在这些 A 级证券的预期本金支付日到期。

5.1.2 基准风险和收益的使用

利率衍生品也可以在证券化中用于应对当负债的基准指数增长速度超过资产的基准指数时利率可能发生的各种变化。这种指数上的不匹配称为“基准风险”。信托公司支付利息给债券持有人的义务受信用增级的影响，只局限于抵押品产生的利息金额。这种基准短缺风险是针对投资者而言的，可以在交易中引入利率衍生品以降低风险。

交易中可以针对不同的抵押资产支付特征，使用多种利率衍生品以减少利率和基准风险。例如，通用电气公司商务设备融资 LLC，2003-1 期，376 946 000 美元的资产支持证券其发行章程中规定：

DB 互换协议包含三种单独的互换交易，其中发行人基于 LIBOR 收到一笔金额，基于一个固定利率、一个指数（基于商业票据利率（“CP”））和适当的固定期限的国债指数（“CMT”）支付一笔金额。

GECS 互换协议包含一种互换交易，其中发行人将基于 LIBOR 收到一笔金额，基于某一指数支付一笔金额，这一指数取决于混合贷款的利率。

在每一个互换协议下，支付日这天只有净额从发行人那里或是相应的互换对手那里流出。发行人收到的所有款项净额都将被列入支付日当天的可用金额，记作收入净额。

“CMT 利率”是指在任一计息周期内，基于 1 年期固定期限国债指数且适用于 CMT 贷款的利率。

“CP 利率”是指在任一计息周期内，联邦储备调查数据公告 H. 15（519）中列示的“1 个月”商业票据（非金融）利率。

“混合利率”是指在任一计息周期内，基于加权平均利率指数且适用于混合贷款的利率。

利率衍生品的收益可用于瀑布式分配，其目的为以下三个中的一个或多个：

1. 覆盖抵押担保品的损失；
2. 通过付清债券本金构造超额抵押担保①；
3. 覆盖基准短缺风险。

在瀑布式分配中收益可以用作以上这些目的并且可以按任意顺序分配。当分析衍生品对债券现金流的影响时认识到收益的作用很重要。

在使用超额利息和超额抵押担保进行信用支持的住房抵押贷款支持证券化中，来源于典型互换的收益在用于应对基准短缺风险（息票单据和可用资金上限之间

① 在计划预付日期之前利用收益偿还债券本金的行为被称作债券的“涡轮加速器”。

的差额）之前可以用来覆盖损失构造超额抵押担保。[①] 下面是结构化资产投资贷款信托抵押传递凭证（2005-4 期）的一个例子，证明了上述支付的先后顺序：

（1）对于互换对手，任何应支付给互换对手的净支出都要按照互换协议在分配日当天进行；

（2）对于互换对手，任何不是由于互换对手触发事件（Swap Counterparty Trigger Event）引起的互换协议终止时尚未支付的金额应按照互换协议支付给互换对手；

（3）对于该凭证，分配日中每一级证券的当前利息和结转利息，根据"利息支付先后顺序"中条款 A（ii）到（iv）及 B（ii）到（iv）所设定的顺序可以在未付范围内使用；

（4）对于该凭证，任何需要用来保持目标超额抵押担保额度的金额，在"信用增级——月度超额现金流的使用"条款（1）和（2）中已明确规定，其在分配日中的使用应遵守这些条款所设定的顺序，并且在按照这些条款进行分配之后才能使用；

（5）对于该凭证，在应对分配日中每一级证券的基准短缺风险和未支付基准短缺风险时，应遵守"信用增级——月度超额现金流的使用"条款（3）（a）和（b）在未付范围内进行。

另一方面，某些由住房抵押贷款支持的证券化交易会利用互换收益在覆盖损失构造超额抵押担保之前先覆盖基准短缺风险。这种分配机制偏离了将应支付利息局限在可用资金上限之内的瀑布式分配方式。因为在该结构中总互换收益覆盖损失构造超额抵押担保之前扣除了基准短缺风险的支付，所以该互换将减少对证券提供的信用增级，但可以帮助降低基准风险。下面一段话摘自 Bear Stearns 资产支持证券 I2005-HE5 期的补充发行章程，印证了上述结构：

……互换管理人将从互换账户中提取一部分金额交给信托公司，使其按下述顺序分配给各级证券：

首先，对 A 级证券，在按比例分配的基础上支付应计利息以及相关抵押贷款已实现损失部分的所有应结转利息金额，这一切都需在"证券描述——证券分配——利息分配"中规定的未完全支付范围内进行；

其次，同样按此顺序依次对 M-1 级，M-2 级，M-3 级，M-4 级，M-5 级，M-6 级，M-7 级和 M-8 级证券，在"证券描述——证券分配——利息分配"中规定的未完全支付范围内进行应计利息支付，以及相关抵押贷款已实现损失部分的所有应结转利息金额支付；

再次，先在此比例的基础上对 A 级证券，继而是 M-1 级，M-2 级，M-3 级，

① 由利率可调的住房抵押贷款支持的交易会涉及可用资金上限问题，因为贷款的基准利率一般为 6 个月 LIBOR，而 SPV 发行的证券其基准利率为 1 个月 LIBOR（因而就有了基准风险）。所以，任意一个月来源于贷款的可用利息可能会少于应支付给债券持有人的金额。可用资金上限将应付给债券持有人的金额限制在可用利息范围之内。

M-4 级，M-5 级，M-6 级，M-7 级和 M-8 级证券进行归属于当前分配日的基准短缺风险应结转金额的支付；

最后，支付 A 级和 M 级证券的本金额，作为额外本金分配额的一部分，因为超额抵押担保金额由于已实现损失的缘故减少到目标超额抵押担保额度以下，并且和本金分配以同样方式同样顺序进行的额外价差分配已无法覆盖这一损失；这一点在“证券描述——额外价差以及超额抵押担保条款”中有介绍。

5.1.3　利率上限以及利率通道

利率上限可以用来防止利率的上升。利率上限的买方会为这项权利在结束时支付给卖方一笔前期费用。利率通道也是一种利率上限，只不过卖方的义务局限于某一特定的最大利率（上限）自然买方的代价就相应减少了。对于利率上限来说，卖方得到的补偿只是单一的前期费用。例如，Park Place 证券公司发行的资产支持证券 2004-WCW2 期的发行公告中写道：

下述证券将会使用利率通道：(i) A-1 级证券；(ii) Group II 证券；(iii) 中级证券（所有这些都称为“上限合约”）。根据上限合约，Swiss Re 金融产品公司（及其所有接替者，“对手”或“上限提供者”）同意每月支付给信托公司根据以下内容计算的金额：(1) 从 2004 年 11 月到 2008 年 7 月的每一分配日 1 个月 LIBOR 超过相关上限合约中所设定利率的多余部分（如果有的话），直至达到上限合约中所设定的最大利率；(2) 下面两者中的较小者：(i) 上限合约中设定的应计息周期的名义金额和 (ii) 相关证券的本金总余额；(3) 一个分数，分子是相关计息周期的实际天数，分母是 360 天。名义金额会根据上限合约中所定的计划逐渐减少。上限合约会在最后一个分配日后自动到期。

利率上限或利率通道的另一作用是保持收益。这通常可以在抵押贷款支持证券（MBS）净息差（NIM）交易中看到。净息差证券，这一章后面会讲到。典型的抵押贷款支持证券净息差交易是一种短期的本息工具，有三大主要资金来源，包括提前预付罚金、从 MBS 基础资产中释放出的残余金额（通常会标为 X 级和 P 级）以及来源于利率上限或利率通道的支付（也称为收益保持协议）。净息差交易通常支付固定或浮动利率，首先是在净息差的瀑布式分配中支付，剩余资金再用于本金。提前预付罚金和残余现金流并不是特别稳定的资金来源。因为净息差的信托公司每月要支付给净息差证券持有人利息，所以该结构总是会引入利率上限或利率通道以帮助稳定现金流确保利息按时支付给净息差证券的持有人。

5.1.4　对手风险

衍生工具的使用为信托公司带来了对手风险，因此我们必须了解在证券化过程中如何管理对手风险。

对手违约的风险可以通过与高评级对手进行互换交易同时在衍生品市场总是采

用高级手段（如保证金，净额交易和超额抵押担保）来部分缓冲。证券化过程中大部分涉及投资级证券的互换交易都会包含评级触发条款，触发条款规定当对手的债务评级降到某一水平之下时必须采取特定的措施。一般来说，对手必须自己承担损失并在规定时间内，通常为30天，要么（i）找到另一个对手替代自己的位置，其评级要比触发条款中规定的评级高；要么（ii）增加一定金额的抵押资产；要么（iii）获得某一机构的担保，该机构评级要高于触发条款中规定的评级。对手也需要得到特定评级机构的认证，以保证证券的评级不会因为这些变化而下降。如果对手没有满足这些要求，则根据互换协议，要么互换合约自动终止，要么信托公司拥有结束互换交易的选择权。互换交易到期后，可能信托公司需要支付给互换对手一定的解约费，或是由互换对手支付给信托公司一定的解约费。

评级触发条款降低了信托公司潜在的利率风险和对手风险，但没有完全消除。也就是说，如果互换对手评级下降到触发条款规定的水平，它可能决定采取上述（i）、（ii）或（iii）中的一种方法。因为市场中互换交易的提供者是有限的，评级下降到触发条款规定的水平可能会要求互换提供者针对大量的互换交易采取这些补救措施。这会在对手的信贷状况已经恶化时加重其负担。或者，对手也可以不用采取上述补救措施，而是要么自动终止互换要么将这一决定权交给信托方（证券持有人）让其决定是否终止互换。

如果信托方不终止互换，则该交易会面临对手信贷状况恶化，由该互换合约引起未来支付困难的局面。如果互换终止了，信托方可能要支付给对手相当大一笔解约费。每一场交易的互换解约费用决定方式都在互换合约中有说明，但通常它取决于互换的市场价值。在终止的那一刻，基于其确定的固定和浮动利率，当前和预期的未来利率环境以及剩余期限，互换交易都有一个价值。根据互换合约签订后利率的变动方向，其中一方可能赚钱而另一方将要赔钱。赔钱的一方就要将互换头寸的价值交给赚钱的一方。因此，如果互换终止了，信托方会面临利率风险并支付给对手解约费用，而这一风险它本打算对冲掉的。取决于瀑布式分配的规定，解约费用的支付可能优先于应当支付给交易证券持有人的本金或利息。在评估一项交易时，应考虑到信托方在没有任何保护措施的条件下所面临的利率风险、对手降级或违约的风险，以及潜在的违约费用优先于应支付给证券持有人的本金和利息的可能性。

5.2 信用增级

信用增级的方法要么是支付给第三方一定费用（或保险费），要么是允许第三方针对结构中的某一证券赚取额外收益以承担信用风险。信用增级有两种形式——外部增级和内部增级。外部信用增级涉及第三方担保，例如保险或信用证。内部信用增级包括超额抵押担保、优先级—次优先级结构，以及储备。一般的交易都会采用一种以上的信用增级形式。评级机构明确规定了必需的信用增级额度以获得特定的信用评级。发行人需要就采取什么样的增级方法做出决定。

对发行人来说，在发行之前应对每一种信用增级形式进行审查以选出最有效的增级方法或信用增级方法的组合，这一点很重要。由于市场形势的不断变化，当前成本最低的信用增级形式在随后的证券化交易中却并不一定是最低廉的。

正如前面所解释的那样，为什么发行人不直接为结构中的所有证券都寻求AAA级的评级方式，那是因为这样做需要付出代价。发行人必须对为了获得AAA评级而为结构进行信用增级所花费的成本与由AAA级带来的证券收益率的下降（即价格上升）这两方面进行考察。一般来说，发行人决定提高结构中一些证券的信用评级，就会在增级成本和出售证券收益率下降这两者之间进行权衡评估。

下面我们就来讨论信用增级的各种不同形式。

5.2.1 外部信用增级

以外部信用增级的形式为第三方提供担保，其为损失在某一特定的范围内提供了第一位的保护。过去外部信用增级最常用的形式是信用证和债券保险。带有外部信用支持的结构常会遭受第三方担保人的信用风险。如果第三方担保人信用降级的话，由该机构担保的证券因取决于抵押担保品的历史表现而同样遭受降级。这是第三方担保的最大缺点。

外部信用增级除非采用提前偿付的形式，否则并不会实质上改变结构的现金流特征。如果违约导致的信用损失在担保的范围之内，则投资者将会收到本金，就好像偿付提前发生一样。如果信用损失超出了担保额度则投资者收到的现金流就可能不足。

5.2.1.1 信用证

银行信用证（LOC）——信用增级最古老的形式也是近几年很少采用的形式之一，是由开证银行提供的资金担保。[①] 这一资金担保明确规定开证银行有义务在预定的额度内承担信用损失。

在证券化交易中采用信用证的形式进行信用增级越来越少，原因有二：第一，现在很少有银行能保持AAA的评级，即使有，也存在将来降级的风险。前面提到过，这一降级会导致关联的债券等级随之下降。第二，自从这种形式的信用增级开始流行，基于风险的资本要求就已经改变了。这些要求使得银行开出备用信用证要付出更高昂的代价，从而增加了机构利用其进行信用增级的成本。

5.2.1.2 债券保险[②]

债券保险，也称为履约保证，是由保险公司提供的财务担保，通常是专门经营

---

① 银行信用证作为担保，有时也被称为备用信用证，和国际贸易中使用的商业信用证不同，后者是进口商通过银行开设的，对出口商有利。出口商在运出货物时，将信用证中注明的文书提交给银行后可以确保得到支付。

② 关于债券保险，更详细的内容请见：Mahesh K. Kotecha，"The Role of Financial Guarantees in Asset-Backed Securities，" Chapter 6 in Frank J. Fabozzi（ed.），*Issuer Perspectives on Securitization*（Hoboken，NJ：John Wiley &Sons，1998）。

一种保险业务的所谓单一险种的保险公司——在这种情况下就是只经营财务担保的保险公司。当基础贷款池产生的现金流无法满足偿付时，这一担保就要保证及时支付本金和利息。本金的支付并不会加速进行除非发行人选择这样做。在这一领域中最出色的是 Ambac Assurance Corporation（Ambac），Financial Guaranty Insurance Corporation（FGIC），Financial Security Assurance（FSA），Municipal Bond Insurance Corporation（MBIA）以及 XL Capital Assurance，而最著名的再保险公司是 ACE Guaranty Re，AXA Re Finance，Enhance Re，以及 RAM Re。

基于单一险种保险公司提供财务担保的历史经验，资本市场的参与者对债券保险有着高度的自信心，因为没有哪个投资者投资于带有履约保证的证券而未及时收到本金或利息支付。而且，降级风险被视为最小，因为美国的财务担保公司没有被降级过。投资者还意识到债券保险的另一个好处。评级机构在为某一证券评级时面临的仅仅是声誉风险，而单一险种的保险公司则将自己的资本和信用评级置于风险之下。因此，投资者有理由相信该交易生来就很安全并且在被担保证券的存续期内会一直安全下去。

5.2.2 内部信用增级

内部信用增级比外部信用增级有更多复杂的表现形式，甚至在没有违约的条件下也会改变贷款的现金流特征。信用增级额度（即交易中使用各种增级方式所带来的居于次要地位的金额）由评级机构决定，发行人要求该评级机构为债券等级进行评级。这被称为为交易“分层”，且取决于评级机构对贷款（作为所讨论交易的抵押品）表现的期望。一般来说，交易中最高级的债券等级会被评为 AAA 或 AA 级。在一个交易中所使用信用增级的类型和额度既反映了发行人最大化其收益率的要求也反映了评级机构关于需要多大程度的信用增级才能授予优先级债券既定等级的判断，这是两者的交叉点。

内部信用增级最常用的方法是优先/次优先级结构、超额抵押担保和储备基金。这些方法既可以单独使用也可以组合起来使用，这取决于所涉及贷款的类型。一般来说，基础贷款表现一直很好的话其证券化过程可以采用优先/次优先级结构，因为所需的信用增级额度相对较小，优先/次优先级结构可以有效解决问题。由低质量贷款支持的交易需要更高额度的信用增级，通常会将前面提及的信用增级方法组合起来使用。

大部分使用内部信用增级的证券化交易都会遵循一个预定的方案，将基础资产产生的本金和利息按优先次序排列好。这一方案在交易的章程中就已定下来，被称为现金流瀑布，或简称瀑布。在瀑布的顶端是归属于优先级债券持有人的现金流（利息和本金，取决于本金偿付计划）以及标准费用支出（即服务费）。瀑布顶端的现金流债务被清偿后，剩下的现金流归属于次优先一级（持有 AA，A，BBB 级等债券的投资者）。

当所有的计划按时付款都完成以后剩余的现金流就是超额利差。因此，从某种意义上来说，这一超额利差就是防止抵押品损失的第一道防线，因为拥有大量超额利差的交易可以相对吸收较大程度的抵押品损失。当超额利差已全部用完时，无论什么级别的债券持有人，都将要被动地接受信贷损失的影响。

在讨论内部信用增级时，我们应该强调目标是尽可能有效地解决两个相互矛盾的需求——一方面为较高等级的债券提供保护，另一方面最大化交易所得。目前市场已经形成了将不同的产品体系构造在一起的一些惯例。重点是这些惯例并不是由监管条例指定要求的，而是在信用保护和经济效益的交汇点处自动生成的。

5.2.2.1 优先—次优先级结构

优先—次优先级结构为的是使结构中其他等级债券也能获得高投资级的评级因而涉及一些次优先的债券等级。评级机构基于对抵押担保品的分析，将决定有多少债券是AAA级、有多少债券是AA级的，并依此类推直到无评级的债券。一个结构可以简单地只有两个债券等级，优先级和次优先级，或者除了优先级以外还可以设置多个次优先级。

例如，假设一个优先—次优先级结构，其抵押品价值2亿美元，具体如下：

债券	评级	占比	面值（千万美元）
A	AAA	65%	13
B	AA	20%	4
C	BBB	10%	2
D	无评级	5%	1

债券A是优先级，次优先级债券是B，C和D。

确认损失的规则如下：当抵押品出现1美元的损失时，这一损失首先由债券D承担。当债券D已经无剩余时，下1美元的损失就由债券C承担，然后是债券B。当所有的次优级债券都因损失而不存在时，接下来的损失就由优先级债券承担。

这种信用增级方式的成本取决于出售债券的所得，而出售债券的所得又取决于对该债券的需求。必须为债券投资者提供的收益率受到投资者要求的影响。债券的信用评级越低（即债券发生损失的可能性越大），投资者要求的收益率越高。所有债券出售所得需与抵押资产的成本相比较。

诸如超额抵押担保和优先—次优先级结构这样的内部信用增级法，其中的一个很显而易见的优点就是事件风险较少，而这一风险一直伴随着外部信用增级法（如，第三方担保）。抵押资产池中的资产用于提供所有需要的信用支持，投资者所面临的风险仅和那些资产的表现有关。

抵押贷款交易中带有利益转移机制的优先—次优先级结构

几乎所有现存的由住房抵押贷款提供支持的优先—次优先级结构都会包含一个利益转移结构。这一结构根据定好的计划重新分配本金支付，从次优先级到优先级并不均匀分配。利益转移结构的逻辑依据是拥有充足的未偿付的次优级债券可以覆盖未来的信贷损失。

持有优先级债券的投资者最主要的担心是虽然次优先级债券可以在交易结束时为优先级债券提供一定程度的保护，但是由于预付款项以及某些流动性收益这一保护的程度会随着时间的流逝而逐渐减弱。因此利益转移结构的目标是合理分配本金的支付以至于对优先级债券提供的保护不会随着时间的流逝而减弱。

次优先级债券中抵押贷款的余额占整个交易中抵押贷款总额的百分比称为次优先级水平（level of subordination）或次优先级利益（subordinate interest）。这一百分比越高，可以为优先级债券提供的保护程度就越大。次优先级水平由于预付款项的存在在交易结束后会发生改变。也就是说次优先级利益转移了（因此，该结构被称为"利益转移结构"）。利益转移机制的目的是分配预付款项和某些流动性收益使得次优先级水平维持在某个可接受的等级上以保护优先级债券。

现在让我们进一步弄清楚利益转移机制是如何运作的。我们将优先级债券占整个交易的比率定义为优先级百分比（senior percentage），也称为优先级利益（senior interest），等于100%减去次优先级利益。发行章程会事先规定不同的计划本金支付以及预付金将如何在优先级和次优先级债券之间进行分配。

计划本金的支付按优先级百分比进行分配。因此，如果在某个月里优先级百分比为82%，计划本金支付为100万美元，则优先级债券会得到82万美元而次优先级债券获得18万美元。

预付金的分配取决于优先级预付百分比（senior prepayment percentage）[①]，其定义如下：

优先级百分比+（利益转移百分比×次优先级利益）

上述公式中的"利益转移百分比"会在章程中确定，我们来简单解释一下。为了解释这一公式，假设某个月优先级百分比为82%，次优先级利益为18%，利益转移百分比为70%。则该月优先级预付百分比为：

$$82\% + (0.70\times 18\%) = 94.6\%$$

因此，如果这个月的预付金是100 000美元，则94 600美元分配给优先级债券，5 400美元分配给次优先级债券。

发行章程会为计算优先级预付百分比提供利益转移百分比明细表。对于固定利率的抵押贷款，通常使用的利益转移百分比明细表如下：

发行后年限（年）	利益转移百分比（%）
1~5	100
6	70
7	60
8	40
9	20
9年以上	0

章程中给出的利益转移百分比明细表是"基准"明细。它可以根据抵押品的

① 在一些交易中也称为加速分配百分比（accelerated distribution percentage）。

表现随着时间而改变。如果抵押品的表现导致信用保护正在恶化或可能恶化，则基准利益转移百分比会在原来的基础上增加，更多的预付金会分配给优先级债券。信托机构负责对抵押品表现进行分析以决定是否在原有基础上提升基准明细。对抵押品表现的分析包括看抵押品或该结构是否未能通过某些测试，从而触发基准明细的提升。我们后面再来讨论这些规定。

虽然从信用保护的角度看，利益转移结构对优先级债券持有人很有利，但同时它也改变了优先级债券的现金流特征（即使在没有违约的情况下）。次优先级的规模也起一定作用。次优先级债券规模越大，越会将更多的预付金重新分配给优先级债券，从而更大程度上缩短了优先级债券的平均寿命。

5.2.2.2 超额抵押担保

债券的总面值即为结构的负债。因此，如果一个结构拥有两个债券等级，其总面值为4亿美元，那么这就是负债的金额。支持这一结构的抵押品其金额必须至少等于负债的金额。如果抵押品的金额超过了结构中负债的金额，则这样的交易称为超额抵押担保（overcollateralized）。超额抵押担保的总量代表了一种内部信用增级的方式因为它可以用来吸收损失。例如，如果结构的债务为4亿美元而抵押担保品的价值为4.1亿美元，则该结构被超额抵押担保了0.1亿美元。因而，第一个0.1亿美元的损失并不会导致结构中其他任何债券的损失。

超额抵押担保可以在交易结束后通过超额利差实现，这一点我们下面来讨论。另外，交易中的抵押品可以分为不同的组，每一组都支持一个特定的债券等级。比方说在房屋净值贷款的证券化交易中某一等级债券可能由固定利率贷款支持而另一等级债券可能由调整利率贷款支持。正如下面解释的那样，每一组金融资产都会产生超额利差。超额利差首先用来支持产生于同类贷款的债券等级。剩余的利差可以用于支持其他债券等级。这一特征称为交叉支持条款，这一类型的信用增级称为交叉抵押担保。关于使用交叉支持条款的方法和条件会在发行章程的增补中说明。

当交易中所有债券都已清偿完毕，储备账户中剩余的资金以及任何剩余的抵押品都将分配给发起人（假设发起人并没有出售其对抵押品享有的权益）。

超额抵押担保作为一种信用增级的方式其成本毫无疑问就是打包抵押品所付出的代价。

5.2.2.3 储备基金

储备基金来源于两种渠道：现金储备资金和超额利差。现金储备资金是来源于发行收益的直接现金储蓄。在这种情况下，一部分交易的承销所得会存入一个担保基金账户，主要用于投资货币市场工具。

超额利差账户是指在支付完净利息、服务费以及所有其他的费用后，每月将额外收益或现金拨入一个单独的储备账户。例如，假设（1）抵押担保品的总加权平均合同利率（gross WAC rate）为7.75%；（2）服务和其他费率为0.25%；（3）债券的加权平均净利率为7.25%。这意味着超额服务费率为0.25%（7.75%减去0.25%，再减去7.25%）。储备账户里的金额将逐渐增加，用来覆盖将来可能的损失。

超额利差是一种自我保障的形式。前面说过，超额利差是为交易提供信用支持的第一道防线。这种形式的信用增级依赖于一种假设——在贷款的早期违约很少发生但随着时间的流逝会逐渐增加。

如果某一交易的损失很低则超额利差会增加。这时，可以在交易内以多种方法充分利用超额利差。某些交易中，一些超额利差可能会被用来向交易中的债券支付额外本金。然而，总的来说，超额利差是交易的一部分“权益”。有些时候，超额利差会分配给交易中“残余”债券等级的持有人（如交易中的股权级利益人）或是分配给交易中那些为了接收这些现金流而构造出的债券。前面提到过，这样的债券称为净息差（NIM）证券。

在分析优先/次优先级债券结构时需要注意的一个重要特征是交易的后退（step-down）条款。这些条款允许随着时间流逝而减少信用支持。前面提到过，持有优先级债券的投资者会关心如果抵押品表现恶化是否需要改变后退条款。那些阻止信用支持后退的条款称为“启动器”。①

如果触发启动器，次优先级债券的本金额就要转向优先级债券。不同的发行人本金的转移也各不相同。最保守的做法是停止将所有的本金支付分配给次优先级债券。相反，一些发行人允许次优先级债券在成比例的基础上定期接受计划本金支付（分期偿还）。不过，其需要将所有的预付金转移给优先级债券。

基于信贷表现水平（在减少信用支持之前必须超过这一水平）有两种启动器：违约启动器和损失启动器。启动器以测试的形式来表示，它在每一阶段都会用到。违约测试最常用的方法是，只要当前60天以上的违约率超过当时资产池余额的特定百分比就要阻止后退的发生。本金损失测试阻止后退发生的条件是累计损失超过抵押贷款池原始余额的某一限度（会随时间而改变）。

除了基于抵押品表现的启动器外，还有一种余额测试，测量从交易结束到当前月度优先级利益的改变。如果优先级利益增加了（换句话说就是如果次优先级利益减少，这会降低对优先级债券提供的保护程度），就未能通过余额测试，从而引发将次优先级债券的本金支付转给优先级债券的基准明细的修订。与其他启动器增加对优先级债券的分配不同，余额测试将增加对次优先级债券的分配。这是在次优先级利益增加到一定幅度时才会发生的。这一幅度在发行章程中已预先设定好了。例如，章程可能规定如果次优先级利益翻番的话基准明细也会增加从而使更多的金额分配给次优先级债券。

5.3 关于证券化更详细的案例

我们用一个虚构的证券化例子来结束本章，其抵押品是未来的现金流。这一例

① “启动器”在金融领域中还有其他含义。例如某贷款协议中的一条款规定如果借款人的信用评级降到某个特定的水平之下，那么就认定借款人违约。

子告诉我们正在构造交易的投资银行会如何发行证券。为了进一步解释说明，我们假设有一家ABC航空公司，这是英国的一家航空公司，它发起了一场机票应收账款交易，由同样是虚构的XYZ证券公司计划安排。具体如下：

发起人	ABC航空公司
发行人	“航空第一有限公司”
交易	将机票应收账款的未来现金流打包证券化，发行2亿欧元的浮动利率证券，分为三级，法定到期时间为2010年，平均寿命4.1年
分层	A层级证券（AA），LIBOR+[ ] 基点 B层级证券（A），LIBOR+[ ] 基点 C层级证券（BBB），LIBOR+[ ] 基点
承销商	XYZ证券公司

XYZ证券公司要对即将证券化的资产进行尽职调查。在这一案例中，它要检查航空公司过去五年的表现并构造模型预测其将来的表现，包括：

■ 总客运销售；

■ 总票务收入；

■ 总信用卡应收账款；

■ 机票销售的地域分布。

被证券化的是应收账款的未来现金流，在这一案例中就是刷信用卡购买飞机票。基础资产的性质非常重要，这也是为什么同样的信用评级、同样的平均期限、在资本结构中的优先顺序也一样（从而理论上讲，信用风险是一样的），但发行时提供的收益率不同的关键原因。在这一案例中，信用卡应收账款是比住房抵押贷款风险等级更高的资产。同时，即使飞机乘客的信用卡支付作为证券化资产的还款来源，发行人的财务实力对证券化的成功也有重大影响，我们在本章的其他地方解释过。

航空公司现在和未来所有的信用卡机票应收账款都将转移给一个SPV。投资银行的承销团队会在全欧洲寻找机构投资者并把证券分销出去。该证券在发行前会有一个指示性价格，以评估投资者的情绪。我们会以近期发行的同等级资产为标的债券以及无担保贷款市场中同类发行人资产的息差水平为标准衡量该证券。

交易的结构如图表5.1所示。发行证券的程序如下：

■ ABC航空公司将其机票应收账款的未来现金流出售给一个离岸SPV，这是为该交易特别成立的“航空第一有限公司”；

■ SPV为了购买这些应收账款而发行证券融资；

■ 为了债券持有人的利益，SPV将其对应收账款享有的权利交给信托代理人——Security Trustee；

■ 信托代理人将SPV收到的资金累积起来；

■ 债券持有人按其优先顺序每季度收取利息和本金支付。

如果发生违约，信托代理人会代表债券持有人的利益维护其权益。

投资银行要考虑是否需引进一家保险公司，单一险种的保险人，来“覆盖”这一交易，以在违约时为SPV提供保护支持。这种保险的提供需支付一定费用。

图表5.1　航空第一有限公司交易结构

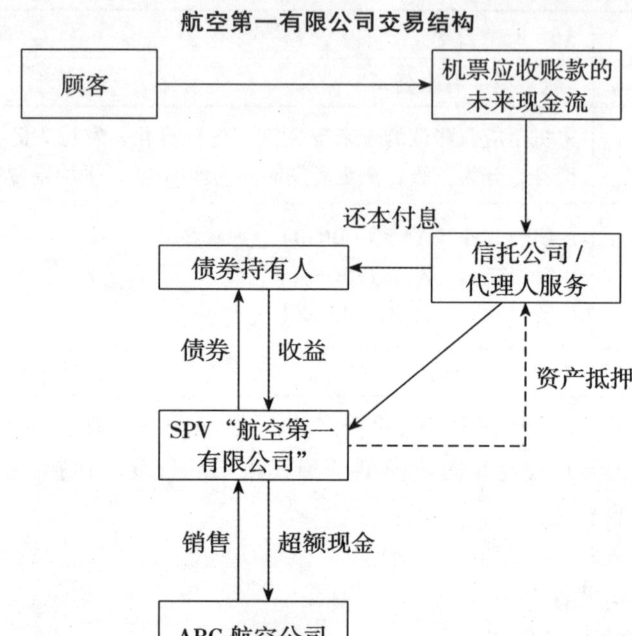

XYZ证券公司构造了一个现金流模型以估计发行证券的规模。这一财务模型考虑了历史的销售量、销售中的任何季节变化、信用卡现金流等。在构造模型时做了一些假设，如增长预测、通货膨胀水平、税收水平等。该模型考虑了一系列不同的可能出现的情况，同时计算出所需的最小资产覆盖率来为债务发行服务。这些情况可能包括机票销售的减少，这在以未来现金流为标的从而资产池不断滚动的条件下会带来资产的缩水，因此支付会按瀑布流的模式进行。该模型然后计算出了针对这些资产，以最小的资产覆盖率可以发行的证券规模。

如果这些证券有个正式的信用评级那么XYZ证券公司会比较容易将其卖给投资者。通常证券化交易会被三个主要评级机构中的一个或多个进行评级。前面章节解释过，评级机构采用的评级方法既考虑了定性的因素又考虑了定量的因素，根据证券化的资产类别有所不同。在某一交易中，例如我们虚构的航空第一公司交易，主要问题可能包括：

■ 公司信贷质量：这是关系到发起人的风险，也是影响其持续经营承担财务责任的因素，并为形成未来的应收账款打下坚实的基础。它可以根据以下几点分析得出：（1）ABC航空公司的历史财务表现，包括其流动性和债务结构；（2）在其注册地国家的地位，如是否是国有企业；（3）工业和航空业的一般经济情况；（4）航空公司的历史记录和当前状态，如它的安全记录、其飞机的年龄等。

■ 竞争和行业趋势：ABC航空公司的市场份额，在其同行业中的竞争情况。

■ 监管问题：例如 ABC 航空公司需要遵守即将颁布的立法，这将影响它的现金流。

■ 法律结构：这是针对 SPV 和资产转移而言的。

■ 现金流分析。

根据评级机构得出的结论，承销商会重新设计交易结构的某些方面使得发行的证券达到所需水平的评级。

这是证券化过程所涉及的某些关键性问题。证券化过程取决于投资者情绪、市场行情以及会遇到的法律问题，从开始直到交易结束这一过程将花费 3 个月到 12 个月甚至更久。在证券发行完成后，承销行就与发行无关了。然而，证券本身在其存续期间内还需要很多的代理服务直到它们到期或被偿付。这些代理服务人包括支付代理人、现金经理和保管人。

第 6 章 现金流型担保债务凭证

担保债务凭证（CDO）是证券化技术的进步，在 1988 年被首次推出。CDO 本质上是一种结构性金融产品，其中一个特殊的法律实体——特殊目的载体（SPV）以基础资产池的现金流为支撑发行债券或票据。这些资产包括下列债务工具中的一种或多种：

- 投资级或高收益的公司债券；
- 新兴市场债券；
- 住房抵押贷款支持证券（RMBS）；
- 商用不动产抵押贷款支持证券（CMBS）；
- 资产支持证券（ABS）；
- 房地产投资信托公司债务（REIT）；
- 银行贷款；
- 特殊贷款和不良债务；
- 其他 CDO。

如果 CDO 的标的资产是债券型工具，此时的 CDO 被称为抵押债券凭证（CBO）。CDO 可以分为以公司债券为标的的 CDO、以新兴市场债券为标的的 CDO，以及以结构化金融产品为标的的 CDO。后者的抵押品包括住房抵押贷款支持证券（RMBS）、商用不动产抵押贷款支持证券（CMBS）、资产支持证券（ABS）和房地产投资信托公司债务（REIT）。当 CDO 的标的资产是银行贷款时，此时的 CDO 被称为抵押贷款凭证（CLO）。

最初的 CDO 是在将高收益的公司债券和非流动性工具例如一些可转换债券重新打包的基础上形成的，而现在它们已经自发演变为复杂的投资管理工具。CDO 因为有一些既吸引发行人又吸引投资者的特性，成为整个 20 世纪 90 年代，资产支持证券市场上发展最快的资产类别。

随后发展起来的合成型 CDO，是在原来的结构中加入了信贷衍生工具，因此也称为结构信贷产品。

这一章我们主要介绍 CDO 的基本结构、类型，以及构造 CDO 组合的动机。这一章的重点在现金流型 CDO 上。而下一章我们会介绍合成型 CDO。

6.1 CDO 家族

CDO 家谱如图表 6.1 所示。CDO 首先可划分为现金型 CDO 和合成型 CDO。现金型 CDO 以现金市场债务工具为支持。这是原始 CDO 的发行方式。

在合成型 CDO 中，投资者因持有债务工具而暴露在一定的经济风险中，但这种风险可以通过信贷衍生工具转移出去，而不是通过购买现金市场投资工具转移出去。

基于发起人的动机，现金型 CDO 和合成型 CDO 可以进一步进行划分。发起人的动机要么是“资产负债管理”要么是“套利”。如下所述，在资产负债表型的 CDO 中，发起人的动机是将资产剥离资产负债表。而在套利型的 CDO 中，发起人的动机包括（1）获得用于管理 CDO 标的资产池的费用；（2）套取利差，即 CDO 标的资产的收益与借钱购买这些标的资产所费成本（即支付给 CDO 投资者的利息）之间的差额。

根据确保 CDO 债务偿还的信用保障机制，现金套利型 CDO 可以进一步分为现金流型 CDO 和市场价值型 CDO。在现金流型的 CDO 中，违约罚金、到期本金偿还以及标的资产的违约回收率规定为 CDO 的投资者提供了信用保障。市场价值型 CDO 通过其出售资产赚取充足收益以偿还债务的能力为 CDO 投资者提供信用保障。自 20 世纪 80 年代起市场价值型 CDO 就很少发行了。这是因为 20 世纪 90 年代会计准则发生改变之后，那些一开始积极使用市场价值型 CDO 进行资产负债管理的发起人就不再使用它们了。因此，这一章我们重点介绍现金流型 CDO。

图表 6.1　　CDO 家族

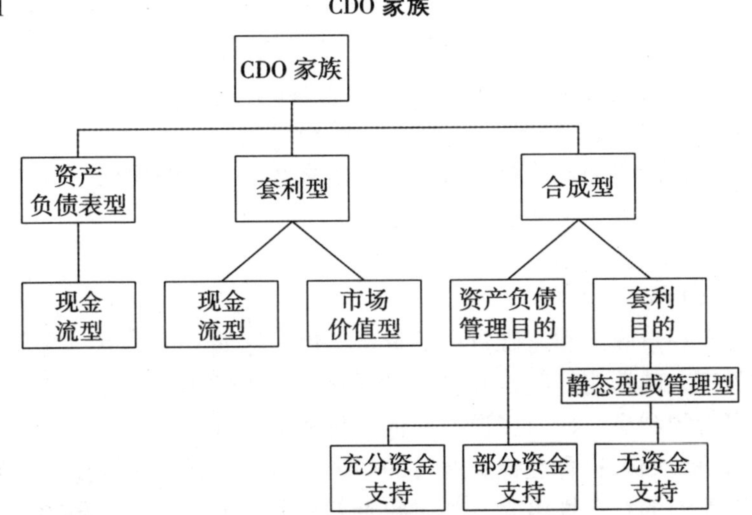

6.2　现金流型 CDO 的基本结构

在 CDO 中，有一个资产管理人负责管理资产组合。该管理人被称为“CDO 管理人”或是“抵押资产管理人”。有明文规定（即限制性条约）CDO 管理人需要做哪些事以及 CDO 发行的证券必须满足哪些测试以在指定的发行时期内维持一定的信用评级。我们将在后面讨论这些规定。

用以购买基础资产或抵押品（即债券和贷款）的资金可以通过发行债务工具而获得。对于既定的CDO来说，所有的债务工具可以划分为不同的几类或是不同的等级，每一等级都承担不同的风险以适应不同投资者的偏好。按风险高低可分为以下几个级别：

- 优先级
- 中间级
- 次级/股权级

除了股权级以外，其他等级都会有评级。优先级通常被评为AAA或AA级。中间级通常被评为A到B级。因为次级/股权级接收剩余现金流，所以这一层没有评级。

CDO为每一级债务工具的投资者支付利息以及到期偿还本金的能力取决于基础资产的表现。用以应付CDO债务（利息和本金偿还）的款项可以来源于：（1）基础资产的利息支付；（2）基础资产池中的到期资产；（3）将基础资产池中的资产出售。

为了维持CDO资产组合的信用质量，交易管制措施被用来限制CDO管理人买卖债券的权利。对于处置资产的条件已有明确限定，且通常出于信用风险的考虑。我们随后来讨论这些条件。此外，在配置资产时，CDO管理人必须满足一些由评级机构提出的要求。

在CDO的存续期中有三个明显的阶段。首先是启动期。这一时期通常开始于交易截止前的两个月到六个月，并在不到六个月的时间内结束，这一阶段CDO管理人要完成初始投资组合的购进。在再投资或循环投资阶段，主要收益被再投资于新的抵押资产，该阶段通常将持续五年到七年之久。在最终阶段，资产组合到期或是被出售，证券投资者如下所述被偿付。

6.2.1 收入分配

收入来源于利息收入和基础资产的资本增值。它的分配如下：首先是支付给托管人和行政管理人的费用；其次是支付给CDO管理人的高级管理费；最后是支付给优先级投资者的利息。这时在进行其他支付之前要进行符合性检验。这些检验将在后面进行讨论。如果符合性检验通过的话，就可以支付中间级投资者的利息。随后将进行另一系列的符合性检验。如果也通过的话，将向次级/股权级投资者支付利息。这种分配方案通常被称为瀑布式分配机制。

相反，如果优先级或中间级符合性检验未通过的话，则根据CDO的结构及这些测试未通过的程度，可支配收入要么偿付优先级投资者本金要么购买更多的抵押资产。如果优先级投资者已全部清偿而中间级符合性检验未通过，则支付完中间级投资者利息后的剩余收益将仍被用来弥补中间级投资者的损失。因为符合性检验未通过，所以只有优先级和中间级投资者的本息均偿付完后，剩余CDO收益才能流向次级/股权级的投资者。

在CDO交易的存续期间，投资组合管理人将定期出具报告详细说明抵押品资产池的质量。这份报告被称为投资者或托管人报告，它还包含了符合性检验的结果，可以证明CDO每一等级债务工具均维持着自己的信用评级。

6.2.2 本金现金流分配

CDO资产的本金现金流在支付完托管人、管理人和高级管理人的费用后，主要分配如下：如果在支付优先级投资者利息时有缺口，则本金收益用来弥补缺口。假设在再投资期间符合性检验通过，则本金将用来再投资。再投资阶段过后或如果符合性检验未通过，则本金现金流用于偿还优先级投资者直到符合性检验通过。当所有的优先级投资者都被清偿完毕，就轮到中间级，以及次级/股权级的投资者被清偿了。

所有的债务都偿付完后，剩余的都留给次级/股权级投资者。通常情况下，管理人员依据其业绩表现也会得到一定的奖金。一般来说，次级/股权级投资者的目标收益在交易开始前就已经确定了。一旦达到目标收益率，管理人员就可以按一定比例分享收益。

6.3 CDO发起人动机

如图表6.1所示，现金流型CDO根据发起人的动机可以分为资产负债表型CDO和套利型CDO。

6.3.1 资产负债表型CDO

现金流型CDO同其他涉及特殊目的载体（SPV）的资产支持证券类似。贷款或债券汇集在一起形成资产池，而这些资产形成的现金流用来偿还SPV发行证券所形成的债务。当基础资产出售给SPV后，它们从发起人的资产负债表中剥离，因此相关的信用风险也被转移到证券投资者身上。

银行和其他金融机构是资产负债表型CDO的主要发起人。它们证券化一些银行资产，例如投资级或次级的商业贷款。这样安排的主要动机有：

- 规避监管；
- 通过将低收益的资产剥离资产负债表来增加资本收益；
- 寻找可替代或更便宜的资金来源；
- 加强某一行业或其他类别借款人的贷款能力。

投资者往往对资产负债表型CDO有兴趣，因为在相同的风险水平上，资产负债表型CDO要比其他资产，比如信用卡资产支持证券，有更高的收益率。它们也代表了一种不同于传统资产支持证券（ABS）的多元化投资工具。资产负债表型CDO的资产池是静态的，也就是说，资产管理人并不会积极地进行交易或是管理。基于这一原因，该种CDO的结构更类似于传统的ABS或是重新打包形成的投资工具。

6.3.2 套利型 CDO

套利型 CDO 与资产负债表型 CDO 有一些类似，如果它的资产池也是静态的话，则在概念上近似于 ABS 交易①。支付的先后顺序是相似的，从费用开始，先是托管费和服务费，然后是优先级投资者，依此顺序，最后是最次级的投资者。

能否构造一个套利型 CDO 的关键在于该结构能否为股权级投资者提供具有竞争性的收益率。

要了解股权级债务工具如何产生现金流，我们假设有 1 亿美元的 CDO 结构证券，发行时的息票率如下所示：

等级	面值	息票类型	息票利率
优先级	$80 000 000	浮动	LIBOR + 70bp
中间级	$10 000 000	固定	国库券利率 + 200bp
股权级	$10 000 000	—	—

假设抵押品由高收益债券组成，所有均在 10 年内到期，且票面利率为 10 年期国库券利率加上 400 个基点。该 CDO 管理人又与另一持有 8 000 万美元名义本金的交易方签订了利率互换协议，约定 CDO 管理人需要：

- 每年支付相当于国库券利率加上 100 个基点的固定利率；
- 获得浮动利率 LIBOR。

记住，我们的目的是演示股权级投资如何产生回报。

我们假设 10 年期的国库券利率在发行 CDO 时是 7%。现在我们可以大致了解每年的现金流状况。首先看抵押品。抵押品每年需按 10 年期国库券利率即 7% 加上 400 个基点支付利息（假设没有违约）。所以应该是：

来自抵押品的利息：11% × $100 000 000 = $11 000 000

假设我们限定利息必须支付给优先级和中间级的投资者。对于优先级来说，利息应该是：

支付给优先级的利息：$80 000 000×（LIBOR+70bp）

中间级息票率是 7% 加上 200 个基点即 9%，所以利息是：

支付给中间级的利息：9% × $10 000 000 = $900 000

最后让我们来看看利率互换。在协议中，CDO 管理人同意对方以每年 7%（10 年期国库券利率）加上 100 个基点即 8% 的利率互换。在前面的说明中名义本金为 8 000 万美元，而 CDO 管理人之所以选择 8 000 万美元是因为这是优先级证券的本金数额。因此，CDO 管理人支付给交易对手的利息如下：

8% × $80 000 000 = $6 400 000

---

① 除了这一点，即在传统的 ABS 交易中，如消费者或贸易应收款交易、住房抵押贷款支持证券交易，也存在大量的个人标的资产。而在抵押债券凭证（CBO）或抵押贷款凭证（CLO）交易中，仅存在 20 种左右的标的贷款或债券。

而从对方那儿收到的利息是以 8 000 万美元的本金为基础以 LIBOR 为利率计算出来的。也即：

交易对手支付的利息：＄80 000 000×LIBOR

现在我们把以上这一切结合起来看。流入 CDO 的利息：

来自抵押品的利息	=	＄11 000 000
来自互换对手的利息	=	＄80 000 000×LIBOR
收到的总利息	=	＄11 000 000+［＄80 000 000×LIBOR］

支付给优先级和中间级投资者以及互换对手的利息是：

支付给优先级投资者的利息	=	＄80 000 000×（LIBOR+70bp）
支付给中间级投资者的利息	=	＄900 000
支付给互换对手的利息	=	＄6 400 000
支付的总利息	=	＄ 7 300 000+［＄80 000 000×（LIBOR+70bp）］

将收到的利息和支付的利息相减我们得到：

收到的总利息	=	＄11 000 000+［＄80 000 000×LIBOR］
–支付的总利息	=	＄7 300 000+［＄80 000 000×（LIBOR+70bp）］
净利息	=	＄3 700 000–［＄80 000 000×70bp］

因为 70 个基点乘以 8 000 万美元等于 56 万美元，所以净利息应该为 3 140 000（3 700 000–560 000）美元。从中还要支付所有的费用（包括资产管理人的费用）。剩下的金额支付给次级/股权级投资者。假设这些费用一共有 614 000 美元，则股权级投资者可用的现金流为 250 万美元。由于股权级证券的面值为 10 000 000 美元且假设按面值出售，这意味着内部收益率为 25%。

显然，一些假设被简化了。例如，假设没有违约，CDO 管理人购买的所有债券都是不可赎回的（或不可预付的）因而票面利率不会因债券可被赎回而下降。此外一段时间之后，CDO 要开始向优先级和中间级的投资者偿还本金。在引入利率互换协议时必须考虑到这一点，因为整个优先级证券的本金无论如何是要被偿付的。

事实上从 2000—2003 年对以高收益公司债券为支持的抵押债券凭证（CBO）来说，利率对冲策略加剧了其抵押资产质量的恶化。CBO 的抵押资产管理人签订利率互换协议同意支付固定利率。在合同期限内，如果利率下降则 CBO 的抵押资产管理人将是这一互换的净支出者，而如果 CDO 的资产负债组合不变的话，这样的利率对冲策略则不会成为问题。抵押资产管理人用资产组合的固定利息支付互换协议的固定利率，用来自互换对手的浮动利率支付投资者的浮动利息。但是高收益公司债券的违约减少了 CBO 的资产组合，同时超额抵押担保临界值（后面会讨论）的作用加速了 CBO 债务本金的偿还。这导致利率互换的理论金额要比 CBO 中的资产负债金额大。结果许多 CBO 被过度对冲，引起对冲头寸的损失。[①]

尽管简化了假设条件，上面的例子依然说明了 CDO 的基本经济意义、使用利率互换的必要性以及股权级投资者如何实现收益。

6.4 符合性检验

CDO 的基本结构旨在将抵押资产池的总体信用风险分割成不同的等级，成为叠加证券，每一等级均有不同于其他的信用风险。结果每一级证券都显示出不同的风险/报酬情况，从而吸引不同层次的投资者。

发行的证券因其不同的主次关系而拥有不同的风险水平，即证券是按级别的高低顺序构造的。此外，该结构还使用了不同程度的信用增级，包括：

■ 超额抵押担保：后构造出的叠加证券与基础资产池相比价值要低，例如，2.5 亿美元的名义资产被用于支持发行面值为 1.7 亿美元的债券；

■ 现金储备账户：现金账户中维持一定的储备用以弥补最初的损失，资金可以来源于一部分债务收益；

■ 超额利差：来源于资产的现金流入量超过负债的利息支付要求；

■ 保险覆盖：资产池可能遭受的损失由保险来弥补，对此需要支付一定保险费。

抵押资产池的质量由管理人员定期监测和汇报并出具投资者报告。这一报告详细说明了各符合性检验的结果，这些符合性检验既有基于个别资产的也有基于总体资产的。

符合性检验被指定作为证券发行前的必备程序，由发起人和单个或多个评级机构进行商讨。评级机构的分析很全面，并侧重于抵押品的质量、个别资产的违约概率、交易的结构以及发起人的跟踪记录和声誉。如果 CDO 未能通过重要的符合性检验，比如下面提到的覆盖测试，则该投资组合的管理员会通知交易的发起人（或者抵押资产管理人）。当这种情况发生时必须立即限制相关机构的进一步交易，同时发起人有 30 天的时间纠正相关情况。此后，唯一允许的交易是出于信用风险的要求（降低信用风险，减少因比方说资产组合违约造成的进一步损失）。在下一个息票日，即我们所说的测定日，如果抵押资产管理人依然不能通过符合性检验，则债券本金将按照优先顺序被偿清。在这一阶段，CDO 很可能被信用评级机构放在“信用观察”的等级上，因为基础资产组合质量被认为从原先的评级分析时间开始已经发生恶化。

符合性检验包括两种：质量检验和覆盖测试。

---

① Douglas Lucas, Laurie S. Goodman, and Frank J. Fabozzi, *Collateralized Debt Obligations: Structures and Analysis* (Hoboken, NJ: John Wiley & Sons, 2006).

6.4.1　质量检验

质量检验包括：（1）抵押资产多样化的最低得分；（2）最小加权平均等级；（3）最小加权平均利息和利差。这些测试定期进行，且每一次资产构成发生变化时也要进行——比如，因一些资产被出售、新的资产被购进或债券在法定到期日之前被偿清。如果测试结果低于最低要求，则只有那些有助于改善测试结果的交易活动被允许进行。

抵押品多样化得分用来衡量抵押资产的多样性。所有的评级机构都有多样性评分。分值越大，则说明 CDO 资产组合越多样。每次抵押资产的构成发生变化时，就要进行多样性的重新测量。最著名的多样性评分是由穆迪开发出来的。

我们还需要采取措施去衡量抵押资产的信用状况。当然我们可以根据抵押资产在每一信用等级上所占的百分比来描述抵押资产的信用评级分布。然而，这样的方法用来测量抵押资产的最低信用评级则是行不通的。有必要用一个数字概述抵押资产的评级分布情况。

穆迪和惠誉已经找到了这样的方法。这就是我们通常所说的加权平均评级系数法（WARF）。它为每一个等级分配一个数值，这些数值称为评级系数。CDO 管理人必须维持最低的平均评级得分。与穆迪和惠誉不同，标准普尔使用不一样的评级系统。其限定了抵押资产必须维持的评级百分比。特别地，标准普尔对抵押资产组合中较低等级的资产有严格的百分比限制。

6.4.2　覆盖测试

符合性检验的另一种形式是覆盖测试，其被视为比质量检验更重要。因为如果不能通过覆盖测试，则现金流将会偏离前面所述的瀑布式分配机制并开始用于清偿优先级证券直到测试结果有所改善。覆盖测试主要包括超额抵押担保测试和利息覆盖测试。下面我们将分别介绍。

6.4.2.1　超额抵押担保测试

某一等级证券的超额抵押担保率（OC ratio）是用抵押资产组合的本金余额除以该等级及以上所有等级证券的本金余额，即：

某一等级证券的 OC ratio＝抵押资产的本金/（该等级证券本金+该等级以上所有等级证券的本金）。

该比率越高，证券持有人就越有保障。注意 OC ratio 是以资产的本金或票面价值为基础的。（因此超额抵押担保测试也称为面值测试）。OC ratio 是针对经过超额抵押担保测试的特定等级证券而计算得出的。针对某一等级证券的超额抵押担保测试涉及将该等级的 OC ratio 与要求的最低比率进行比较。这一最低比率称为超额抵押担保临界值。如果 OC ratio 大于或等于各自的临界值则超额抵押担保测试就通过了。

例如，假设某一现金流型 CDO 分别有两个等级证券进行超额抵押担保测试——A级和B级，那么需要计算两个OC ratio。对每一个等级来说，进行超额抵押担保测试都要首先计算其OC ratio，如下所示：

A级证券的OC ratio=抵押资产组合的本金/A级证券的本金

B级证券的OC ratio=抵押资产组合的本金/（A级证券的本金+B级证券的本金）

一旦某个等级证券的OC ratio计算出来了，就将其与指定的临界值进行比较。如果计算出的OC ratio大于或等于指定的临界值，则该等级证券的超额抵押担保测试就算通过了。

假设A级证券的超额抵押担保临界值是113%，B级是101%。注意，优先等级越低，超额抵押担保临界值也越低。如果A级证券的OC ratio小于113%，则A级证券就未通过超额抵押担保测试，同样地，如果B级证券的OC ratio小于101%，则B级证券也未通过超额抵押担保测试。

6.4.2.2　利息覆盖测试

某一等级证券的利息覆盖率（IC ratio）是基础抵押资产组合的预定利息与应支付给该等级及以上等级投资者的利息之比，即：

某一等级证券的IC ratio=基础抵押资产组合的预定利息/（应支付给该等级投资者的利息+应支付给该等级以上投资者的利息）。

IC ratio越高，所能提供的保障就越高。IC ratio是针对经过利息覆盖测试的特定等级证券而计算得出的。针对某一等级证券的利息覆盖测试涉及将该等级的IC ratio与利息覆盖临界值（即要求的最低比率）进行比较。如果IC ratio大于或等于各自的临界值则利息覆盖测试通过。

我们再来看前面假设的一现金流型CDO，对其中的A级和B级证券进行利息覆盖测试。IC ratio因此计算如下：

A级证券的IC ratio=基础抵押资产组合的预定利息/应支付给A级投资者的利息

B级证券的IC ratio=基础抵押资产组合的预定利息/（应支付给A级投资者的利息+应支付给B级投资者的利息）

第 7 章　合成型担保债务凭证的结构

证券化技术的不断发展带来了更加复杂的结构化金融产品，例如合成型担保债务凭证（CDO）。这种结构化的信贷产品是为了满足发起人的不同需要而被推行的，其中转移信用风险要比融资需求更加迫切。与现金型 CDO 交易相比，合成的证券化结构通过信贷衍生工具将资产的信用风险从交易的发起人转移到投资者身上，而现金型 CDO 交易以所有权的真实转移或将基础资产真实出售给独立的法人实体为特点。因此，发起人是信用保护的购买者而投资人是信用保护的出售者。信用风险转移可以直接也可以间接通过特殊目的载体（SPV）进行。利用这种方法，基础资产或所涉及的资产并不一定要从发起人的资产负债表中剥离，所以每当以转移信用风险为主要目标而不是为了资产负债表融资时就会采用这种方法。这种合成的结构可以在不转移资产的条件下转移信用风险，成为风险管理和规避资本监管的首要方法。对于银行机构来说，合成型 CDO 也可以在不出售贷款本身的前提下转移贷款风险，从而不会影响到客户关系。

在这一章中我们讨论合成型 CDO，解释其发行的动机、构造方式、融资机制、投资者风险、这一结构的优缺点、合成型 CDO 的变化以及在分析合成型 CDO 时投资者应该考虑的因素。最后还会有一个关于合成型 CDO 交易的案例。

7.1　合成型 CDO 的发行动机

合成型 CDO 和现金型 CDO 之间的不同很大程度体现在成本收益比上。每一种的发行动机通常也不同。

合成的交易可以是无资金支持的、有部分资金支持的或者是有充分资金支持的。一个无资金支持的 CDO 结构将全部由信贷违约互换组成，而有充分资金支持的 CDO 结构通过发行信贷关联证券转移参考资产的信用风险。我们随后再来讨论这些。

第一次合成交易的发起人是银行，它们希望管理贷款所承担的信用风险而不必承担真实出售资产证券化的管理压力。信贷衍生工具的发展，使得单一资产的信贷违约互换正在被投资组合违约互换所取代。合成型 CDO 可以和发起人机构“脱钩”，这样投资者的信用风险就和发起人本身无关了。欧洲的第一次合成交易发生于 1998 年，那时不断扩大的息差和发起公司信贷质量的不断恶化意味着投资人是现金型 CDO 的出售者，它们和发起人有着信用关联。这种合成的安排也意味着资产的信用风险会被转移，否则不符合传统证券化的意义，而真正的资产还留在资产负债表中。这些资产包括银行保函、信用证或现金贷款，它们在被证券化时都有些法律上的或是其他方面的限制。因此，合成型 CDO 比现金型 CDO 更适合那些受限于多重法律管辖的资产。

与现金型 CDO 相比，发行合成型 CDO 的经济利益是显著的。简言之，发起人的净收益是资本监管的规避收益，减去支付信贷违约互换的信用保护成本。在一个有充分资金支持的合成结构中，证券发行收益投资于风险权重为零的抵押资产，例如美国国债或英国的金边债券，这样可以充分缓解发起银行的资本压力。在有部分资金支持的结构中，基础资产池的大部分信用风险通过超高级互换（super-senior swap），一种信贷违约互换而转移。剩下的信用风险利用信贷关联证券转移，这代表“有资金支持”的部分。之所以称其为超高级互换是因为，在构造 CDO 时最高级的信贷关联证券总是被评级为 AAA 级，而互换的评级比这还要高，因此称为“超高级”。它代表灾难性风险，因为只有当其下的 AAA 级部分遭受违约时才会给投资者带来损失——而这在统计学上的概率非常低。超高级互换部分将会持有 20% 的风险权重[①]。事实上，片刻的思考应该让我们清楚地认识到合成交易更便宜：因为使用了信贷违约互换，发起人只需支付基本费用，对于 AAA 级的安全系数来说应该在 10 ~ 30 个基点范围内，这取决于信贷周期的阶段。在现金型结构中，因为发行债券，所以发起人的成本是基准收益率加上息差，这大大高于违约互换保费。我们举例说明，见图表 7.1，我们在比较有部分资金支持的合成型交易和现金型交易时，假定息差和保费如下：

- ■ 超高级信贷互换成本为 15 个基点，20% 的风险权重；
- ■ 股权级持有 100% 的风险权重；
- ■ 合成型 CDO 将证券发行收益投资于主权级抵押品，后者支付子 LIBOR。

当然，现金型和合成型证券化的经济利益根据发起人需要的不同是不同的。

---

① 只要对手是经合组织的银行，这是必然的情况。

图表 7.1　　**成本结构：合成型 CDO 和现金型 CDO**

现金型 CDO 对冲成本 3.5% 的 LIBOR+32 个基点

投资级现金型抵押贷款凭证（CLO）10 亿欧元的投资组合

优先级证券 [88.5%]LIBOR +30 个基点

次优级证券 [6%]LIBOR +70 个基点

低级证券 [6%]LIBOR +165 个基点

股权级证券 [2%]

有部分资金支持的合成型 CDO 对冲成本 3.5% 的 LIBOR+20.5 个基点

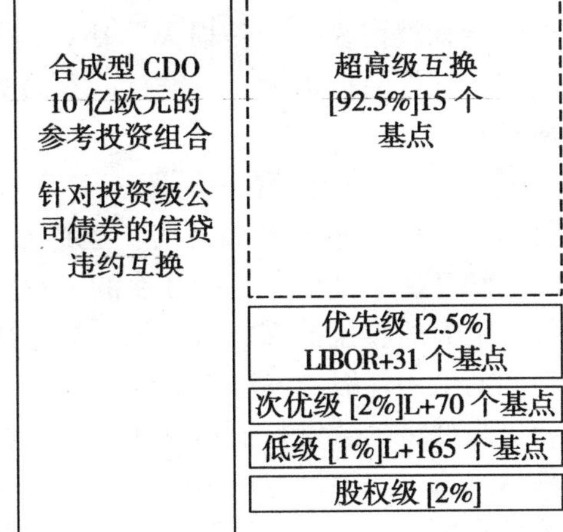

监管资本释放

现金型 CDO

对资产的资本要求从 8%（100% 风险权重）降低到 2%（只有股权级持有 100% 的风险权重）

监管资本的释放量为 6%

合成型 CDO

对资产的资本要求从 8%（100% 风险权重）降低到 3.48%（股权级加上超高级互换持有 20% 的风险权重）

监管资本的释放量为 4.52%

7.2　操作方法

合成型 CDO 之所以叫这个名字是因为信用风险的转移是通过信贷衍生品以合成的方式实现的，而不是资产“真实出售”给特殊目的载体（SPV）。因此，在合成型 CDO 中，标的贷款或债券的信用风险是利用信贷违约互换或总收益互换（TRS）转移给 SPV 的。然而资产本身在法律意义上并没有转移给 SPV，它们依然在发起人的资产负债表中。利用合成型 CDO，发起人可以获得监管资本释放并管理资产负债表中的信用风险，但没有收到任何资金[①]。换句话说，合成型 CDO 结构可以使发起人将信用风险和资产的资金需求分离开来。

资产组合的信用风险，现在被称为参考投资组合，通过信贷衍生工具直接转移给 SPV。最常见的信贷合约就是信贷违约互换。一部分的信用风险可以通过信贷关联证券出售出去。通常，大部分的信用风险通过与互换对手进行超高级信贷违约互换转移，一般出售给单一险种的保险公司，其息差与现金型 CDO 中优先级（AAA

① 这是因为根据《巴塞尔协议》，受信贷衍生品合约保护的资产以及那些依然存在于资产负债表中的资产，将受到较低的监管资本要求。

级）证券相比十分之低，只高于 LIBOR 一点点。这一点成为合成交易吸引发起人的关键地方。大部分交易在构造时都会带有中间级证券出售给更大范围的投资者，其收益投资于无风险的抵押品，例如国债或潘德布雷夫债券（一种抵押债券）。最低级的证券，被称为“第一损失”级，由发起人保留。当参考资产发生信贷违约事件以后，抵押品被用于支付发行证券的本金，不包括低级证券，剩余资金归发起银行所有。

一般的合成型 CDO 结构见图表 7.2。在这个一般结构中，参考资产的信用风险被转移给发行人 SPV 并通过信贷违约互换和发行信贷关联证券最终转移给投资者。在违约互换安排中，违约互换的保险费确保风险转移，并由发行人支付给投资者。发行证券的收益被投资于无风险的抵押品而不是交给发起人。这样做是为了将发行证券的信用评级与发起人的评级脱钩。如果没有建立一个抵押资产池，则发起人的评级降低将导致发行证券的评级也跟着降低。证券发行的投资者会遭受参考资产的信用风险，如果没有信贷违约事件发生，则投资者获得的回报至少等于抵押资产的收益率加上违约互换的保费。如果证券是与信贷相关联的，它们还会获得基于参考投资组合表现的超额回报。如果有信贷违约事件发生，发行人 SPV 会将资产交给互换对手，并向发起人支付抵押资产池中资产的名义价值。信贷违约互换是没有资金支持的信贷衍生品，而信贷关联证券（CLN）——第 9 章的主题——是有资金支持的信贷衍生品，其中保护的出售者（投资人）为先前的参考资产提供资金，当发生信贷违约事件时其回报降低。

图表 7.2　　**合成型 CDO 结构**

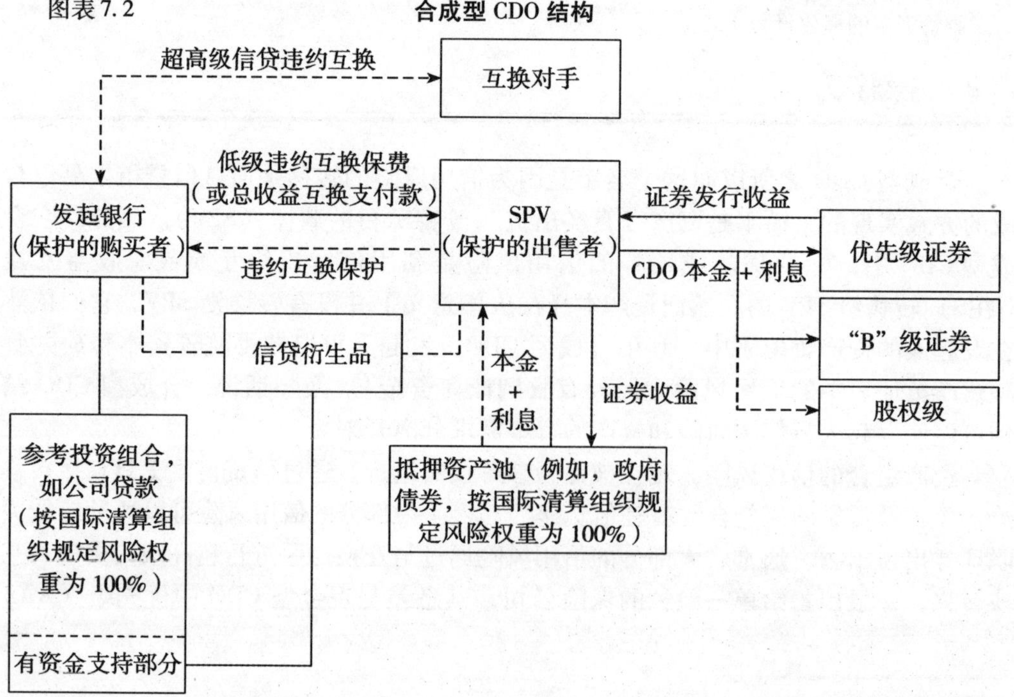

7.3　融资机制

由于合成型 CDO 中的超高级不需要有资金支持，这是与现金套利型 CDO 相比，合成机制的主要优势。例如，在 2002 年上半年，AAA 级证券的利差平均在 LIBOR 以上的 45～50 个基点①，而超高级互换的成本为 10～12 个基点。这也就是说，如果 CDO 抵押资产管理人能够以 LIBOR 减去，比如说，5 个基点的收益率，再投资于无风险资产组成的抵押资产池，则该结构中每 100 美元名义价值就可以获得 28～35 个基点的收益，而该结构没有资金支持。这是一笔相当可观的收益。如果我们假设，一个合成型 CDO 中有 95% 是无资金支持的而 5% 是有资金支持的，这就相当于参考资产在市场上交易要便宜 26～33 个基点。CDO 抵押资产管理人在计算资本收益率时也有所提高。因为一般来说，管理人会保留股权级，如果它占整个结构的 2% 而收益是 33 个基点，则股权回报将提高 0.33/0.02 也就是 16.5%。事实上，在构造交易的过程中，其所蕴含的经济意义将一定程度上影响交易如何分档：如果投资者渴望更多有资金支持的投资，则交易中更多部分会采取信贷关联证券（CLN）的形式。管理人持有多少股权级也取决于市场对 CDO 股权级证券有多大兴趣②。

在构造 CDO 时采用合成交易的形式还有另一个好处就是对投资者（保护的出售者）有更大的潜在吸引力。通常，针对某一特定参考信贷资产出售信贷违约互换保护比长期持有基础现金债券会产生更高的回报。一般而言，这是因为出于某些原因，信贷违约互换的价格要比同等情况下的资产互换价格更高。例如，在 2002 年上半年，据彭博报道，针对 5 年期的 BBB 级信贷，合成型交易的平均息差高于现金型交易 40 个基点。违约互换息差之所以高于现金型的息差，原因包括：

■ 违约互换所保障的信用风险包含一系列连锁事件，并不是纯粹的违约事件，比如重组。

■ 如果发生信贷违约事件，在计算损失金额时我们假设相关证券为初始面值，而在货币市场上该证券可能已经以基于面值的折扣价被购买。假设我们买了一份证券，价格为基于面值的折扣价 X。然后债务人违约了：该债券可以按新的违约价格 Y 被出售，X>Y，损失为（X-Y）。如果相反，投资者针对该证券出售了信贷违约互换，则投资者需支付面值和 Y 之间的差额，这一损失将更大。因此违约互换的价格会更高以补偿这一点。

■ 债券持有人能清楚地意识到其所持有债券的违约，而违约互换出售者可以获得一揽子与现金资产同等比例的可交割工具中的任何债券；这是长期互换的持有

① 取 2002 年 1～6 月间七宗合成交易利差的平均数，收益率数据来源于彭博。

② 关于 CDO 发起人持有一部分或所有的股权级证券到底好不好，有人赞成有人反对，一直处于争论中。有人认为发起人持有股权级证券的好处在于它会促使发起人谨慎管理资产，因为他们很关心资产的表现。而另一方认为因为股权级证券的收益易变且取决于资产产生的现金盈余，所以可能会诱使未持有任何股权级证券的管理人为了金钱而不顾一切地与其他人交易。

人提供的交割方案。它适用于实物交割的违约互换，且意味着保护的购买者将会交付最便宜的资产。

■ 在回购协议市场上，现金债券的借贷利率将会和 LIBOR 不同，但这并不会影响违约互换的价格，因为它在一开始就固定了。

■ 一些 AAA 级债券（例如美国政府债券）在资产互换市场上有时以低于 LIBOR 的价格交易；然而对债券写有保护的银行希望在卖出该债券的保护时能获得溢价（高于 LIBOR 的正的息差）。

■ 违约互换可能比现金债券更具流动性，从而违约互换价格更低，或者流动性比现金债券更低，从而互换价格更高，这取决于相关的信贷资产。

■ 如果发生法律上被定义为违约的信贷违约事件而不是影响现金债券持有人的完全意义上的违约，则违约互换被要求偿付；保护的出售者将会针对这额外的风险要求一个溢价。

然而需要注意的是对违约互换的卖方来说不断上升的对手风险也暗示着其价格应该低于现金型的价格!

7.4 合成交易中的投资者风险

合成型和传统证券化之间最大的结构上的不同在于前者没有资产的真实出售以及使用了信贷衍生品。因此，投资者必须关注合成型 CDO 所表现出的各种不同方面的风险。尽管人们可能会说每一种证券化——不管是现金型还是合成型——都是具有自身特点的独一无二的交易，然而合成交易真的是一种特别的交易，因为它们可以量身打造以满足每一个具体要求。这些要求包括参考资产的类型、货币、基础现金流、信贷衍生工具等。

合成交易中的投资者风险集中于：（1）参考资产所固有的信用风险；（2）与定义信贷违约事件有关的法律问题。当然从较小的程度上说，将信用风险转移到 CDO 结构中的信贷违约互换也与对手的信用风险相联系。第一种风险普遍与证券化紧密相联但与合成型证券化联系特别紧密。记住交易的本质是转移信用风险，投资者（保护的出售方）希望披露参考资产的信用表现。所以投资者将承担这些资产的信用风险，无论是传统的债券、结构化产品例如资产支持证券（ABS）、抵押贷款支持证券（MBS）贷款，还是其他类型的资产。对该风险的主要计量是通过对该资产进行信用评级以及信用增级，并根据它们的历史评级情况而定。

第二种风险更加宽泛，难于转化。在许多交易中，发起人承担着决定信贷违约事件什么时候发生的责任；同时发起人也是保护的购买者，这里就存在一个利益冲突的问题。值得关注的焦点，并且在过去的案例中引起过诉讼的就是什么构成信贷违约事件。缺少清晰的法律界定就会引发冲突，因为保护的购买者认为某一特定事件的发生就是信贷违约事件从而要求保护支付但是保护的出售方却不承认。一般来说，“信贷违约事件”的定义越宽泛，引发争端的风险也就越大。因此，触发信用风险的事件应在政府的法律文书中尽可能严密地进行定义。

当然也要注意：大部分关于触发信贷违约事件的描述都包含于国际互换和衍生品组织（ISDA）所列出的信用衍生品定义中，我们在第3章曾介绍过。其中也包括没有全面违约的情况，参考资产的债务人并没有违约但赔付会被强制执行。这就意味着在合成型CDO交易中投资者所承担的风险要高于现金型CDO中投资者所承担的风险，因为所谓信贷违约事件的标准要低于彻底违约的标准。很重要的一点是投资者必须认识到：发行一种债券的信用评级并不会反映出ISDA所定义的所有信贷违约事件。也就是说特定评级下合成证券遭受损失的可能性会高于同等情况下的传统证券。

7.5　合成型CDO的变异

合成型CDO在发行时可以采取多种形式，一般分为套利型CDO和资产负债表型CDO。不同的结构在很大程度上是彼此区别的，但也有一些基本要素是所有结构都共有的。管理合成型CDO是另一个新发展。

套利型的合成CDO一般由抵押资产管理人发起，它们想要充分挖掘基础资产带来的利息收益和应付CDO管理费用这两者之间的利差。其一般结构如下：一个特别成立的SPV即保护的出售者与发起银行即保护的购买者或金融机构进行总收益互换，以银行的基础资产组合为参考（参考投资组合）。该投资组合实际上由发起银行管理并存在于银行的资产负债表中。SPV收到参考投资组合的总收益，作为回报其支付给发起银行LIBOR加上一个息差。SPV也发行证券并进入市场卖给CDO的投资者，这些证券的评级可高达AAA级因为它们有高质量的抵押品支持，这些抵押品是用证券收益购得的。图表7.3演示了一个典型的套利型合成CDO结构。

图表7.3　**套利型合成CDO的一般结构**

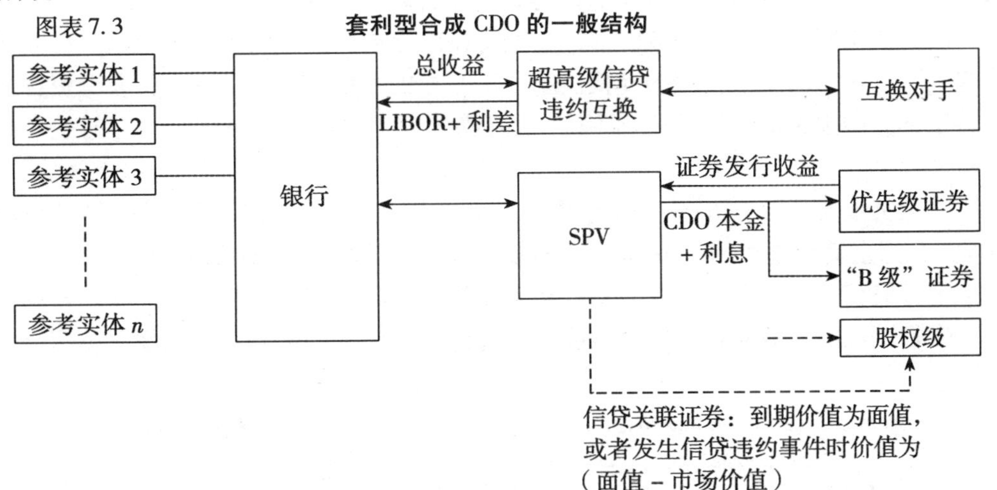

资产负债表型合成CDO被那些想要管理监管资本的银行所使用。同前面一样，

基础资产是债券、贷款以及银行发行的信贷便利。在资产负债表型 CDO 中，SPV 与发起银行签订信贷违约互换协议并指定特定的抵押资产池作为参考投资组合。SPV 接收应付违约互换的保费，从而为参考投资组合提供信用保护。

在这一结构中有三种类型的 CDO。完全合成型 CDO 是一种无资金支持的结构，它利用信贷违约互换将参考资产的全部信用风险转移给投资者，它们是保护的出售者。在部分资金支持的 CDO 中，只有资产组合最高部分的信用风险才被转移。为合成 CDO 上层的债务支付利息的现金流来源于 AAA 级抵押品，它们由 SPV 用发行上层证券的收益购买得来。发起银行利用部分资金支持的结构获得最大程度的监管资本释放，并将合成型 CDO 和与经合组织银行对手进行的所谓的超高级互换结合起来。超高级互换为资产组合的某一部分，即高级部分提供额外保护，而这一部分同时也被交易的资金支持部分保护。发起人可能会保留超高级部分或将其卖给单一险种的保险公司或是信贷违约互换的提供者。

一些专家学者根据合成型交易之间细微的差别将其进行分类。例如，Boggiano，Waterson 和 Stein 将其分为以下几类[①]：

■ 资产负债表型静态合成 CDO
■ 管理静态合成型 CDO
■ 资产负债表型动态合成 CDO
■ 管理动态合成型 CDO

Boggiano，Waterson 和 Stein 所说的基本结构同我们先前描述的部分资金支持的合成型 CDO 是一样的。实际上前两种交易本质上没有什么区别；只是后者是抵押资产管理人选择投资组合而不是信贷互换对手。然而，两种交易的整个过程中参考资产都是静态的。后两种交易，主要区别表现在是抵押资产管理人，而不是发起银行，根据一定的指导方针交易信贷互换的资产组合。在我们看来，这并不是一个结构上的区别，因此在这一章中我们都将其看作管理型 CDO，后面再介绍。

图表 7.4 演示了一个一般的部分资金支持的合成交易。它说明了通过某种安排发起人可以进行两次信贷违约互换。第一次互换的对手是 SPV，它们为参考资产池中特定部分的损失提供保护[②]，而第二次互换的对手是经合组织银行，有时也会是保险公司[③]。

完全资金支持的 CDO 中，整个资产组合的信用风险通过信贷违约互换转移给 SPV。在完全资金支持的（或简称“有资金支持的”）合成型 CDO 中，发起人与 SPV 进行信贷违约互换，后者会发行相当于整个资产价值的信贷关联证券以转移风险。发行证券的收益被投资于无风险的政府或机构债务，例如美国国债、英国金边

① Kenneth Boggiano, David Waterson, and Craig Stein, “Four Forms of Synthetic CDOs,” *Derivatives Week* 11, no. 23 (June 10, 2002).

② 在实践中，到目前为止，这一部分为参考资产池的 5% ~15% 之间。

③ 根据《巴塞尔协议》，如果互换对手是经合组织银行的话，它们实际上会将受保护的资产转变成风险权重为 20% 的资产，就好像它们是银行内部的风险一样（而实践中它们也确实如此）。根据《新巴塞尔资本协议》，银行对手必须达到 AA 评级或是更好，否则在某些情况下资本要求将会达到 50%。

图表7.4　　**部分资金支持的合成型CDO结构**

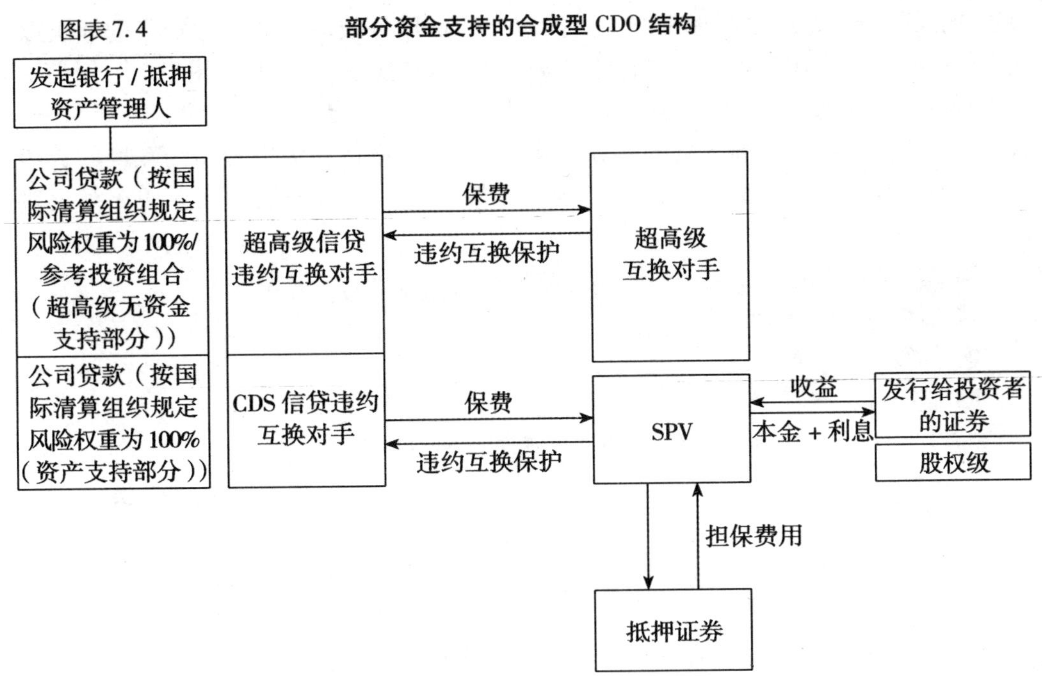

债券、德国债券或潘德布雷夫债券，或投资于高级别的无担保银行债务。如果基础资产中的一个或多个遭受违约的话，规定数量的抵押资产会被出售，所得收益支付给发起人以弥补损失。信贷违约互换中支付的保费必须足够高，以确保它能弥补抵押资产和SPV发行的证券之间的利差。图表7.5演示了一般的结构。

图表7.5　　**完全资金支持的资产负债表型合成CDO结构**

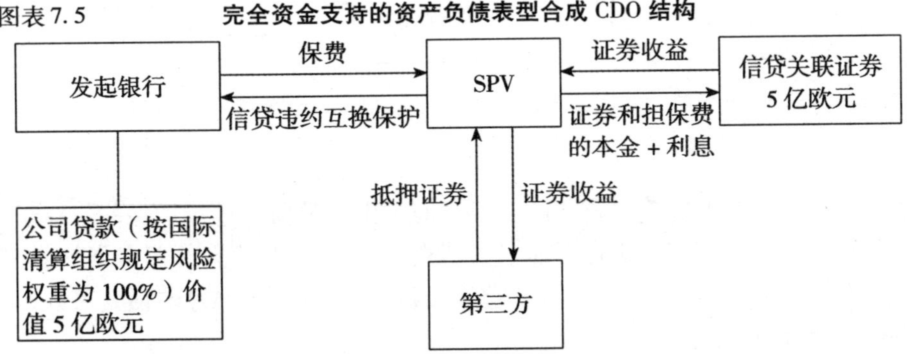

完全资金支持的CDO相对来说不常见。部分资金支持的安排其中一个优点就是与完全资金支持的合成型CDO相比，发起人支付的保费较低，因为它不需要弥补抵押资产和发行证券（交易中无资金支持的部分）之间的利差。而缺点就是发起人出于资本方面的考虑要将风险权重降低到20%，因为风险通过超高级违约互换已经被转移出去了。

完全无资金支持的CDO在构造时只使用信贷衍生品。互换评级差不多和证券一样，而发起人通常都会持有股权级。同样，参考投资组合也是商业贷款，一般为

100%的风险权重，或是其他资产。互换部分的信用评级取决于参考资产的评级以及其他一些因素，比如资产的多样性和资产之间表现的相互关系。图表7.6例举了一个典型结构。除了股权级，还会有一个或多个低级部分、一个或多个高级部分，以及一个超高级部分。高级别的证券卖给AAA级的银行作为信贷违约互换的资产组合，而低级别的证券通常卖给经合组织的银行。关于每一级别证券的评级一般如下：

- 超高级 AAA
- 高级 AA 到 AAA
- 低级 BB 到 A
- 股权级，未评级

图表7.6 **完全合成或无资金支持的CDO**

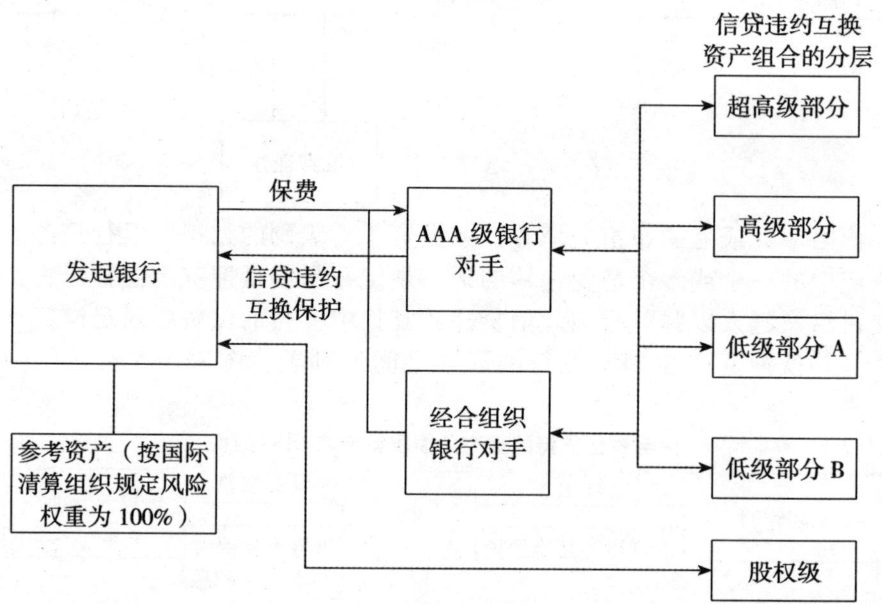

信贷违约互换并不是单一资产的互换，而是由一类债务进行承保的。对于发起人来说好处就是它们可以向投资者命名参考资产类别而无需泄露特定贷款的名称。违约互换通常为现金结算而不是实物结算，因此如果发起人愿意的话其可以用其他资产替代参考资产。

在欧洲市场上，静态合成资产负债表型CDO是最常见的结构。银行开创它们的原因主要有两方面：

- 资本释放：银行可以通过将较低收益的公司信贷资产，例如公司银行贷款，所蕴含的风险从资产负债表中转移出去从而获得监管资本释放。根据《巴塞尔协议》，所有的公司债务都有相同的风险权重100%；因此银行必须为此类贷款分配出8%的资本，而更高评级的（因而收益也更低的）公司资产也需要分配相同的资本，但产生的回报却更低。银行可能希望将这类高评级，低收益的资产从资产负债表中转移出去，而这可以通过 CDO 交易实现。合成型 CDO 的资本要求低于公司信贷资产的资本要求。例如，交易中有资金支持的部分是由高质量的抵押资产比如政府债券支撑的，通过和经合组织银行进行再回购协议的安排风险权重就变成 20%，从而成为超高级部分。

■ 转移信用风险：完全资金支持的 CDO 其管理成本以及应付相关信贷违约互换的保费可能过高，但对于部分资金支持的结构，其证券发行额可以是资产组合中相对较小的一部分。这就大大降低了违约互换的保费。同时，因为 CDO 的投资者承担着资产组合的第一损失，这样与完全资金支持的 CDO 相比进行超高级违约互换的成本颇低。

合成交易要么是静态的要么就是管理型的。静态的交易有以下优点：

■ 该结构不会产生长期的管理费用；

■ 投资者可以审查并批准提供资金以建立参考投资组合。

缺点在于如果一个或多个资产的信贷质量有所恶化，则没有办法将其从资产池中移出或抵销，该结构将继续遭受损失。例如，2001 年市场上大规模的资产违约的发生导致静态资产池的 CDO 表现让人大失所望。这也部分解释了该交易的走红，我们后面再讨论。

7.6　单一级的合成型 CDO

合成型 CDO 的灵活性，使得构造的交易类型能够满足绝大部分投资者和发起人的要求，这一点可以用量身打造的或“单一级 CDO”结构来说明。

单一级 CDO 的产生是为了满足投资者的需求，以接触到参考信贷资产中的特定部分。有了这一结构，发起银行可以特意创造出一个资产组合以满足投资者的特别要求，包括：

■ 资产组合的规模和资产的类别；

■ 资产组合的中心资产、地域和行业的分布；

■ 资产组合的多样性和评级；

■ 投资期限。

图表 7.7 和图表 7.8 分别说明了该结构，前者没有 SPV 发行人的参与而后者有。在这样的安排下只有一个级别的证券。由信贷违约互换组成的参考投资组合被发起银行自身对冲掉了。安排该交易的目的是为购买单一级别证券的投资者创造一个风险/回报投资组合。这同时带来的额外好处就是该交易能很快地打入市场。单一级和传统的合成型 CDO 的主要区别在于发起银行没有将参考资产池中的剩余信用风险转移出去。相反，这一风险处于动态管理中，通过在市场上利用衍生产品而对冲掉。

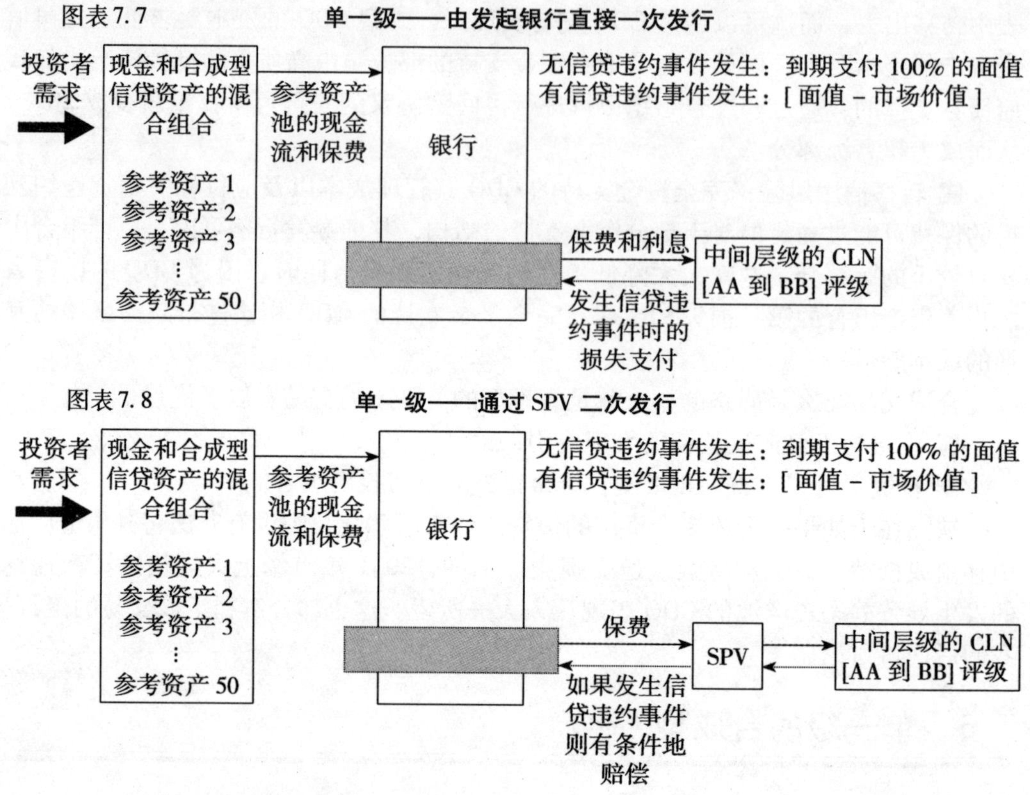

图表 7.7 单一级——由发起银行直接一次发行

图表 7.8 单一级——通过 SPV 二次发行

7.7 合成结构的优势总结

引入合成证券化结构是为了迎合发起机构的特别需要，它们呈现出了传统现金型结构所没有的一些优点。这些优点包括：

■ 理论上，合成型交易比现金型交易能更快地进入市场，从开始到结束整个时间可以缩短四周，平均完成时间在六到八周，而相比之下同等条件的现金型交易需要三到四个月。这正反映了前面所提到的较短的形成时间。

■ 不需要为超高级部分提供资金支持。

■ 对许多参考资产来说，信贷违约互换总是要比相同资产为基础的现金债券便宜。

■ 交易费用例如法务费较低，因为无需创立 SPV。

■ 银行和客户之间的业务关系可以继续维持，因为客户的贷款并没有从发起机构的资产负债表上真实出售。

■ 参考资产所涵盖的范围可以更广，包括未动用的信贷限额、银行保函以及衍生工具，而这些在现金型交易中可能会引发法律上和真实出售方面的问题。

■ 利用信贷衍生品可以引入更大的灵活性以为信用风险管理提供量身打造的解决方案。

■ 购买保护的成本通常较低，因为有资金支持的部分很少或根本就没有，信用保护的价格低于同等比率的证券发行价格。

这并不意味着现金型 CDO 交易就会灭绝。与合成型交易相比，它依然保留了一些自己所特有的优势，包括：

■ 不需要一个经合组织银行（在国际清算银行中风险权重为 20% 的实体）作为互换对手以满足资本规避的需要；

■ 与 20% 风险权重的经合组织银行对手相比可实现更多的资本规避；

■ 潜在的投资者基础更大，因为潜在的交易对手更多（一些金融机构和投资银行对使用信贷衍生品的规模有所限制）；

■ 对于发起机构来说对手风险更低。在合成交易中互换对手的违约将意味着保费支付的中断，或者当发生信贷违约事件时赔款支付的中断，从而带来信贷违约互换的终止。

投资银行顾问将构造一个交易以最大程度地满足客户（发起人）的要求。根据这些要求的本质，构造出合成型或现金型的交易。

7.8　分析 CDO 需考虑的因素

当分析合成型 CDO 结构时，有四个关键问题是投资者需要考虑的。我们下面来一一讨论。

7.8.1　CDO 分析

潜在投资者在进行 CDO 的收益分析时必然不同于分析其他证券化资产类别的收益。对于 CDO 来说，需要考虑的三个关键因素是：

■ 违约的可能性和累积违约率；

■ 违约相关性；

■ 回收率。

分析者通过历史数据，针对每一个参考资产都会对这三个问题做出假设。我们依次来看每个因素。

7.8.1.1　违约概率

不同交易违约的可能性也不同。评级机构和其他分析员会使用很多方法来估计违约率，例如单一资产信用评级和历史违约率。因为在 CDO 的抵押资产池中有多达 150 种或更多的参考资产，所以最常用的方法还是参考投资组合的平均评级法。评级机构例如穆迪会为不同的评级提供违约率数据从而得出平均数，这一数字就可以用在分析中。

7.8.1.2　相关性

在 CDO 的参考投资组合中，资产的相关性对于 CDO 收益分析来说是一个重要因素。但有一个问题就是到底使用哪一种相关性，其可以是违约概率的相关性、违约时间的相关性，也可以是息差间的相关性。CDO的多样性得分值对此也有影响：它代表有着相同面值和违约概率的不相关债券的数量。

7.8.1.3 回收率

由于发起人和行业不同，单个债务人的回收率也不同。评级机构公布了所有违约债券的平均价格，通常分析员会根据行业和信用评级建立一个有关回收率的数据库以在构造抵押资产池中资产的期望回收率模型时使用。注意，如果资产组合中的资产是带有信贷违约互换的合成型CDO，这一因素就不相关了。

分析员采用仿真模拟的方法生成违约率和期望收益的情况。例如，他们可以构造出到期前的违约情况，以及回收率和违约发生的时间。所有这些都是随机变量，所以用随机过程构造模型。重要的一点是要注意由评级机构估计的评级回收率。而真实的回收率随着当前宏观环境的不同会有很大变化。

7.8.2 CDO利差

基金经理考虑投资CDO型的产品，因为在固定收益市场上它们的利润相当于投资信用卡或汽车贷款类的资产支持证券同时兼具多样性要求。现金型CDO也给了投资者投资于市场上某些资产的机会，不然他们很难接触到这些资产——例如，像中小规模公司的贷款，它们完全依赖于银行融资。也因为有了信用增级和证券分级，CDO比传统的直接负债呈现出了更好的风险/回报曲线，它融合了资产支持和保险支持的特征，收益却更高。在现金型和合成型CDO中，发行的证券都是到期一次偿还债券，有固定的到期时间，而其他的ABS和MBS产品都是分期偿还的证券，只有平均到期时间（期望寿命）。这可能适合一些长线投资者。

现金型CDO的一个附加优势就是它们通常由金融机构比如较高评级的银行发行。这就有了信用保证，同时与消费品应收账款证券化相比，在基础资产的管理和服务的提供方面也有了保证。

7.9 案例学习

我们通过一个发生于2002年亚洲市场上的交易——ALCO 1 Limited来结束本章的学习。该交易是新开发出的一个结构，创造性地将证券化技术和信贷衍生品结合起来。它显示出一个资产组合管理人是如何利用这样的结构充分发挥其在信用交易方面的专业技能同时为投资者提供诱人的收益率的。

据穆迪称，ALCO 1级CDO是第一个由非日本银行发起的被评级的合成资产负债表型CDO。该结构价值28亿新加坡元，由新加坡开发银行（DBS）发起并管理。主要情况如下：（转下页）

该结构允许DBS利用信贷违约互换将价值28亿新加坡元的参考投资组合——其中大部分是新加坡公司贷款——所蕴含的信用风险转移给SPV，ALCO 1。从而DBS可以减少它为参考贷款所持有的风险资本，却无需将资产从资产负债表中真实转移。该结构包括 24.5 亿新加坡元的超高级部分——无资金支持的信贷违约互换——包括发行的价值 2.24 亿新加坡元的证券以及由 DBS 持有的 1.26 亿新加坡元的第一损失部分。发行的证券分六个级别，由新加坡政府国债和一个储备银行账户，被称为“GIC”账户充当抵押品。同时还存在适当的货币和利率互换结构以对冲风险，以及一个看跌期权，如果交易在期望到期日前终止的话，组织者可以用其购买资产。发行人和一系列的特定对手进行信贷违约互换。违约互换资产池是静止不变的，但是在资产组合中有多达 10% 的部分拥有替换便利。这就是说，在特定情况下，有多达 10% 的参考贷款组合可以由结构外的贷款替代。而除此以外，参考投资组合是静止不变的。

名称	ALCO 1 Limited
发起人	新加坡开发银行有限公司
组织者	摩根大通银行
	新加坡开发银行有限公司
受托人	纽约银行
结算日期	2001 年 12 月 15 日
到期日	2009 年 3 月
资产组合	价值 28 亿新加坡元的信贷违约互换
参考资产	199 份参考债务（136 个债务人）
资产管理人	摩根大通银行组织信托服务部

自 ALCO-1——第一个在亚洲发起的评过级的合成资产负债表型交易——以后，亚洲其他商业银行也纷纷采取了类似的结构。该结构的创新之处就在于选择参考信贷资产的方法。对参考信贷资产的选择，并以此为基础进行互换，正如构造 CDO 时所期待的那样，必须遵循评级机构做出的规定，包括多样性得分、评级情况、加权平均息差、地域和行业集中度等。

7.9.1　结构和操作方法

该交易的结构和证券分级如图 7.9 所示。发行人以 DBS 为对手进行信贷违约互换，为参考投资组合的损失提供信用保护。信贷违约互换是以现金结算的。作为对保费支付的回报，当总损失超过 1.26 亿新加坡元的临界点时，发行人有义务向 DBS 提供保护。赔偿的最大值为 2.24 亿新加坡元的证券发行收益。在资产证券化的标准模式下，临界值以上的进一步损失额应分配给与其优先顺序相反的上层证券。证券收益被投资于主要由新加坡国债组成的抵押资产池。

在交易期间，DBS 作为信贷违约互换对手可以移除任何已被抹去的参考债务，它们已经被完全偿付，或者提前结束，或者不再符合条件。同时，DBS 还有权移除初始参考投资组合中 10% 的部分，替换上新的或是现存的其他参考资产。

图表 7.9　　　　ALCO 1 结构和分层

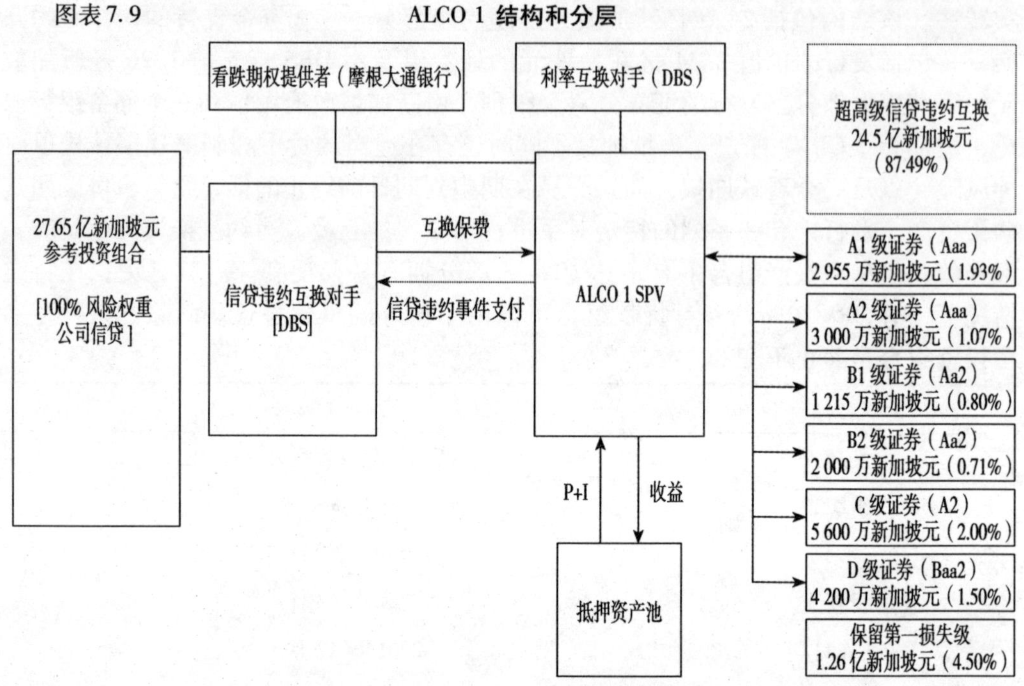

资料来源：穆迪的售前报告，2011 年 11 月 12 日。授权使用。

分层	金额	百分比	评级	利率
超高级互换	245 万新加坡元	87.49%	无评级	N/A
A1 层	2 955 万美元	1.93%	Aaa	3 个月 USD LIBOR+50 个基点
A2 层	3 000 万新加坡元	1.07%	Aaa	3 个月 SOR+45 个基点
B1 层	1 215 万美元	0.80%	Aa2	3 个月 USD LIBOR+85 个基点
B2 层	3 000 万新加坡元	0.71%	Aa2	3 个月 SOR+80 个基点
C 层	56 万新加坡元	2.00%	A2	5.20%
D 层	42 万新加坡元	1.50%	Baa2	6.70%

资料来源：穆迪。

对这一结构来说，信贷违约事件被特别定义为：

■ 未能偿付；

■ 破产。

注意，这和欧洲市场上的 CDO 有何不同，后者定义的信贷违约事件总是更多，通常还包括重组和信用评级下降。

参考投资组合主要由亚洲公司贷款组成，但也有一小部分来源于澳大利亚的贷款。该组合集中于新加坡（80%）。其加权平均信用质量为 Baa3/Ba1，平均寿命为三年。穆迪的多样性评分很低（20），反映了贷款集中于新加坡，其有很高的行业集中度。刚开始总的资产组合为136位参考实体（债务人）的199份相关债务。通过用这种方式构造交易，DBS获得了资本释放，同时与现金型证券化相比成本更低、管理压力更小，也无需真实出售资产。

第 8 章　证券化和合成型融资结构

证券化技术的易使用，以及信贷衍生品市场流动性的增强，带来了新型的货币市场融资结构。这些结构使得更大范围内的市场参与者能够充分利用市场，用一些流动性和交易性差的资产充当合成抵押品。它们也可以为银行，其他金融机构以及公司提供多样化的资金来源。在这一章中我们将讨论商业票据和中期票据市场中用于构造合成型证券化的融资结构。我们也会讨论一种基础的融资工具——一揽子资产总收益互换，它依据国际互换和衍生品组织（ISDA）协议进行交易，是一种信贷衍生品，但在实际操作中充当的是再回购协议的角色。我们先从商业票据和资产支持的商业票据结构开始讨论。

8.1　商业票据

公司的短期资金以及营运资本的资金要求一般通过银行贷款的形式直接来源于银行。另外一种短期融资工具就是商业票据（CP），可供那些有足够高信用评级的公司使用。商业票据是一种无担保的短期本票。票据的发行人承诺在特定的到期日支付给持票人一定的金额。商业票据通常无利息，因此在交易时根据其面值进行贴现。贴现额代表着投资者在到期时的收益。

刚开始，商业票据市场只限于高信用评级的借款人，尽管低评级的借款人现在也发行商业票据，它们通过信用增级或创建抵押资产协议，但是发行市场依然以高评级的公司为主。发行的商业票据大部分到期时间很短，在 30 天到 90 天之间；极少看到到期时间超过 270 天或 9 个月的商业票据。这是因为美国监管当局规定，到期期限少于 270 天的债务工具无需在证券交易委员会（SEC）注册登记。公司因此发行到期时间少于 9 个月的商业票据，从而避免在美国证交会登记发行的相关成本。

目前主要存在两大市场：美国美元市场和欧洲商业票据市场。商业票据市场是批发市场，交易规模通常很大。尽管商业票据也有二级市场，但很少有交易发生，因为投资者一般都会持有商业票据直到其到期。

商业票据的发行者分为两类公司：银行和金融机构以及非金融公司。发行商业票据的大部分是金融公司。金融公司不仅包括银行还有公司专属的财务公司，比如通用汽车票据承兑公司（General Motors Acceptance Corporation），福特汽车信贷公司（Ford Motor Credit Co.）以及戴姆勒—克莱斯勒金融服务公司（Daimler-Chrysler Financial）。前面提到过，大部分的发行者都有很高的信用评级，而低评级的借款人也可以利用这一市场，通常是在从高评级的公司处获得信用支持之后，如拥有银行开出的信用证，或是为发行准备好抵押品，一般由高质量的资产组成例如国债。带有信用支持的商业票据被称为 credit-supported commercial paper，而自然地，有资产支持的商业票据就被称为 asset-backed commercial paper。有银行信用证支持的商业票据称为 LOC paper。尽管银行开信用证要收一定的费用，借款人还是很愿意支付，因为这样它们就能够进入商业票据市场了。发行商业票据的成本要比商业银行贷款低。

尽管商业票据是短期证券，但它的计划发行时间很长——对于欧洲商业票据来说通常是3～5年；而美国商业票据发行一般没有时间限制。比如一个公司准备了一个限额为1亿美元的5年期商业票据发行计划。一旦确定启动该计划，公司就可以在限额内发行商业票据，到期时间为，比如说，30天或60天。这一计划是持续的，新的商业票据可以在任何时候被发行——如果允许的话甚至是每天。发行的总量不能超过计划设置的限额。商业票据发行计划可以被公司用来管理短期流动性——也就是它的营运资本需求。任何时候出现现金需求都可以发行新的商业票据。

发行人总是不断滚动它们的资金链，并通过发行新的商业票据取得资金来偿还已到期的票据发行。这中间存在一种风险，就是发行人可能不能滚动资金因为投资者对新发行的票据没有兴趣。为了针对该风险提供保护，发行人通常会向银行申请一个信贷备用额度，一般是针对整个商业票据发行计划的，以防止发生不能发行新票据的情况。银行信用额度总是一年审查一次。和循环信贷便利不同，信用额度并不具有法律上的约束力，且如果借款人信用恶化的话它可以被撤回。

发行商业票据有两种方法：一种是直接发行或称为直接票据，一种是交易商发行或交易商票据。直接票据由公司直接发行给投资者，不涉及代理银行或证券公司。一般金融公司会将商业票据直接发行给客户，因为它们的发行计划是持续的且它们需要不断滚动发行。因此它们会拥有自己的销售机构直接出售商业票据，这样比较节省成本。非金融公司的财务机构也会发行直接票据。交易商票据是利用银行或证券公司作为中间人发行的。一些大公司既会直接发行又会通过交易商发行商业票据。

我们在提及前文所述的商业票据发行计划时，称其为传统商业票据发行计划，以将其与我们即将讨论的另一种类型的商业票据——资产支持的商业票据——区分开来。

8.2　资产支持商业票据

证券化的兴起带来了用其他资产的现金流做支持的短期融资工具，即所谓的资产支持商业票据（ABCP）。第4章我们解释过，证券化是利用来源于特定资产的现金流，例如住房抵押贷款、汽车贷款或者商业银行贷款，作为支持发行债券的行为。资产本身从原始所有人（发起人）转移到特殊目的载体（SPV），后者是特别成立的法律实体，以使其与发起人破产隔离。同时，发起人可以从资本市场融资中获益，它们支付的利率要比自身债务的利率低。

通常，证券化被公司用来充当融资工具的原因主要有三个：（1）与传统的银行贷款或债券融资相比它成本较低；（2）这种机制使得诸如公司贷款或抵押贷款这类资产可以从资产负债表中剥离，从而提高贷款人的资产收益率或股权收益率；（3）拓宽了借款人的融资渠道。当采取证券化时，一个实体可以进入公开或私人市场以资产为支持发行证券，或者通过特殊载体即所谓的渠道（conduit）发行商业票据。这些渠道通常由商业银行赞助。

公司进入商业票据市场是为了正常的短期融资需求，同时也是向长期融资迈进的过渡阶段，滚动发行证券作为长期计划的一部分，如果需要的话，利用利率互换实现固定利率。前面提到的传统的商业票据发行是一种基于借款人资产负债表和信誉的直接借贷行为。通过直接向投资人借款而无需银行作为中间人（除非需要其进行承销代理），公司可以以与向商业银行借款相比更加低廉的利率融资。商业票据是典型的储蓄银行存款转化为直接证券投资的例子，它大大削弱了商业银行为大公司提供资金的作用并引导商业银行向投资银行的方向转变，以为大公司客户提供服务。（就美国来说，经过长期斗争最后终于取得成功，自 20 世纪 30 年代就将商业银行和投资银行分隔开的立法障碍移除了）发行资产支持商业票据使得发起人能够从货币市场融资中获利，否则它们根本无法进入这个市场因为它们的信用评级不够高。有的银行也会为了资产负债表或融资的原因发行资产支持商业票据。然而资产支持商业票据的交易与传统的商业票据是完全一样的。只是行政上和法律上的处理更加繁琐，因为需要建立商业票据信托结构并成立 SPV。资产支持商业票据计划的运作与传统商业票据也是一样的，且由相同的实体执行，例如银行的信托部门，像摩根大通、德意志银行和纽约银行。

图表 8.1 详细描述了一个虚构的资产支持商业票据发行及其典型结构。

图表 8.1　**虚构的资产支持商业票据发行及其典型结构**

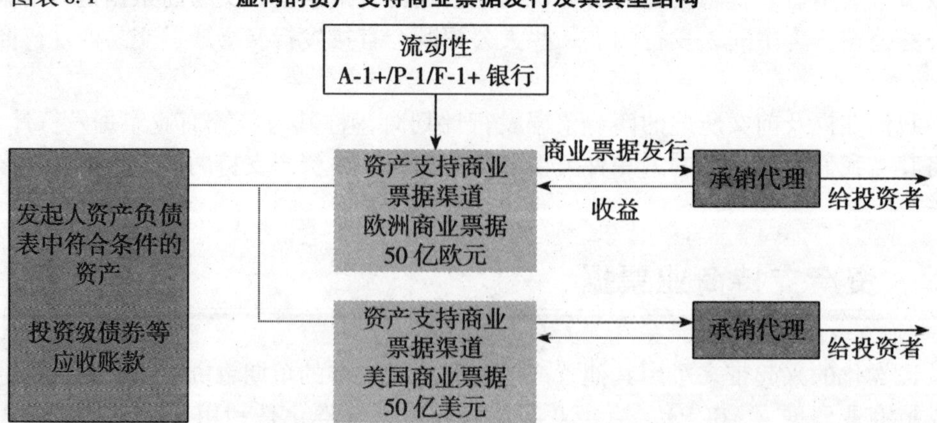

8.2.1　基本特征

资产支持商业票据总是由 SPV 发行，后者即为货币市场中的发行渠道。它们通常由商业银行和金融公司设立，以使其能够获得以 LIBOR 或近似 LIBOR 为基础的融资，并规避资本监管。这可能是为银行或公司客户而做的。

资产支持商业票据的发行渠道有以下特点：

■ 这是一个破产隔离的法律实体，以为从资产出售者处购买资产提供资金；

■ 该渠道发行商业票据需支付的利率以及到期时的本金，将用其购买的资产的进款支付；

■ 该渠道也被设立用来发掘信贷套利机会，例如以 LIBOR 为成本募集资金投资于高质量的资产，如投资级结构化金融证券，其收益高于 LIBOR。

可以通过渠道计划进行融资的资产有很多，各不相同。到目前为止包括：

■ 贸易应收账款和设备租赁应收账款；

■ 信用卡应收账款；

■ 汽车贷款和租赁；

■ 公司贷款、专营贷款、抵押贷款；

■ 房地产租赁；

■ 投资级结构化金融债券，如资产支持证券（ABS）、抵押贷款支持证券（MBS）和担保债务凭证（CDO）；

■ 未来（期望的）现金流。

发行渠道被归类为“计划安排型”，也就是指构造参考资产组合。它们可以是单一卖方也可以是多家卖方，这意味着有多少机构或实体向渠道商出售资产。它们也被指定为资金或证券借贷套利的载体。有一种渠道被称为结构化投资载体（SIV，有时称为特殊投资载体），它既发行商业票据也发行中期票据（MTNs），它通常充当信贷套利的渠道。

8.2.2　信用增级和流动性支持

为了使通过渠道发行的债券对投资者有更大的吸引力或者为了确保能获得特定的信用评级，计划发起人通常会安排一些信用增级的方式或备用借贷便利（我们在第 5 章构造证券化结构中讨论过信用增级机制）。在资产支持商业票据中一般会用到两种信用增级的方式：特定资产池增级（pool-specific enhancement）和融通结构全面增级（program-wide credit enhancement）。特定资产池增级只覆盖资产池中特定部分的风险而不能用来覆盖其他部分的风险。融通结构全面增级是一种备用的信用保护措施，它可以从一开始就用来覆盖风险或是在特定资产池增级部分耗尽后才启用。

特定资产池信用增级工具包括以下这些：

- 超额抵押担保，即参考资产的名义价值超过票据发行的价值；
- 履约保证：发起人或其他银行做出保证还款的承诺；
- 信用证：发行人可以获得资金的备用渠道；
- 不可逆转的贷款便利；
- 投资于适当产品例如美国国库券的超额现金流。

特定资产池信用增级便利的规模应当是资产池的固定比例。

融通结构全面信用增级与特定资产池增级的形式一样，它是信用保护的第二道防线。它由第三方例如商业银行以及发起人提供。

流动性支持与信用增级是分开的。信用增级覆盖由资产违约造成的损失，而流动性的提供者承担因资产违约以外的原因需要提供可用资金的责任。如果需要的话会确定一个流动性限额以确保商业票据到期时的及时偿付。这可能因市场混乱（那样的话发行人就不能发行新的商业票据）而发生，或因发行人无法滚动到期的商业票据而发生，或因资产负债不匹配而发生。最后一种是这三种情况中最不严重的情况，它反映出在很多时候长期资产会用来支持短期债务，而产生现金流的日期通常不匹配。获得流动性支持会让投资者安心，商业票据能够按时全额偿还，而这通常由商业银行来完成。它一般以贷款协议的形式出现，金额相当于发行商业票据的100%面值，即流动性的提供者同意在需要时借款给渠道商。流动性限额的保障来源于参考资产。

图表8.1举例说明了在美国商业票据市场和欧洲商业票据市场发行资产支持商业票据的典型结构。图表8.2显示了一个多家卖方的渠道，用于在欧洲商业票据市场发行票据。

图表8.2　**多家卖方的欧洲资产支持商业票据发行渠道**

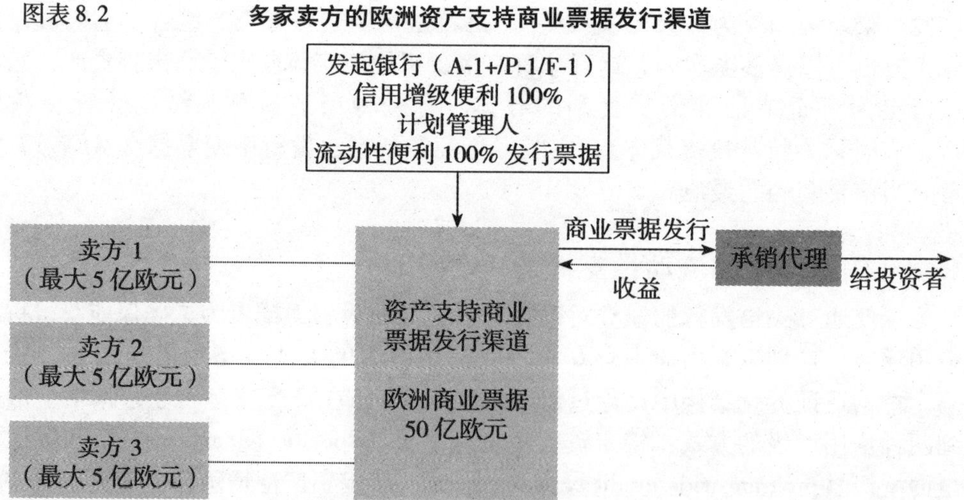

8.2.3　资产支持商业票据结构的说明

在图表8.3中我们通过一个虚构的银行贷款证券化的例子来解释说明资产支持商业票据的结构。贷款以英国货币为单位，由ABC银行提供，并以借款人的特定资产作为担保，比如财产的留置权、借款人营业额的现金流或其他资产。银行将贷款“真实出售”给SPV，克莱蒙特金融公司（Claremont Finance）。其作用在于将贷款从银行的资产负债表中剥离，以降低银行资本监管的要求，同时当银行发生破产或流动性危机时也能保护这部分贷款。SPV通过委托商业票据的交易商——MC投资银行的交易部发行商业票据来募集资金。该票据被评级机构评为A-1/P-1级，以美元为发行面值。商业票据的债务由ABC银行原始贷款的现金流来偿还。

资产支持商业票据的管理人是SPV，即克莱蒙特金融公司的管理人，它是ABC银行的附属机构。对克莱蒙特金融公司的流动性支持由ABC银行提供，同时它也是对冲保护的提供者。对冲，只要需要就可以通过利率互换协议的方式实现，有时一些贷款以外币结算，那么就可以在克莱蒙特金融公司和ABC银行之间进行货币互换。根据自己的利率和货币头寸及风险管理策略，ABC银行可以利用所有或部分互换进一步保护自己的头寸。该交易的信托机构是信托银行有限公司，它充当抵押品的受托人，当发生违约时代表投资者的利益。该结构的其他条款见图表8.4。

图表8.3 **克莱蒙特金融公司资产支持商业票据结构图**

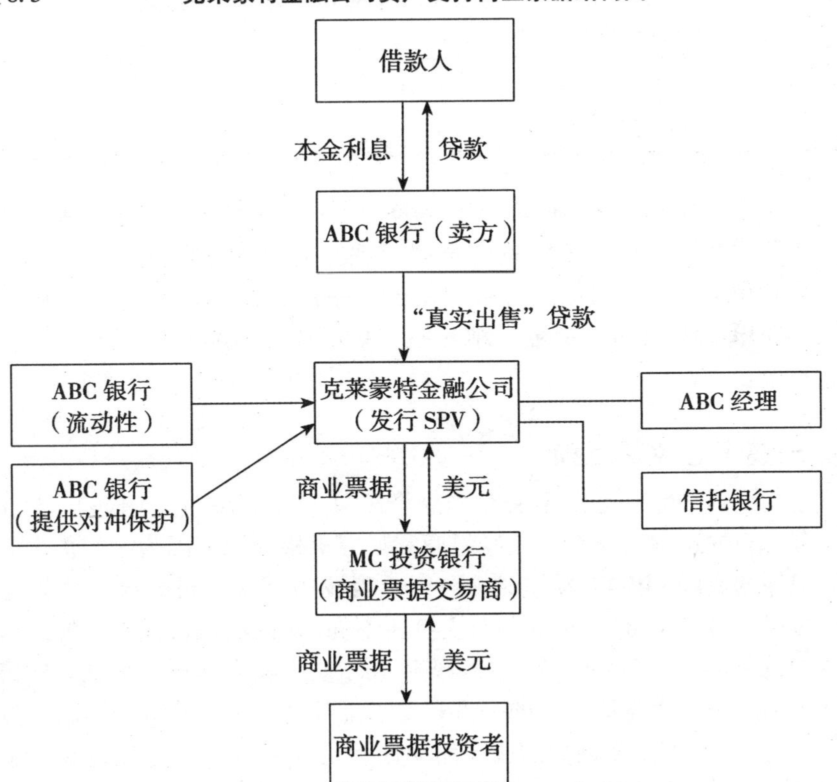

图表 8.4 克莱蒙特金融公司资产支持商业票据结构的条款

计划发行限额	5 亿美元
发行期限	该发行只要经过 SPV 管理人和抵押品受托人的批准就可以不受约束地持续下去。自第一次发行 5 年后终止。
票据期限	7 天到 270 天。
预付担保	倘若贷款提前偿还，卖方需要向克莱蒙特金融公司支付与计息期相关的担保利率。
对冲协议	克莱蒙特金融公司将与对冲保护的提供者进行货币和利率互换，以对冲由此产生的任何货币或利率风险。
违约事项	如果发生违约，发行计划将停止，某些情形下会导致克莱蒙特金融公司需将贷款集合注入一个独立的特定的集合账户。违约事项包括克莱蒙特金融公司违反交易文件的规定拖欠款项，无力偿付或排列出承付款因为债款已经不再是超越克莱蒙特金融公司资产之上的第一位的应付款项了。
贷款保证	克莱蒙特金融公司所购买的贷款需要满足交易发行公告中所列出的一系列合格标准。这些标准包括对贷款货币的要求、到期期限、确保能够转让、没有逾期等。

8.3 合成型融资结构

在这一部分，我们讨论以信贷衍生品为基础的合成结构的最新发展，它们现在用于流动性管理和资产负债表的资产负债管理。它们将总收益互换（第 3 章中讨论的）和商业票据及中期票据发行载体结合在一起，使得发起人能够从银行间批发市场以 LIBOR 为基础募集资金。刚开始，我们考虑最简单的情况，一揽子资金的总收益互换。

8.3.1 一揽子总收益互换

总收益互换（TRS）可以用来充当融资工具，以确保为（例如）造市资产进行表外融资。它的这种功能经常被经纪商和证券机构利用，因为它们很少或根本无法获得无担保的或以 LIBOR 为基础的融资。当被用作这种目的时，总收益互换类似于回购协议交易（repo），尽管细节上有所不同。（回购协议是指以特定价格出售某一证券，过后再以另一特定价格将其买回。本质上相当于抵押贷款。出售证券并同意将其买回的一方为需要融资的一方；购买证券并同意再将其卖出的一方为提供资金的一方。）通常当需要融资的资产流动性不足或事实上不可交易时，总收益互换就会用来替代传统的回购协议。这些资产包括评级较低的债券和流动性较差的债券，例如一些资产支持证券（ABS）、抵押贷款支持证券（MBS）和担保债务凭证（CDO）以及像对冲基金利息这样的资产。

总收益互换提供者所采用的债券在信用质量上必须是可接受的。如果没有独立的定价机构，那么总收益互换的提供者会坚持自己为资产定价。

作为融资工具，总收益互换交易过程如下：

■ 经纪商换出一种债券或是一揽子债券卖给总收益互换的对手（通常是一家银行），后者为这一种或是一揽子债券支付市场价格。

■ 总收益互换的到期时间可以是一个星期到一年中的任何一天或是更长。对于期限较长的合约，通常每周或每月会进行一次重新考察，因而总收益互换每周或每月会被重新定价，现金流每周或每月交换一次。

■ 总收益互换的对手交给经纪商的资金在经济意义上相当于一笔贷款用于弥补基础债券的资金缺口。这笔贷款定价为 LIBOR 加上一个息差。

■ 总收益互换到期时，经纪商将资金利息交给互换对手，如果它们价格有所上升的话互换对手交给经纪商的是债券的资本利得。根据两种现金流算出净值。

■ 由于期限较长的总收益互换每周或每月会重新考察一次，因此经纪商会在重新考察的那一天将贷款利息加上一揽子资产价值的缩水额交给互换对手。互换对手应交付资产的增值额度。

通过这种交易经纪商可以为它已经拥有的资产池获得以 LIBOR 为基础的融资，而交易对手赚取 LIBOR 加上一个息差，且有一揽子资产可以进行有效担保。这一业务在交易期内会将原始资产从经纪商的资产负债表中剥离，这一点或许也是经纪商所期望的。

经纪商可以在每一个重新考察日往篮子中添加债券或是从篮中取出债券。当这一情况发生时，互换对手会重新为一揽子资产估值并根据需要提供更多资金或是抽出资金。如果债券已经被经纪商售出就应该从一揽子资产中移除，同样新获得的债券通过放入总收益互换篮子中也可以得到融资。

我们用一个例子来说明总收益互换交易。图表 8.5 显示出经纪商资产负债表中假设的 5 种可转换债券所构成的资产组合，同时也标出了其市场价值。这一投资组合已经用来与总收益互换提供者进行互换，互换合约期限为 6 个月，每周进行一次重新考察。总收益互换银行根据资产组合的总体市值以 1.14125% 的贷款利率贷出资金。这代表着一周 LIBOR 加上 7 个基点。我们假设经纪商通常以高于这一水平的利率融资，那么这一利率就意味着正常融资水平的提高。然而，即使融资的利率条件没有改善，有人采用这一类型的交易也不足为奇，因为它可以增加资产的多样性。

我们从图表 8.5 中看出资产组合的当前市场价值大约为 151 080 000 美元。这一价值将贷给经纪商以交换债券。

一个星期以后总收益互换被重新考察。我们从图表 8.6 可以看出自最后一次重新考察起资产组合的市场价值有所上升。因此，互换对手会把这一差额支付给经纪商。这一支付额应是扣除经纪商需支付给互换对手的利息额之后的净额。应支付的利息额显示为 33 526 美元。

图表 8.5 **融资型总收益互换交易**

市场利率		
EUR/USD	固定利率	1.266550
USD 1 周	LIBOR	1.4055

名称	货币	面值	价格	收益率	金额	固定利率	ISIN/CUSIP Code	市场价格	利息收益
ABC Telecom	EUR	16 000 000	111.671%	0.8169%	22 795 534.57	1.2666		111.6713875	0.81693989
XYZ Bank	USD	17 000 000	128.113%	1.7472%	22 076 259.03	1.0000		128.113125	1.74722222
XTC Utility	EUR	45 000 000	102.334%	0.3135%	58 845 000.00	1.2666		102.3337875	0.31352459
SPG Corporation	EUR	30 000 000	100.325%		30 000 325.00	1.2666		100.325	0
Watty Exploited	USD	15 000 000	114.997%	0.7594%	17 363 503.13	1.0000		114.9973125	0.759375
					151 080 621.72				

支付		
利息（$）		
利率		0.000000%
本金		151 080 000.00
应付利息		+0.00
资本利得（$）		
新资产组合价值		151 080 621.72
旧资产组合价值		n/a
支付增值额		n/a
净支付（$）		
经纪商从互换对手处获得		+0.00

新贷款		
资产组合增加（$）	0.00	
新贷款金额（$）	151 080 621.72	
新利率	1.141250%	1 周 LIBOR+7 bp

图表 8.6　**总收益互换重新考察日当天一揽子债券的情况表及交易双方各自应当支付的利息和资本利得金额**

EUR/USD 1.2431

名称	货币	面值	价格	收益率	金额	固定利率	ISIN/CUSIP Code	市场价格	利息收益
ABC Telecom	EUR	16 000 000	111.500%	0.78%	22 331 239	1.2431		111.5	0.77595628
XYZ Bank	USD	17 000 000	125.000%	1.58%	21 518 931	1.0000		125	1.58194444
XTC Utility	EUR	45 000 000	113.000%	0.28%	63 369 825	1.2431		113	0.28278689
SPG Corporation	EUR	30 000 000	100.75%		30 225 000	1.2431		100.75	0
Watty Exploited	USD	15 000 000	113.062%	0.63%	17 053 518.2	1.0000		113.0619965	0.628125
					154 498 511.95				

支付

利息				
利率	1.14125%	1 周 LIBOR+7bp		
金额	151 080 000.00	151 113 526.12		
应付利息	33 526.12			
资本利得				
旧资产组合价值	151 080 000.00		旧资产组合价值	+151 080 951.67 USD
新资产组合价值	154 498 511.95		利率	1.14125%
支付增值额	− 3 418 511.95		经纪商应支付的利息	+33 526.33 USD
互换对手支付	− 3 418 511.95		新资产组合价值	+154 498 511 USD
			资本利得	3 418 511 USD
新贷款			净支付	
增加	–			
新贷款金额	154 498 511.95			
新利率	1.14875%			

[if negative, swap counterparty pays, if positive, broker-dealer pays. 如果是负的，就由互换对手支付；如果是正的，就由经纪商支付。]

图表8.7显示出增加了一种新债券后的资产组合，及由此引起的价值变动。

图表8.7 **增加了新债券后总收益互换一揽子资产的价值**

EUR/USD 1.228

名称	货币	面值	价格	收益率	金额	固定利率	ISIN/CUSIP Code	市场价格	利息收益
ABC Telecom	EUR	16 000 000	111.500%	0.78%	22 331 239	1.2431		111.5	0.77595628
XYZ Bank	USD	17 000 000	125.000%	1.58%	21 518 931	1.0000		125	1.58194444
XTC Utility	EUR	45 000 000	113.000%	0.28%	63 369 825	1.2431		113	0.28278689
SPG Corporation	EUR	30 000 000	100.75%		30 225 000	1.2431		100.75	0
Watty Exploited	USD	15 000 000	113.062%	0.628125%	17 053 518	1.0000		113.0619965	0.628125
Lloyd Cole Funding	USD	15 000 000	112.0923%	0.57%	16 899 628.1	1.0000		112.0923125	0.571875
					171 398 140.07				

支付			
利息			
利率	1.14875%		1周LIBOR+7 bp
金额	154 498 511.95		
应付利息	34 510.03		
资本利得			
旧资产组合价值	154 498 511.95		
新资产组合价值	171 398 140.07		
支付增值额	- 16 899 628.13		
交易对手支付	- 16 899 628.13		
新贷款			
增加	16 899 628.13		
新贷款金额	171 398 140.07		
新利率	1.22750%		

8.3.2 合成型资产支持商业票据发行渠道

资产支持商业票据渠道的最新发展就是合成结构。对于合成结构的信贷产品来说，这一结构使用了信贷衍生品以实现风险的有效转移，包括发起人和发行人之间的风险，从而不需要将资产由发起人卖给发行人。我们将通过一个虚构的交易——以总收益互换为基础的资产支持商业票据结构来描述合成渠道。

图表8.8是一个合成型资产支持商业票据的结构图，其中用了总收益互换。它举例说明了一个虚构的渠道商——金爪融资公司（Golden Claw Funding），金爪融资公

司进入美国商业票据市场和欧洲商业票据市场发行票据。该公司在设立时被用来充当融资载体，发起人利用它进入商业票据市场为其资产负债表中的资产融资。发起人可能是一个银行，或者非银行金融机构例如对冲基金，或者是公司企业。在我们的案例研究中，发起人是一个对冲基金，叫 ABC 基金有限公司（ABC Fund Limited）。

图表 8.8　**合成型资产支持商业票据发行渠道，虚构的交易“金爪融资公司（Golden Claw Funding）”**

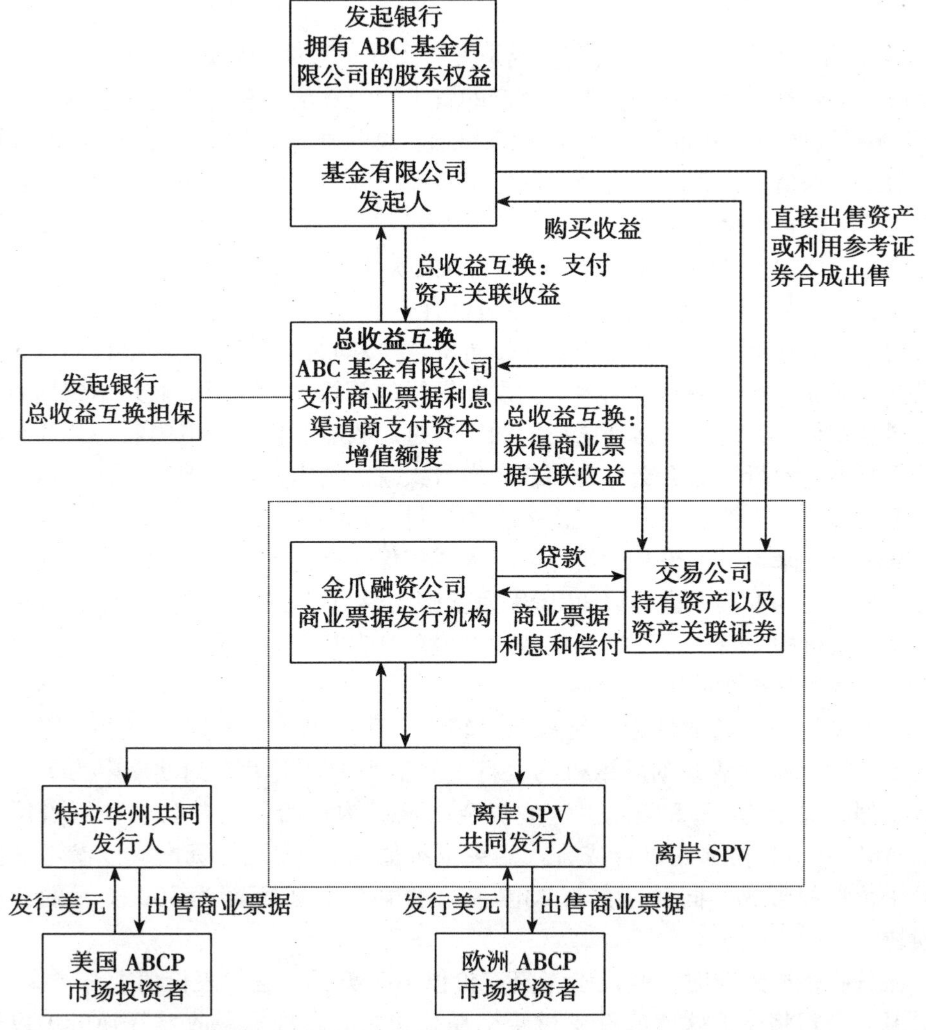

图表 8.8 中所示的结构有以下特征：

■ 商业票据的发行载体及交易公司（PC）都设立在海外的某个地方，如泽西岛、爱尔兰岛或开曼群岛。

■ 在美国美元市场上发行商业票据的渠道会通过位于特拉华州的一个共同发行人。它也会通过一个离岸的 SPV 发行欧洲商业票据。

■ 商业票据的发行收益会贷给交易公司，后者用这些资金从发起人那儿购买资产。除了直接购买资产之外，该机构还会通过以一揽子资产为基础的关联证券获得 ABC 基金有限公司所持有资产的“收益”。如果资产直接出售给交易公司并移入它的资产负债表中，则与传统的资产支持商业票据结构类似。如果通过关联证券获得资产的收益，则实际上这些资产并没有真实出售给交易公司，它们依然存在于 ABC 基金有限公司的资产负债表中。这些资产可能是债券、结构化金融债券、股权、共同基金、对冲基金份额、可转换债券、合成结构和私人权益。

■ 同时，当交易公司购买资产或是资产关联证券时，它已与 ABC 基金有限公司达成了总收益互换协议，它支付资产的资本增值额度，获得以商业票据发行收益（用于购买资产和关联证券）为本金的利息。总收益互换这一方法可以使 ABC 基金有限公司保留它为其融资的资产的经济收益，同时使交易公司获得利息以在商业票据到期时支付给金爪融资公司。

■ 发行机构本身可能也会购买资产和关联证券，所以在图表 8.8 中我们可以看到在它自已与 ABC 基金有限公司之间也有一个总收益互换。

金爪结构在募集资金时无需真实出售资产。总收益互换由发起银行担保，这可以确保渠道商在被评级时短期内达到发起银行的等级水平。当商业票据到期时，交易公司会发行新的商业票据来偿还旧的，通过总收益互换合约取得收益。如果商业票据不能滚动发行，那么交易公司或者发行人就需要出售资产或关联证券以偿还本金，否则总收益互换的担保人就需要代为偿付。

从本质上来说，如果其偿付由发起人或担保银行担保，那么总收益互换是被渠道商用来确保为发起人进行以 LIBOR 为基础的融资的手段。或者，发起人可以安排一家金融机构为总收益互换提供备用的流动性支持，以防它不能滚动发行商业票据。这一服务在提供时需要付费。

为了说明渠道商的现金流是如何运转的，我们来看下面这个例子。假设金爪结构第一次发行商业票据。该机构发行了面值为 100 美元，到期期限为 1 个月的商业票据，总价为 99.5 美元。这些资金由该机构贷给其交易公司，后者用这些钱从 ABC 基金公司那儿以合成方式购买了价值 99.5 美元的资产，以参考这些资产的平价期权形式。同时，它与 ABC 基金公司签订了面额为 100 美元的总收益互换协议。

在商业票据到期时，假设参考资产价值 103 美元。这代表价值上涨了 3 美元。ABC 基金公司将要把这增值额支付给交易公司，后者根据总收益互换的条款需要把这笔钱再还给 ABC 基金公司（实际上，净现金流为 0，因此没有现金流动）。同时根据总收益互换条款，ABC 基金公司需支付给交易公司商业票据的到期收益为 0.5 美元，加上 Golden Claw 自身的开销费用，交易公司再把这些钱交给 Golden Claw，使其能够将商业票据的利息支付给投资者。商业票据发行的实际面额通过滚动发行来偿还（再次发行新票据）。

如果因为某些原因商业票据在到期日不能被滚动发行，则根据总收益互换的条款商业票据的全部面值需由 ABC 基金公司支付给交易公司。

8.3.3　离岸合成型融资结构

投资银行越来越多地转向离岸合成型结构化方案来进行融资，以满足资本监管和会计处理的要求。前面我们介绍了总收益互换是如何被用来以接近 LIBOR 的利率为资产获得表外融资的，以及合成渠道结构是如何被用来以 LIBOR 或接近 LIBOR 的利率进入资产支持商业票据市场的。下面我们讨论在商业票据市场和中期票据市场中发行的合成结构，它们被用来为投资银行的资产组合或其客户的参考投资组合提供融资。有许多方法可以构造这些交易，有时可能会使用多个 SPV，且新的变化无时无刻不在。

我们通过两个不同的假设的融资机构来说明构造这些结构产品时所采用的方法。

8.3.3.1　离岸合成融资渠道

一家商业银行或投资银行可以建立离岸 SPV 发行商业票据和中期票据，为以合成方法获得的参考资产融资。我们用一个例子来说明这一点。

假设一家投资银行想要进入商业票据和中期票据市场以接近 LIBOR 的利率募集资金。它创建一个离岸 SPV——长期融资有限公司（Long-Term Funding Limited），后者可以根据需要自由发行下述债务工具：商业票据、中期票据、回购协议以及担保投资合约（GIC）。担保投资合约相当于一种储蓄存款，它支付给放款人的要么是固定利息要么是基于 LIBOR 的一个固定息差。

这些债务工具用来为购买投资银行持有的资产提供资金。购买这些资产通常通过总收益互换合约以合成的方式进行，或者有时以现金形式通过逆回购交易购买。整个过程如图表 8.9 所示。

通过这样的一个构造手段使得其发行的债务工具被评为 A-1/F-1 和 Aaa/AAA 级。它使发起银行能够以低于在银行间（无担保）市场获得的利率进入货币市场或资本市场。发起人通过股权级的形式将自己的资本投资于该结构。同时，流动性便利也会安排在适当的时机，以防该渠道不能偿付到期的商业票据和中期票据。流动性便利是给评级机构带来安慰的额外因素。

该机构的资产结构主要由合成证券构成，利用总收益互换合约获取。然而，为了保持灵活性，该机构也可以通过逆回购交易以现金的形式引入资产。长期融资有限公司能够“获得”的资产类型包括 AAA 级的短期货币市场工具，AAA 到 BB 级的到期一次偿还公司债券，结构化金融证券（包括 AAA 到 BB 级的 ABS、RMBS 和 CMBS 证券），政府机构证券例如那些 Ginnie Mae 和 Pfandbriefe 发行的证券，由政府支持机构发行的证券（Fannie Mae 和 Freddie Mac）以及 AAA 到 BBB 级的二级市场银行贷款和辛迪加贷款。参考资产可以以任何货币为单位，同时会安排货币互换以避免以美元和欧元发行造成的货币错配。除了基础参考资产的质量外，债务工具在被评级时还会将总收益互换以及回购交易对手的信用评级考虑在内。

图表 8.9 长期融资有限公司：离岸合成融资渠道

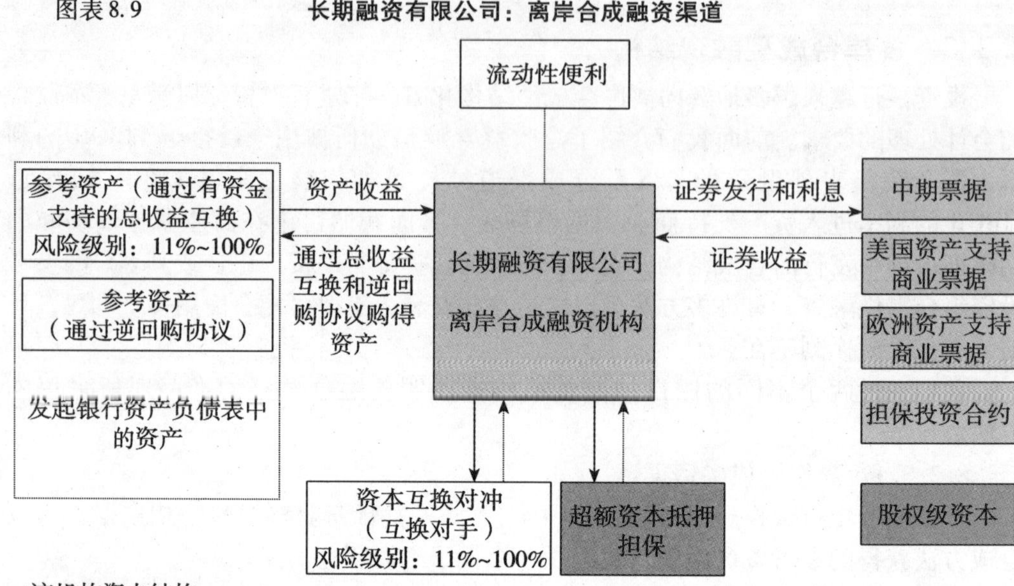

该机构资本结构
中期票据最高额 50 亿美元（Aaa/AAA）
美国商业票据最高额 40 亿美元（A-1/F-1）
欧洲商业票据最高额 10 亿美元（A-1/F-1）

至于负债结构，长期融资有限公司通过发行商业票据、中期票据和担保投资合约为购买总收益互换和逆回购协议提供资金。发行担保投资合约所产生的利率风险通过利率互换对冲掉。长期融资有限公司能够发行不同种类的债务工具，使得发起银行能通过各种不同渠道以任何的到期期限获得资金，到期期限从一个月到任意长。例如，商业票据可以被银行、公司、货币市场基金、超国家机构例如世界银行购得；而担保投资合约通常被保险公司购买。

8.3.3.2 多个 SPV 合成渠道融资结构

合成融资结构的发展其背后主要的动因之一就是银行需要降低监管资本的成本。虽然银行通过设立离岸 SPV 已经实现了这一点，后者以合成的方式发行债务工具购买参考资产，但是最近关于改变 SPV 会计处理方法的提案意味着上述方法对某些机构来说已不足以实现这一点了。我们这里所描述的结构可以为现存的 SPV 整体提供资产的合成转移，在实践中就是将已经合成转移过的资产再次以合成方式转移出去。该渠道被银行或基金经理用来为现存资产组合募集资金并规避资本监管，而不必剥离任何资产本身。

合成型多个 SPV 渠道的关键在于商业票据和中期票据的发行机构，它是由商业银行或投资银行设立的独立运行的机构。这样的一个机构为现存的 SPV 或 SPV 提供资金，并以合成的方式获得资产。这些资产被视为结构内部持有，因此根据《巴塞尔协议》，风险权重为 0%。

该结构如图表 8.10 所示。它有如下特点：

■ 由离岸的 SPV 进入美国和欧洲市场发行商业票据。

图表 8.10　　**多个 SPV 离岸合成渠道融资结构**

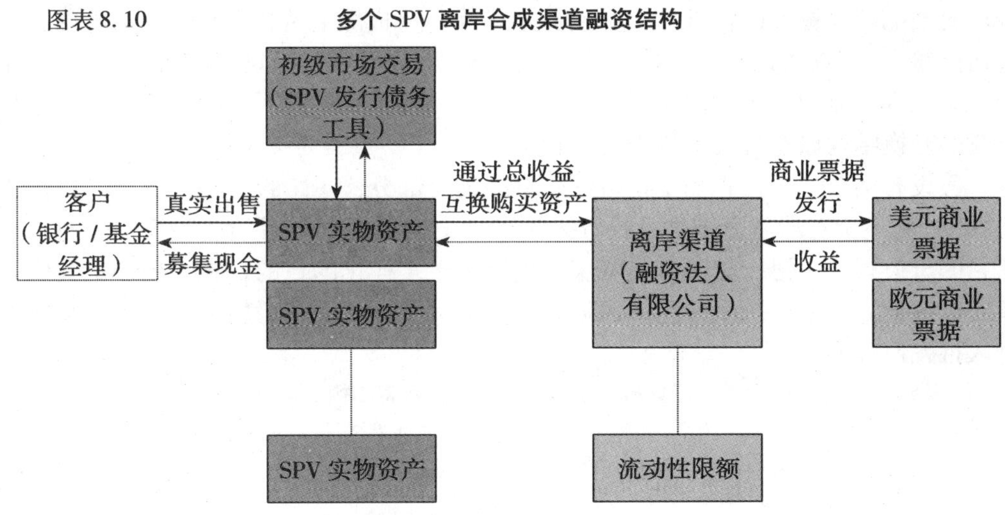

■ 离岸的渠道商，融资法人有限公司（Funding Corporation Ltd.）以合成的方式买下现存 SPV 的整个资产负债表。在商业票据市场发行取得的资金用来与 SPV 进行总收益互换交易，SPV 的资产也是通过融资获得的。

■ 客户获得融资渠道的同时也保留了资产收益；然而它真正的获益在于减少了资本监管费用且不再需要划出一部分资产流入市场。

■ 投资银行、发起人和商业票据投资者（依次）承担参考投资组合因信用事件或违约造成的任何损失，同时因建立起这样的一个服务便利而赚取费用收入。

■ 任何时候都可以增加资产和额外的 SPV。

■ 适当的时候需提供流动性便利以防商业票据不能被发行。

该结构也反映了在当今债务资本市场上信贷衍生品，以及由信贷衍生品演化而来的结构信贷产品受人欢迎的情况。

8.3.4　参考证券和总收益互换的混合融资结构

由于某些原因，诸如对冲基金或其他投资公司，不管它们是独立的实体还是银行或银行保险集团的子公司，都不能从主流的银行中直接获得融资。例如，对冲基金通常通过与银行设立大宗经纪业务便利获得资金。简单地说，在大宗经纪业务下，便利的提供者扣留对冲基金的资产，将这些资产作为预付资金的抵押证券（在外汇交易操作中一个主承销商的角色和对冲基金差不多，其代表对冲基金与对手谈判并达成交易，实际上是用主承销商的信用替代对冲基金的。主承销商还为对冲基金提供证券清算和保管服务）。这些资金被对冲基金用来支付它们购买资产的费用，随后被主承销商以高于 LIBOR 的一个息差，通常为 50 ~ 70 个基点的价格借出。主承销商也会借出资产以弥补空头头寸。

许多投资公司会持有流动性不足的资产头寸，例如对冲基金总公司股份或其他难于交易的资产。由于将这些资产转移给现金出借者保管存在某些问题，利用这类资产充当抵押物更难以在批发市场上募集资金。信贷衍生品和金融工程的出现使得公司能够出于融资的目的设立量身打造的结构产品从而解决这些问题。这里我们介绍一个融资或流动性结构的例子，它通过参考一揽子流动性不足的资产设立证券和总收益互换结构以在批发市场上募集现金。

假设有两个实体，它们是银行保险集团的一部分：一个管理经纪商（“史密斯证券”）和一个对冲基金衍生品投资公司（“史密斯投资公司”）。该投资公司主要从它的母公司——银行集团募集资金；然而出于多样化的目的，它也想要从其他渠道获取资金。其中的一个渠道就是通过如图表 8.11 所示的证券和总收益互换结构进入批发市场的。

图表 8.11 **证券和总收益互换的混合融资结构**

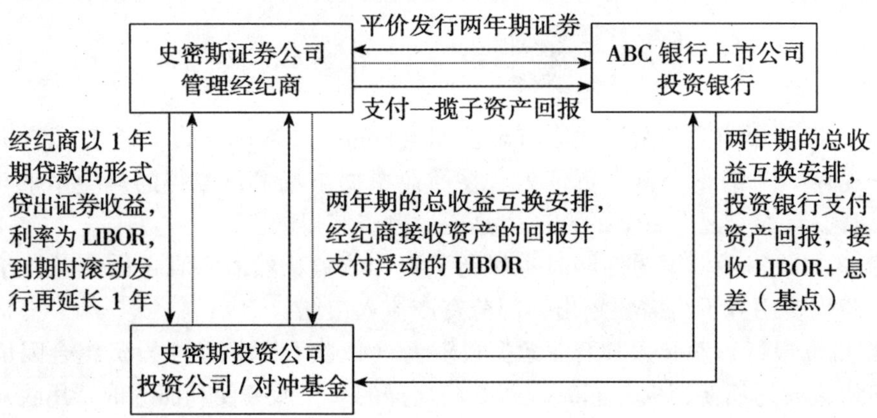

放款者是一个投资银行（“ABC 银行”），它愿意向投资公司提供资金，以后者的资产为担保，以 LIBOR 加上 20 个基点为利率。与母公司的资金利率相比，这是主承销商可以提供给投资公司的相当大的资金成本节约。然而它的资产不能被转移，因为它们是不可交易的资产，所以，它们不能以人们所看到的正常方式充当抵押品，例如以在回购交易中充当抵押品的方式。

因此我们可以创建下述结构用来募集资金：

■ ABC 银行上市公司并不直接借出资金；相反它以面值的价格购买两年期的证券。这一证券的收益与史密斯投资公司所持有的一揽子资产的表现挂钩。因为史密斯投资公司是一个未受监管的实体，不能在批发市场发行证券。因此，证券由它的兄弟公司史密斯证券发行。

■ 通过出售证券筹集到的资金以贷款的形式从史密斯证券转移到史密斯投资公司，以 LIBOR 为利率。

■ 同时两家公司在一开始就进行总收益互换交易，到期日期与证券相匹配。根据这一总收益互换，史密斯证券获得一揽子资产的回报并支付 LIBOR 利率。

■ 同样，史密斯投资公司和 ABC 银行上市公司也进行总收益互换交易，在这一交易中银行支付一揽子资产的回报并接收 LIBOR 加上 20 个基点为利率。

这一结构的净现金流即为史密斯投资公司支付 ABC 银行上市公司 LIBOR 加上

20 个基点，通过史密斯证券公司发行证券的收益募集资金。其经济实质是 ABC 银行向史密斯投资公司提供两年期的贷款，但由于法律、监管、操作和管理方面的限制我们需要上述结构以实现这一点。

注意根据一些管制要求，集团公司无法进行公司内部关联贷款，尤其在两家公司位于不同的国家中，无法免征贷款的税额的情况下。例如，公司内部关联贷款的最长许可期限大约为 1 年。为了避开这一点，在图表 8.11 中，我们显示史密斯证券公司发放的贷款为 1 年期贷款，到期时会滚动发行以延长一年。

第 9 章 信贷关联证券

信贷衍生品分为有资金支持和无资金支持两种。无资金支持的信贷衍生品以信贷违约互换为代表，其中保护的出售者并不会预付任何资金给保护的购买者。有资金支持的信贷衍生品以信贷关联证券（CLN）为代表，证券的投资者是信用保护的卖方，在购买证券时相当于提前预付资金给保护的买方。因此保护的买方就是证券的发行人。如果在证券的存续期内没有信贷违约事件发生，则到期支付给投资者证券的赎回价值。如果发生了信贷违约事件，则到期时支付给投资者小于面值的价值。而这部分价值也要被信贷关联证券的参考资产名义金额扣除。这一章中，我们讨论信贷关联证券（CLN）。

9.1 信贷关联证券简介

信贷关联证券有多种形式，但所有的形式都有一个共同点，那就是它们支付的收益与基础资产的有关信用表现相关联。标准的信贷关联证券是一种证券，通常由被评为投资级的实体发行，它与普通证券有着相似的利息支付结构和固定到期期限。然而信贷关联证券的收益，包括到期价值，都是与特定的基础资产或资产组合以及发行主体的表现挂钩的。信贷关联证券一般平价发行。它们通常被借款人用作融资工具以对冲信用风险；投资者购买信贷关联证券是为了提高其所持有资产的收益。因此，信贷关联证券的发行人是保护的购买者而证券的购买者是保护的出售者。

从本质上来说，信贷关联证券是将单纯的信用风险和普通证券融合在一起的混合投资工具。信贷关联证券定期支付利息；然而信贷衍生品的特质使其允许发行人在发生特定信贷违约事件时降低本金金额或利息金额。

9.2 信贷关联证券实例

为了说明信贷关联证券，假设有一家银行开办信用卡业务，想要通过发行债务工具为其信用卡贷款组合融资。该银行被评级为 AA-。为了降低贷款的信用风险，它发行了两年期的信贷关联证券。债券的本金额和平常一样为 100（面值），利率为 7.5%，相当于两年期的基准利率再加 200 个基点。如果是这一评级的银行发行普通债券，则同等条件下息差大约为 120 个基点。然而有了信贷关联证券，如果在信用卡持卡人中间发生坏账的比例超过 10%，那么有条款规定证券持有人只能收回面值的85%。信用卡的发行人实际上是购买了一项信贷期权削弱了其在遭遇特定信贷违约事件时所需负的责任，在这样的情况下发生坏账也没什么好担心的了。对信用保护的买方来说，这一信贷期权的成本以信贷关联证券的高额利息的形式支付。信用卡银行发行信贷关联证券，以这种特别的信贷保险形式降低信用风险。如果坏账的发生率较低，则信贷关联证券以面值被赎回。然而，如果坏账的发生率高，那么银行只需要偿还一部分借款额。

9.3　投资者动机

投资者想购买信贷关联证券是因为它所支付的利息要高于信用卡银行发行的普通债券，也高于市场上其他同等的投资工具。此外这种证券发行时定价通常会低于面值。即使它们最终以面值被赎回，投资者依然可以实现一笔可观的资本收益。

9.4　结算

与信贷违约互换一样，信贷关联证券是现金结算或实物结算的。然而，信贷关联证券的资金支持特性使它们存在区别，一些特别的信贷关联证券之间也有所不同。真正的信贷关联证券作为信贷衍生品应该是由一方发行，涉及的另一方为信贷关联方的证券。但是有些债券尽管发行方和关联方是相同的公司也被冠以“信贷关联证券”的名称。对于这些债券来说，一旦发生信贷违约事件即意味着债券立马到期。然而并不存在任何结算过程因为保护的出售方已经持有债券了。从这一意义上来说，这样的信贷关联证券更接近于相同发行人发行的普通现金债券。①

对于真正的信贷关联证券，其结算方法和信贷违约互换合约相似。假设一种信贷关联证券由ABC证券公司发行，关联方为XYZ汽车有限公司。则：

■ 在现金结算的条件下，一旦发生信贷违约事件，证券即到期结算。保护的买方向保护的卖方支付参考资产的违约价值或回收价值（RR）。这相当于信贷违约互换合约中需支付的（100-RR）。

■ 在实物结算的条件下，一旦发生信贷违约事件，证券即到期结算。保护的买方会从一揽子可交付的XYZ债券中选出XYZ汽车有限公司的债券交给保护的卖方。而保护的卖方自然还保留由ABC证券公司发行的原始信贷关联证券。

注意保护的买方可以是ABC证券公司，但不一定必须是。

发生信贷违约事件时的参考资产价值决定了信贷关联证券条款中的偿付额，这被称为回收价值。在实际操作中必须采取管理措施，有时候还要持续多年，直到不同级别的债务人都可以实现回收价值。为了协助信贷衍生品合约中偿付额的支付，

① 这些债券也被称为“信贷关联证券”是因为它们的偿付与发行人的信用状况相关，例如其信用评级有无变化。

在合约一开始第三方评估机构可能就会介入。这个评估机构的职责就是在发生信贷违约事件时或发生后立即计算出违约参考资产的市场价值，使得信贷关联证券可以即时到期，赎回收益可以即时被算出。这在现金或实物结算条件下都适用。

图表9.1所示的是现金结算型信贷关联证券。

图表9.1 信贷关联证券

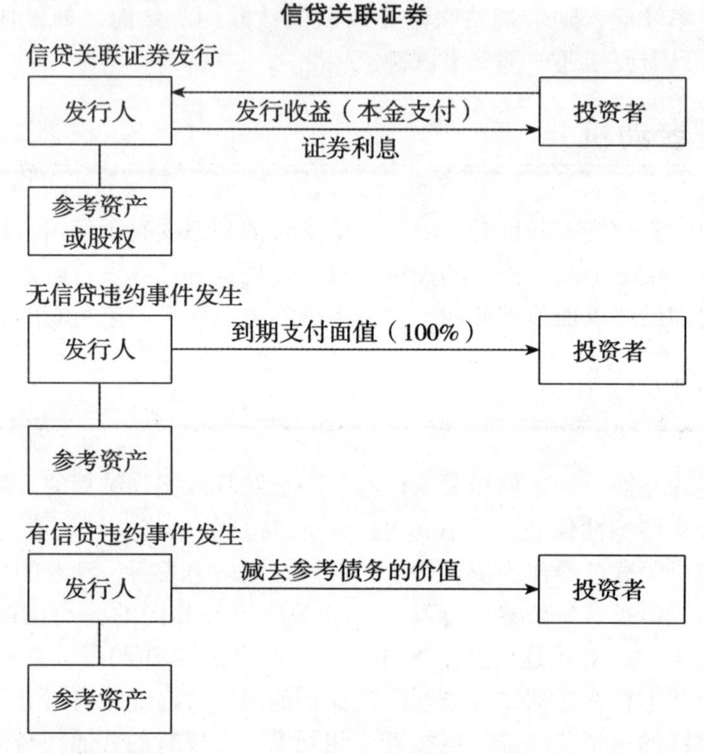

9.5 信贷关联的形式

信贷关联证券可以由金融或法人实体直接发行或由特殊目的机构直接发行。它们在发行时有多种不同的信贷关联形式。例如，信贷关联证券的投资回报可以和发行人或特定参考实体的信用评级、风险状况、财务表现或违约情况挂钩。图表9.2是从彭博CLN屏上截下的一页，上面有一系列已经发行的不同种类的信贷关联证券。图表9.3显示的是从彭博CLN屏上截下的另一页，上面一系列的信贷关联证券其息票都受到参考实体信用评级变化的影响。

许多信贷关联证券由银行和企业借款人以传统方式直接发行。图表9.4就显示了这样的一个例子。这是彭博DES屏上的一页，信贷关联证券由英国电信公司发行，票面利率为8.125%，2010年12月到期。该证券的条款规定，在证券的存续期内，发行人的评级若在A-/A3之下每下降一级，息票率就上升25个基点。而评级每上升一级，息票率就要下降25个基点，最小的息票率为8.125%。换句话说，该证券允许投资者分享发行人的财富增值。

图表9.2　　彭博 CLN 屏

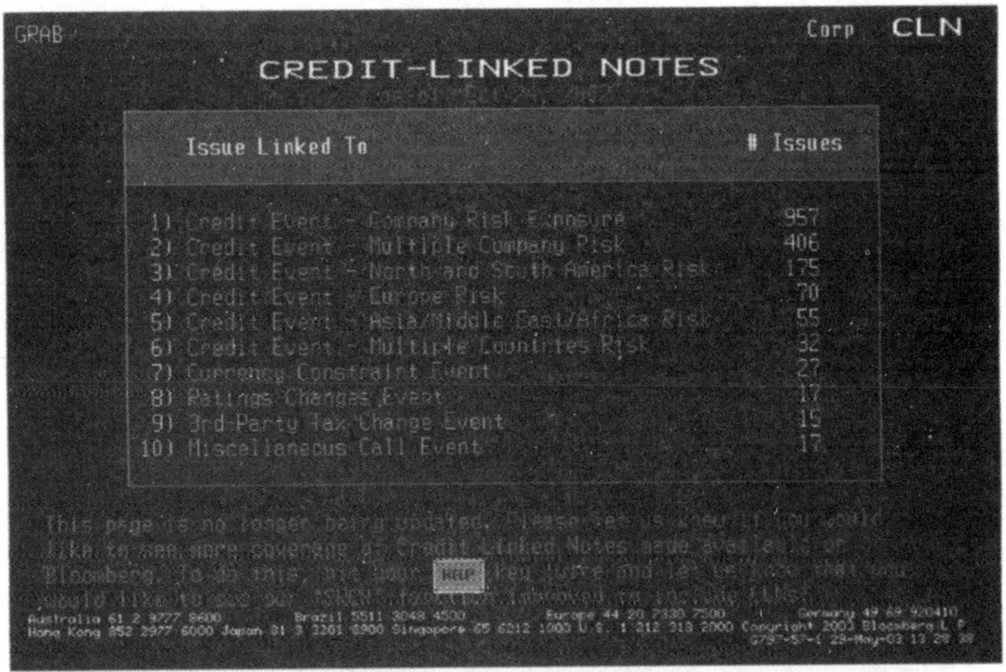

GRAB　Corp　CLN

CREDIT-LINKED NOTES

Issue Linked To	# Issues
1) Credit Event - Company Risk Exposure	957
2) Credit Event - Multiple Company Risk	406
3) Credit Event - North and South America Risk	175
4) Credit Event - Europe Risk	70
5) Credit Event - Asia/Middle East/Africa Risk	55
6) Credit Event - Multiple Countries Risk	32
7) Currency Constraint Event	27
8) Ratings Changes Event	17
9) 3rd-Party Tax Change Event	15
10) Miscellaneous Call Event	17

资料来源：Bloomberg L. P. 授权使用。

图表9.3　彭博 CLN 屏——信贷关联证券其息票受参考实体信用评级变化影响的实例，2002 年 10 月

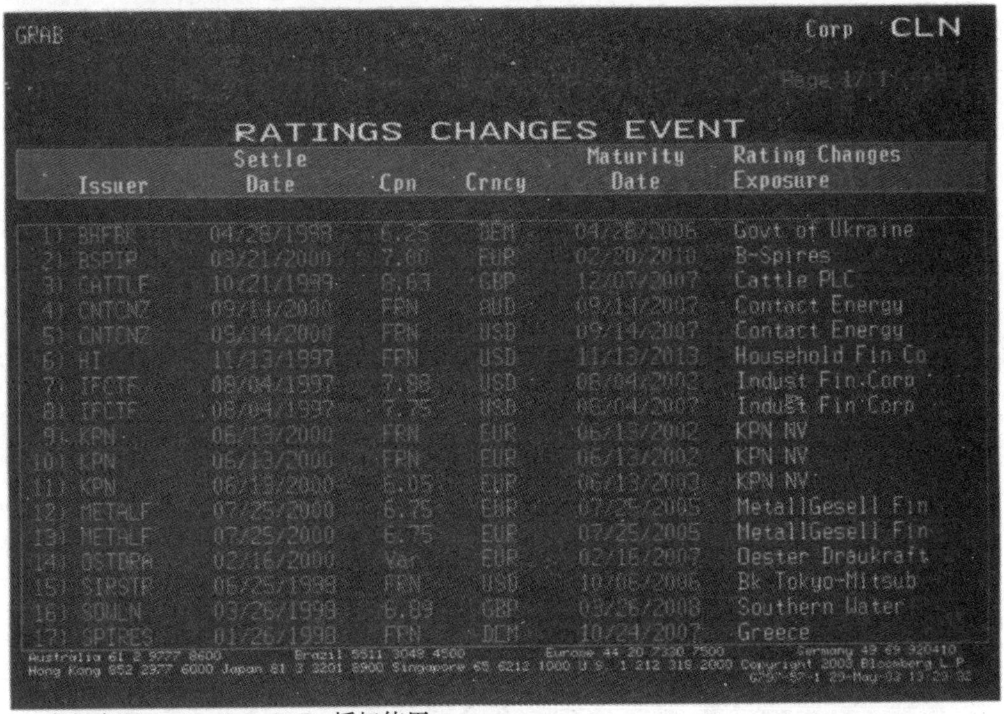

GRAB　Corp　CLN

RATINGS CHANGES EVENT

Issuer	Settle Date	Cpn	Crncy	Maturity Date	Rating Changes Exposure
1) BHFBK	04/28/1998	6.25	DEM	04/28/2006	Govt of Ukraine
2) BSPIR	03/21/2000	7.00	EUR	02/20/2010	B-Spires
3) CATTLF	10/21/1999	8.63	GBP	12/07/2007	Cattle PLC
4) CNTCNZ	09/14/2000	FRN	AUD	09/14/2007	Contact Energy
5) CNTCNZ	09/14/2000	FRN	USD	09/14/2007	Contact Energy
6) HI	11/13/1997	FRN	USD	11/13/2013	Household Fin Co
7) IFCTF	08/04/1997	7.88	USD	08/04/2002	Indust Fin Corp
8) IFCTF	08/04/1997	7.75	USD	08/04/2007	Indust Fin Corp
9) KPN	06/13/2000	FRN	EUR	06/13/2002	KPN NV
10) KPN	06/13/2000	FRN	EUR	06/13/2002	KPN NV
11) KPN	06/13/2000	6.05	EUR	06/13/2003	KPN NV
12) METALF	07/25/2000	6.75	EUR	07/25/2005	MetallGesell Fin
13) METALF	07/25/2000	6.75	EUR	07/25/2005	MetallGesell Fin
14) OSTDRA	02/16/2000	Var	EUR	02/16/2007	Oester Draukraft
15) SIPSTR	06/25/1998	FRN	USD	10/06/2006	Bk Tokyo-Mitsub
16) SOWLN	03/26/1998	6.89	GBP	03/26/2008	Southern Water
17) SPIRES	01/26/1998	FRN	DEM	10/24/2007	Greece

资料来源：Bloomberg L. P. 授权使用。

图表9.4 彭博 DES 屏——英国电信公司2000年12月5日发行票面利率为8.125%，2010年到期的信贷关联证券。

```
GRAB                                                     Corp  DES
SECURITY DESCRIPTION                               Page 1/ 2
BRITISH TEL PLC  BRITEL8 1/8 12/10  125.1533/125.4033  (4.41/4.38) BGN @ 5/28
ISSUER INFORMATION               IDENTIFIERS                1) Additional Sec Info
Name BRITISH TELECOM PLC         Common    012168527        2) Multi Cpn Display
Type Telephone-Integrated        ISIN    US111021AD39       3) Identifiers
Market of Issue GLOBAL           CUSIP      111021AD3       4) Ratings
SECURITY INFORMATION             RATINGS                    5) Fees/Restrictions
Country GB     Currency USD      Moody's     Baa1           6) Sec. Specific News
Collateral Type NOTES            S&P         A-             7) Involved Parties
Calc Typ( 133)MULTI-COUPON       Fitch       A              8) Custom Notes
Maturity  12/15/2010  Series     ISSUE SIZE                 9) Issuer Information
MAKE WHOLE                       Amt Issued                10) ALLO
Coupon      8 1/8    FIXED       USD  3,000,000    (M)     11) Pricing Sources
S/A            ISMA-30/360       Amt Outstanding           12) Related Securities
Announcement Dt 12/ 5/00         USD  3,000,000    (M)
Int. Accrual Dt 12/12/00         Min Piece/Increment
1st Settle Date 12/12/00           1,000.00/  1,000.00
1st Coupon Date  6/15/01         Par Amount   1,000.00
Iss Pr  99.8370                  BOOK RUNNER/EXCHANGE
SPR @ ISS  265.0 vs T 5 3/4 08/10  ML,MSDW,CITI            65) Old DES
NO PROSPECTUS       DTC          LONDON                    66) Send as Attachment
CPN INC BY 25BP FOR EACH RTG DOWNGRADE BY 1 NOTCH BY S&P OR MOODYS BELOW A-/A3.
CPN DECREASE BY 25BP FOR EACH UPGRADE. MIN CPN=8 1/8%. CALL @MAKE WHOLE+30BP.
```

资料来源：Bloomberg L. P. 授权使用。

图表9.5显示的是彭博YA屏，其证券是2003年5月29日发行的。我们可以看到评级的下降意味着该证券的息票率现在是8.375%。

图9.5 彭博YA屏——英国电信公司2003年5月29日发行的信贷关联证券

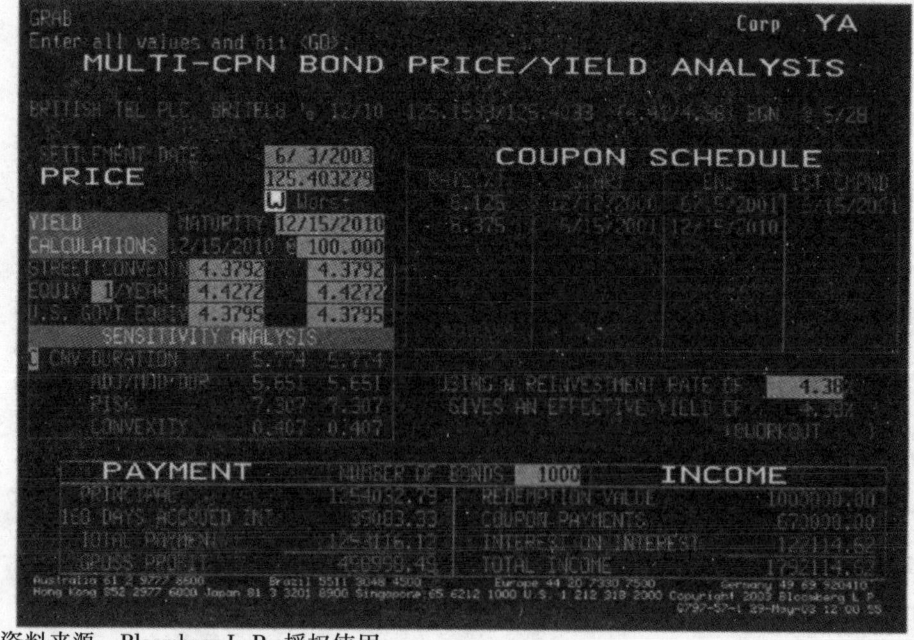

资料来源：Bloomberg L. P. 授权使用。

图表9.6是彭博DES屏中的一页，其信贷关联证券以美元为面值单位，由住房金融公司（HFC）[①] 直接发行。和英国电信债券一样，这种信贷关联证券的回报率与发行人的信用风险挂钩，但方式不同。HFC的息票率是浮动的美元LIBOR，但是该债券在2001年11月并没有被要求赎回，则息票率变成以固定利率5.9%为基础加上发行人两年期的信贷价差。[②] 事实上，发行人在要求赎回债券时会从息票率更改的那日算起。图表9.7显示了彭博YA屏中的债券及其息票率是如何保持不变（和刚开始发行时一样）直到被要求赎回的。

图表9.6　　彭博DES屏——住房金融公司发行的信贷关联证券

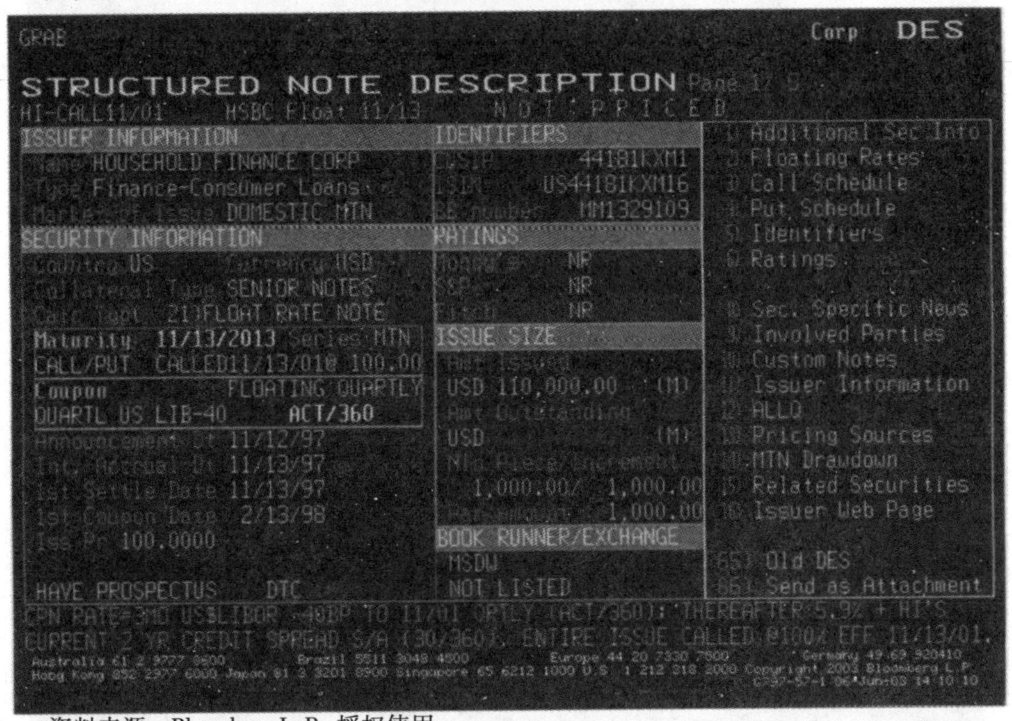

资料来源：Bloomberg L. P. 授权使用。

另一种信贷关联的形式由图表9.8彭博DES屏福特信贷关联证券可看出。该债券以日元为单位，由Alpha-Spires发行，这是一家由Merrill Lynch成立的中期证券发行机构。该证券本身和福特汽车信贷公司的信贷质量相关联。如果标的资产发生违约，债券会被立即要求偿还。图表9.9显示了自最后一次息票日起为该证券安排的利率。截屏时为2003年6月6日。

类似于合成型担保债务凭证（CDO）（第7章讨论过），结构化产品可能既包含信贷关联证券也包括信贷违约互换以满足发行人和投资者的要求。例如，图表9.10就显示了一个信贷结构，为投资者提供高额回报，但是风险要比现金市场高

① HFC随后被HSBC兼并。

② 事实上，如何计算信贷价差会在信贷关联证券发行人的发行公告中说明。例如，可能是现行LIBOR和HFC发行的其他债券的当前收益率之间的差额，或者是和其发行的其他债券当前收益率平均值之间的差额。

图表9.7　　彭博 YA 屏——住房金融公司发行的信贷关联证券，2003 年 6 月 6 日

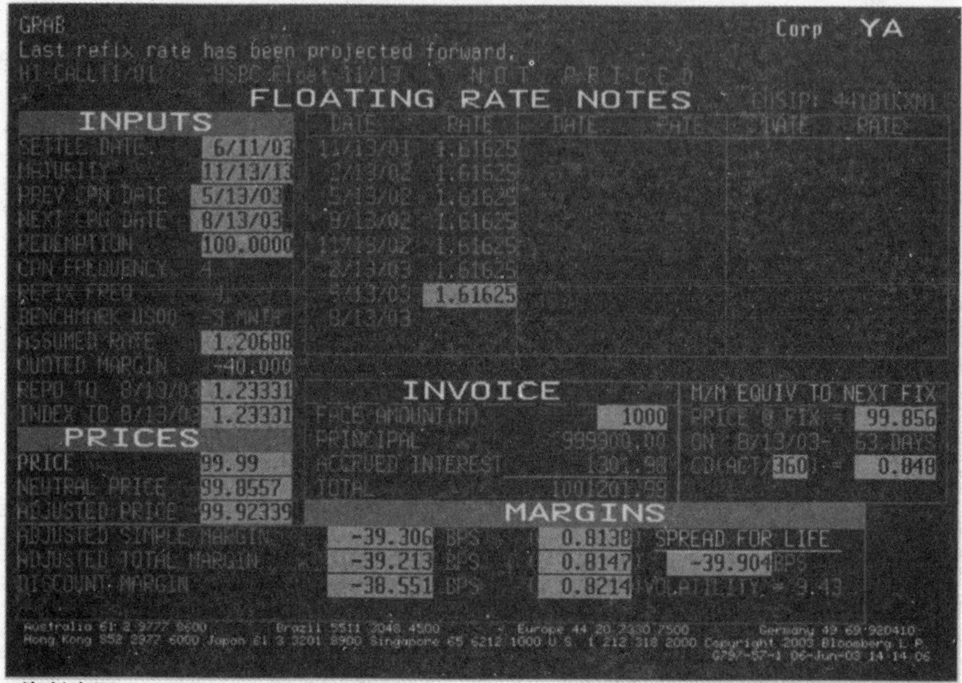

资料来源：Bloomberg L. P. 授权使用。

图表9.8　　彭博 DES 屏——福特信贷关联证券

GRAB
Corp DES
STRUCTURED NOTE DESCRIPTION Page 1/3
ALPHA-SIRES #121 ALSIRFloat 02/06 NOT PRICED

ISSUER INFORMATION	IDENTIFIERS	
Name ALPHA-SIRES LTD #121	Common 013499659	1) Additional Sec Info
Type Special Purpose Entity	ISIN XS0134996593	2) Floating Rates
Market of Issue EURO MTN	BB number EC4441043	3) Identifiers
SECURITY INFORMATION	RATINGS	4) Ratings
Country KY Currency JPY	Moody's NA	5) Fees/Restrictions
Collateral Type SECURED	S&P NA	6) Involved Parties
Calc Typ(21)FLOAT RATE NOTE	Fitch NA	7) Custom Notes
Maturity 2/ 3/2006 Series MTN2	ISSUE SIZE	8) ALLQ
CALLABLE	Amt Issued	9) Pricing Sources
Coupon 0.52875 FLOATING S/A	JPY 1,000,000 (M)	10) Related Securities
S/A JY00 +45 ACT/360	Amt Outstanding	
Announcement Dt 8/24/01	JPY 1,000,000 (M)	
Int. Accrual Dt 9/18/01	Min Piece/Increment	
1st Settle Date 9/18/01	100000000/ 100000000	
1st Coupon Date 2/ 4/02	Par Amount 100000000	
Iss Pr 100.0000	BOOK RUNNER/EXCHANGE	
	ML-sole	65) Old DES
NO PROSPECTUS	NOT LISTED	66) Send as Attachment

CPN=6MO ¥LIBOR +45BP.SEC'D BY FORD MOTOR CREDIT CO BONDS & SWAP AGRMT, CALL/EXCH IF EVENT OF DEFAULT.SHORT 1ST CPN USES INTERPL LIBOR.

资料来源：Bloomberg L. P. 授权使用。

图表9.9　　彭博YA屏——福特信贷关联证券，2003年6月6日

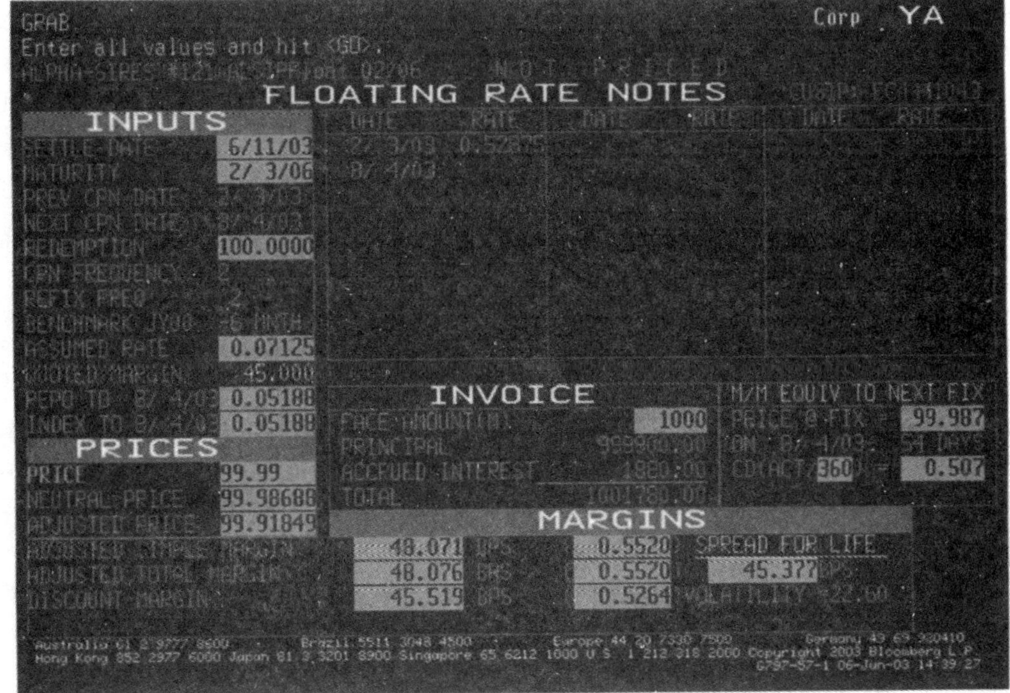

资料来源：Bloomberg L. P. 授权使用。

得多。发行实体以特殊目的机构的形式成立，向市场发行信贷关联证券。该结构这样构造是为了使SPV对于参考资产有个中立的态度。它通过发行有资金支持的信贷衍生品即信贷关联证券，为某一单独的参考资产提供保护，同时又通过卖出基于该资产的信贷违约互换将保护出售。信贷关联证券的收益投资于无风险的抵押品，如短期国库券或国库银行存款。信贷关联证券的利率为LIBOR加上一个息差。它由抵押品账户和SPV通过信贷违约互换出售保护时产生的费用提供资金支持。信贷关联证券的投资者将分担参考资产或实体的风险，而信贷关联证券的偿付也和参考实体的表现挂钩。如果有信贷违约事件发生，则信贷关联证券的到期日会提前，并且证券以面值减去参考资产或实体的价值后的金额结算。

图表9.10　　基于单一参考资产的信贷关联证券和信贷违约互换结构

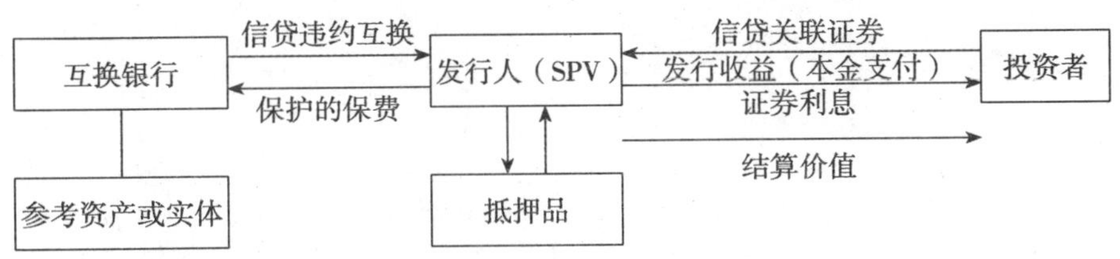

9.6　首个违约信贷关联证券

标准的信贷关联证券在发行时是基于某种特定的债券或贷款的。投资者购买这

样的一种证券是为特定的关联贷款提供信用保护。而与多种关联信贷挂钩的信贷关联证券被称为一揽子信贷关联证券。信贷关联证券作为结构化产品的一大发展即为首个违约的信贷关联证券（FtD），这是和一揽子参考资产挂钩的信贷关联证券。其投资者针对第一个违约的信贷资产出售保护。[①] 图表 9.11 显示的是信贷关联证券作为结构化产品的发展历程，其中第 7 章讨论过的完全资金支持的合成型 CDO 就是将信贷关联证券和一揽子参考资产捆绑在一起形成的结构。

图表 9.11　　信贷关联证券发展历程

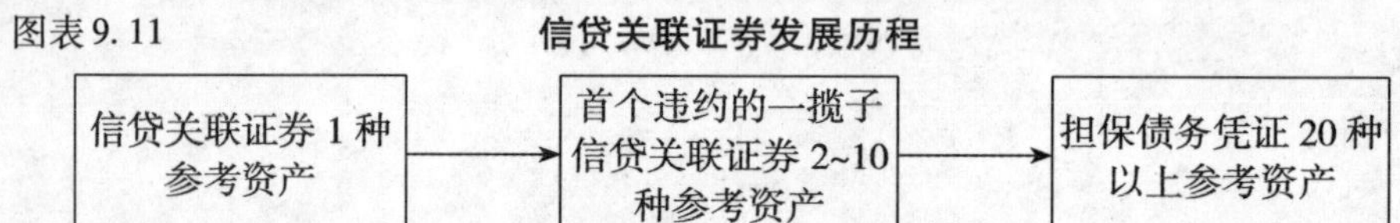

首个违约的信贷关联证券是有资金支持的信贷衍生品，其中投资者针对一揽子资产中第一个违约的参考资产出售保护。信贷关联证券的回报率是资产篮子平均息差的数倍。一旦参考资产中任何一个发生信贷违约事件，信贷关联证券就会提前到期。信贷关联证券的结算可以是以下任意一种：

■ 实物结算，违约资产交付给证券持有人。

■ 现金结算，信贷关联证券的发行人将赎回收益支付给证券持有人，按以下公式计算：

本金额×参考资产的回收价值

在实际操作中使用的并不是“回收价值”而是在信贷违约事件被核实时参考资产的市场价值。违约资产的回收要遵循一系列管理和清算的法律程序，这将要花费几年时间，因此最终的回收价值有时并不能确定。由于回收价值的确定很复杂，因而信贷关联证券的持有人可能更喜欢实物结算，这样其只需要接收违约资产就行了。

图表 9.12 所示的为一般的首个违约信贷关联证券。

图表 9.12　　首个违约的信贷关联证券结构

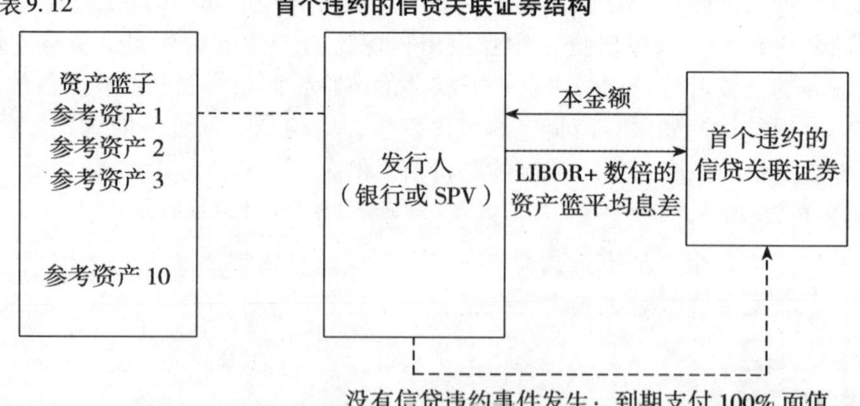

举例说明，假设有一种首个违约的信贷关联证券以平价发行，到期期限 5 年，

① 这里的“违约”是指由 ISDA 定义的信贷违约事件。

与一揽子 5 种参考资产挂钩，这些资产的面值（发行时的名义金额）为 1 000 万美元。投资者购买这种证券要支付 1 000 万美元给发行人。如果在证券的存续期内没有信贷违约事件发生，则投资者在到期时将获得证券的面值。如果在资产篮子中有任一资产发生信贷违约事件，则该证券会被提前赎回且发行人会将参考实体的可交付债务或是这类债务的组合交付出去，名义金额为 1 000 万美元。首个违约的信贷关联证券和标准的信贷关联证券在违约上有着类似的风险度，即违约信贷的回收率。然而，违约前的风险度在理论上要比标准的信贷关联证券低，因为它可以通过多样化降低违约概率。投资者可以获得不同行业部门不同信用评级的一揽子参考实体。

图表 9.13 中的矩阵说明了投资者是如何在一揽子资产中选出信贷组合产品以最大程度地分散风险的；我们显示的是假设的一个参考资产组合，与发行的首个违约信贷关联证券挂钩。对资产的具体选择反映了一个投资者自身对风险/收益预测的要求。

图表 9.13　**分散参考资产篮子的信用风险：假设的参考资产组合**

	汽车业	银行业	电子业	保险业	传媒业	电信	公用事业
AAA							
Aa1							
Aa2					SunAlliance		
Aa3		RBoS					
A1							
A2							Powergen
A3	Ford					British Telecom	
Baa1			Philips		News Intl.		
Baa2							
Baa3							

首个违约的信贷关联证券创造出一个合成型的信贷实体，其特征为提高了息差，进而增加了证券的回报率。投资者获得超过 LIBOR 的一个息差，该息差为资产篮子中所有参考资产的平均收益率。这一种结构分散了信用风险，也通过获取更高的平均回报而获益。如果参考资产池足够大，则该结构将类似于单一级的 CDO。这在第 6 章曾讨论过。

第10章 结构化证券

对于简单的普通债券结构，（1）利息率要么是在证券存续期内固定的，要么是基于参考利率之上一固定息差的浮动利率；（2）本金是固定金额，于特定时间到期。市场上还普遍存在着一些债券，与普通债券相比有些微小的变化。可赎回债券（callable bond）在计划到期日之前就可以被赎回。在到期日之前赎回债券的权利归属于发行人；提前赎回的收益取决于可赎回债券再次发行时的市场利率。同样的，可卖出债券（putable bond）的到期时间可以缩短，但是这种情况下的权利归属于债券持有人；如果其他同等债券的市场利率超过所持有债券的利率则债券持有人会执行该项权利。可转换债券（convertible bond）的一大特点就是其至少包含两种权利：首先是债券持有人有权将债券转换为普通股；其次是发行人有权赎回债券。有些可转换债券同时也是可卖出债券。

可赎回债券，可卖出债券和可转换债券都被视为传统证券，其他一些类似的结构也一样，如可延期债券（extendible bond）和可缩期债券（tractable bond）[①]。还有些债券内含的权利具有以下一项或多项更加复杂的条款：如应付利率、赎回金额和本金偿付的时机。利率或者赎回金额可以和一种或多种基准利率，非利率水平及市场行情挂钩。因而，这类证券的表现（风险和收益）和那些简单的普通证券结构相比有很大不同。这些证券一般被称为结构化证券。

在过去，结构化证券的一大问题就是一些机构购买了它们并不清楚其风险的结构化证券。结果使得一些金融机构和大公司也遭受了重大损失。例如，1994 年许多银行因投资于某些类型的结构化证券而蒙受损失。

在这一章中我们讨论结构化证券，包括投资者投资于这类证券的动机，发行人构造这类证券的动机，结构化证券的设计以及可供参考的例子。

10.1 结构化证券的定义

1994 年芝加哥联邦储备银行的报告中，出现了以下关于结构化证券的描述：

不像直接的衍生产品——其整个价值取决于标的证券、指数或利率，结构化证券是一种杂交产物，既有纯粹的债务工具元素又和衍生品联系在一起。这些证券的利息支付是根据无数可能的指数或利率调整而来的，而不是简单的固定或浮动息票

① 可延期债券赋予发行人在规定到期期限基础上延长赎回时间的权利。可缩期债券赋予债券持有人在原始到期日之前的某天赎回债券的权利。

率。联邦住房贷款银行（FHLB），美国该类产品最大的发行人之一，在结算现金流时依据了175种以上的指数或指数组合。除了利息支付以外，该证券的赎回价值和最终到期时间也要受到结构化证券内含衍生品的影响。大部分的这类结构都包含内嵌期权，一般由投资者售给发行人。这些期权大部分以上限、下限或看涨期权的形式出现。对这些期权的识别、定价和分析使得结构化证券变得复杂。①

结构化证券的关键是其涉及的衍生品。在过去的定义中，提出者称其为“纯粹的债务工具和衍生产品的混合物”。并且，在这一定义中，衍生品例如期权通常出售给投资者。这一定义告诉我们的是结构化证券的发行人可能面临与出售衍生品相关联的风险。例如，一种结构化证券其利率与标准普尔500（S&P 500）指数的表现挂钩，则这一结构化证券的发行人面临的风险为如果标普指数表现极好就需要支付大量的利息费用。

然而，上述定义并不被所有市场参与者认同。我们来看下面两种定义：在关于结构化证券的一份调查报告中，Telpner将其定义为“固定收益证券——有时被认为是呈现出固定收益证券特征的杂交证券——包含衍生品的元素而不一定要体现出发行人的风险。”② 这里关键因素在于发行人没有必要承担投资者的对立风险。

Peng和Dattatreya在其所著的《关于结构化证券市场》一书中提到“结构化证券是与衍生产品相关联的固定收益公司债券。”③ 这进一步地说明：结构化证券的重要特点是它们产生于基础的互换交易。发行人很少保留结构化证券内含的任何风险，通过与互换对手进行互换交易几乎将证券的所有风险都对冲掉了。这一特征允许发行人构造出具有各种特色的证券，只要它们能在结构化证券的存续期内对冲互换。对于投资者来说，这种互换交易总体上是透明的，因为投资者唯一所面临的信用风险来自发行人。④

在这一定义中，焦点并不在于发行人向投资者出售的债务工具（其偿付具有衍生品特性），而在于发行人如何保护自己，避免向投资者进行潜在偿付而带来的风险。也就是说结构化证券可能给投资者带来的上升空间并不反映出发行人的风险。而Peng和Dattatreya认为这一点可以通过互换交易做到，其他任何衍生产品都可以用来对冲发行人所面临的风险。

10.2 投资者和发行人的动机

投资者购买结构化证券的动机包括：（1）提供收益的可能性；（2）获得观察

① Karen McCann and Joseph Cilia, "Product Summary: Structured Notes," Federal Reserve Bank of Chicago, The Financial Markets Unit, Supervision and Regulation, November 1994, p. 6. 这是储蓄机构的监管人使用的一种定义。例如，在银行的财务报告中，结构化证券被定义为“债务型证券，其包括除住房抵押贷款支持证券和通货膨胀指数型国库券以外所有的资产支持证券，其现金流特征（息票率、赎回金额或规定的到期日）取决于一种或多种指数，同时（或者）内嵌期货或期权也被普遍认为是‘结构化证券’”。

② Joel S. Telpner, "A Survey of Structured Notes," *The Journal of Structured and Project Finance* 9 (Winter 2004), pp. 6 - 19.

③ Scott Y. Peng and Ravi Dattatreya, *The Structured Note Market* (Chicago: Probus, 1995), p. 2.

④ Peng and Dattatreya, *The Structured Note Market*, p. 2.

债券市场的机会；（3）可以涉及其他可选择的资产类别；（4）可以涉及某一特定市场而不是该市场的特定方面；[①]（5）控制风险。

在20世纪80年代后期持续低利率的环境下，结构化证券流行起来的背后动机就是可以增加收益。20世纪80年代早期普遍盛行的高利率（双倍）结束以后，机构投资者面临着利率不足以支付他们在高利率环境下创造金融产品所带来的债务这一情况。当地政府为了为其运转提供资金，避免提高财产税和个人所得税，并逐渐依赖于高利率的利息收入。结构化证券提供了这样的一个机会，当市场出现某些异常时可以提供比市场上其他普通债券更高的回报。

发行人利用衍生品对冲风险的能力使得他们可以为那些涉足债券市场的投资者构造证券。例如，他们可以针对收益率曲线的变化、两种参考利率之间息差的变化或者利率的变动趋势（如当利率下降时增加偿付）创造出一种结构化证券。

结构化证券的偿付以各类资产的表现为基础使得投资者可以涉足其他市场，否则因为受到监管或委托人的限制投资人是无法进入的。例如，假设一个投资者涉足股权市场，而其持有的资产组合必须是投资级债券，则该投资者可能被禁止投资于股票。然而，通过投资于其偿付取决于股权市场行情的投资级债券，该投资者获得涉足股权市场的机会。因此，一些市场参与者称结构化证券为“规则破坏大王(rule busters)”。

最后，结构化证券可以被用来对冲风险，而投资者仅仅利用衍生产品可能不能更有效地对冲这些风险。例如，假设一个投资者现有的资产组合面临着息差变化的风险。当前存在的信贷衍生品是可以使投资者对冲掉这些风险的，但我们假设不允许他使用它们。这时该投资者可以让发行人创造出一种结构化证券其偿付以特定的息差为基础。而发行人也可以通过在信贷衍生品市场占有一席之地而保护自己。

但是对于发行人来说，所有这些定制其好处在哪里呢？通过为投资者构造一个专门的产品，发行人可以获得较低的融资成本，这个成本比发行简单的普通债券结构更低。借款人或他们的代理机构是如何发现那些愿意购买结构化证券的投资者的呢？在典型的普通债券发行中，承销机构的销售队伍从自己的客户基础上挖掘发行收益。也就是说，销售队伍会向投资者询问其需求和偏好。但在结构化证券市场中，其过程是完全不同的。由于发行规模较小以及在互换市场中定制发行的灵活性，投资者可以通过代理机构和发行人接洽，要求发行人根据他们的需要设计出某种证券。客户们这种向发行人或其代理机构了解情况以设计证券的过程被称为逆征询（reverse inquiry）。例如，世界银行——结构化证券的主要发行人，提出将要发起一场新的证券发行，投资者可以联系承销商或者直接联系世界银行。世界银行在决定是否继续交易时所使用的标准基于：发行最小规模1 000万美元或以其他货币表示的等值金额，最短到期期限1年，交易的复杂性，以及设计的结构化证券对发

---

① 例如，一个美国的投资者想要涉及日本的企业而不是日元资产，因此投资者可以购买以美元为面值的债券其偿付与日本股票市场指数相挂钩。

行人和投资者的适合性。

10.3 发行方式和发行人

结构化证券可以在公开市场发行或私下发行，也可以作为144A证券发行。它可以采用商业票据、中期票据、存款单，或公司债券的形式。中期票据（MTN）和公司债券的不同在于其刚开始出售时分配给投资者的方式。尽管一些投资级的公司债券在发行时以尽力出售为准则，但一般来说它们都由投资银行承销。根据惯例，中期票据要么由投资银行分销要么由券商/做市商充当代理人而分销。公司债券和中期票据之间的另一区别在于发行中期票据时，金额相对较小，基于持续滚动发行计划连续或间歇发行，而普通债券发行规模较大且每次发行互不相关。①

发行人必须要有较高的信用质量使得信用风险最小化以实现促使其创造结构化证券的目标。发行人包括高评级的公司、银行和美国政府机构。因为信用风险随着时间流逝而不断增加，所以发行人的类型和证券的形式都和投资者的计划持有时期相关联。图表10.1总结了投资者所持资产组合的到期期限，债务工具的典型模式和发行人之间的关系。

图表10.1 **资产组合到期时间因素，债务工具的典型模式和发行人之间的关系**

到期时间	债务工具的典型模式	发行人类型
1年以下	商业票据	A1/P1级的公司
1～3年	商业票据，银行券，中期票据	银行，公司
3年以上	公司债券，中期票据	美国政府机构

资料来源：Scott Y. Peng and Ravi Dattatreya, *The Structured Note Market* (Chicago: Probus, 1995), p. 303.

10.4 构造结构化证券

Peng和Dattatreya介绍了构造结构化证券的三个主要步骤：②

- 初步了解；
- 识别过程；
- 构造或实施阶段。

当为客户专门定制一种结构化证券时，投行经理必须要了解客户的动机。这就

① 在美国，一个公司要是想安排发行中期票据必须为该计划向证券交易委员会（SEC）提交上架注册申请。而SEC接受中期票据发行的注册金额在1亿～10亿美元之间，一旦总额发行完毕，发行人必须再次进行上架注册。登记注册过程包括提交一系列投资银行机构的名称，一般两到四家，公司安排其充当代理人分销中期票据。发行人根据一定范围的到期时间公布利率，通常是基准利率（例如同等到期时间的国库券利率）加上一个息差。代理人随即制订出适合那些对中期票据感兴趣的投资者客户的发行利率计划。

② Chapter 8 in Peng and Dattatreya, *The Structured Note Market*.

是初步了解阶段。我们前面说明了为什么投资者要到结构化证券市场进行专门定制。投资者通过逆征询（reverse inquiry）会暴露出自己的动机。

在识别过程中，投行经理挑选出可以打包构造结构化证券的基本要素，以初步了解阶段认定的需求基础。这一过程从确定五种定制因素开始：国籍、资产组合利率、风险/收益、到期期限、信用。国籍因素明确了客户在投资时想要涉足的国家。如果结构化证券的标的是利率，则利率因素决定了结构中暗含的游戏方向（如随着利率的上升或下降，收益率曲线也变得平缓或陡峭）。结构化证券内含的风险度即为风险/收益定制因素。到期期限和信用因素决定了将要使用的债务工具和发行人类型，正如图表 10.1 所示。

在构造阶段，投行经理收集相应的市场数据以及特定发行人的信息。这些信息包括发行人的目标融资成本（扣除承销费用以后）、想要实现的息票率及基于初步了解和识别阶段的本金结构。在确定结构成本时，必须注意当使用衍生工具时将会发生的对冲成本。结构化证券必须明确的其他规定取决于结构的复杂度。例如，某种结构可能要求预估促使其标的资产价格波动的各种因素之间的相关性。

10.5 结构化证券举例

市场上大量的结构化证券被创造出来。这里我们只讨论两种：利率型结构化证券和股权关联型结构化证券。

10.5.1 利率型结构化证券

浮动利率证券的一般利息计算公式为：

参考利率+报出的差价

息票率和参考利率挂钩的结构化证券有自己的利息重设计算公式，和上述不同。例如杠杆/非杠杆浮动债券、递增型证券、双重指数浮动债券、一定范围内变动证券，以及反向浮动债券。下面我们一一讨论，当我们介绍反向浮动债券时我们会说明它们是如何利用利率互换而被创造出来的。

10.5.1.1 杠杆/非杠杆浮动债券

其利息重设计算公式如下：

L×（参考利率）+报出的差价

其中 L 是相对于 1 的实际值。根据 L 的大小确定该结构化证券是杠杆的还是非杠杆的浮动债券。

当利息重设计算公式中的 L 大于 1 时，该结构化证券就是杠杆浮动债券。当 L 小于 1 时，该结构化证券就被称为非杠杆浮动债券。也就是说，非杠杆浮动债券的息票率为参考利率的一部分加上报出的差价。Bankers Trust 在 1992 年 4 月发行了这样的一种浮动债券，2003 年 3 月到期。该债券利息按季支付，并根据以下公式计算：0.40×（10 年期国库券利率）+2.65%，以 6% 为下限。

10.5.1.2 递增型证券

递增型证券其息票率随着时间流逝而递增。这也正是这些证券被这样命名的原因。例如，某一5年期的递增型证券可能前两年的息票率为5%，后三年就变为6%。或者，该递增型证券可能要求前两年利率为5%，第三年第四年为5.5%，最后一年为6%。如果利率只有一次变化（或上涨），如第一个例子中所示，则这样的证券为单一级递增型证券。如果不止一次变化，如第二个例子中所示，则该证券被称为多级递增型证券。

真正多级递增型证券的一个例子即为学生贷款市场协会（Sallie Mae）在1994年5月发行的5年期证券。其息票率安排明细如下：

1994年5月3日到1995年5月2日为6.05%

1995年5月3日到1996年5月2日为6.50%

1996年5月3日到1997年5月2日为7.00%

1997年5月3日到1998年5月2日为7.75%

1998年5月3日到1999年5月2日为8.50%

10.5.1.3 双重指数浮动债券

双重指数浮动债券的息票率特点为一个固定百分比加上两种参考利率之间的差额。例如，联邦住房贷款银行系统（Federal Home Loan Bank System）1993年7月发行了一种浮动证券，1996年7月到期，其息票率为10年期的国库券利率和3个月的LIBOR之间的差额加上160个基点。该证券按季计算利息。

10.5.1.4 一定范围内变动证券

对于一定范围内变动证券，只要在重新计息那天参考利率处于一定范围之内其息票率就等于参考利率。如果参考利率超出了这个范围，则那一计息周期的息票率为0。

例如，某种3年期的一定范围内变动证券指定参考利率为1年期LIBOR，息票率每年重新计算一次。只要1年期的LIBOR在重新计息那天落入下述的范围内则年息票率就等于1年期的LIBOR。

	第一年	第二年	第三年
下限	4.5%	5.25%	6.00%
上限	5.5%	6.75%	7.50%

如果1年期的LIBOR超出了这一范围则息票率为0。例如，如果第一年重新计息那天1年期的LIBOR为5%，则年息票率为5%。然而，如果1年期的LIBOR为6%，则年息票率为0，因为1年期的LIBOR超出了第一年的上限——5.5%。

假设学生贷款市场协会（Sallie Mae）在1996年8月发行了一种一定范围内变动证券于2003年8月到期。该证券的利息按季支付。如果3个月LIBOR处于3%～9%之间，则投资者在一季度内每天都可以收到3个月LIBOR加上155个基点的利率。而如果3个月LIBOR不在这一范围之内，则每天的累积利率为0%。因此，一定范围内变动证券的利率下限为0%。

10.5.1.5 反向浮动债券

一般浮动债券的利息方程式特点即为其息票率随着参考利率的上升而上升，随着参考利率的下降而下降。然而，也有一些证券其息票率的变动方向与参考利率相反。这样的证券被称为反向浮动债券或逆浮动债券。[①]

反向浮动债券的利息重新计算公式为：

K-L×（参考利率）

当L大于1时，该证券就被称为杠杆型反向浮动债券。

例如，对于某一特定的反向浮动债券K为12%，L为1。则利息重新计算公式为：

12%-（参考利率）

假设参考利率为1个月LIBOR，则利息公式为：

12%-（1个月LIBOR）

如果某个月重新计息日那天1个月LIBOR为5%，则这一计息周期的利率即为7%。如果下个月1个月LIBOR降到4.5%，则息票率上升至7.5%。

注意，如果1个月LIBOR超过12%，则根据利息重新计算公式计算出的利率为负值。为了避免这一情况发生，需要为息票率设置一个下限值，通常这个下限为0。同时，也会为反向浮动债券设一个上限值，这通常出现在1个月LIBOR为0时。当发生这一不太可能的事件时，对于我们假设的反向浮动债券来说最大息票率就为12%。一般地，反向浮动债券的最大息票率即为利息重新计算公式中的K值。

假设另一种反向浮动债券的利息公式如下（参考利率依然为1个月LIBOR）：

28%-3×（1个月LIBOR）

如果重新计息日那天1个月LIBOR为5%，则那个月的利率就为13%。如果下个月1个月LIBOR下降到4%，利率则升至16%。因此，1个月LIBOR每下降100个基点息票率就上升300个基点。这是因为利息重新计算公式中的L等于3。在既没有达到上限值也没有达到下限值的情况下，1个月LIBOR每变动1个基点息票率就变动3个基点。

举例说明，假设联邦住房贷款银行系统（Federal Home Loan Bank System）1999年4月发行了一种反向浮动债券。该证券2002年4月到期且根据以下公式按季支付利息：

18%-2.5×（3个月LIBOR）

该反向浮动债券的利率下限为3%，上限为15.5%。

反向浮动债券是如何利用利率互换创造出来的呢？如果投资银行承销一笔固定利率债券（公司债券、政府债券或市政债券）同时签订利率互换协议，而且协议期限短于债券的到期时间，反向浮动债券即被创造出来。投资者在互换协议期间持有反向浮动债券，当互换协议到期时即转换为固定利率债券（基础抵押品）。利用

① 反向浮动证券在住房抵押贷款支持证券市场上很常见，在构造时并未使用衍生工具而仅仅是在交易时将债券类别分为浮动型和反向浮动型。

互换协议创造出的反向浮动债券被称为指数型反向浮动债券。

为了进一步了解这一过程是如何完成的，我们做出以下假设：一个发行人想要在利息固定的基础上筹集2亿美元资金，为期20年。投资银行建议同时进行两项交易。

交易1：发行2亿美元20年期的债券，其息票率由特定的参考利率根据以下规则决定：

第1年到第5年：14%－参考利率

第6年到第10年：5%

交易2：与投资银行进行5年期的利率互换协议，名义本金为2亿美元，每半年按以下规定交换利率，参考利率不变：

发行人支付参考利率

发行人收到固定利率为6%

注意在第一个5年，投资者持有的是反向浮动债券。因为当参考利率上升（下降）时，息票率下降（上升）。然而即使证券支付的是反向浮动利率，两种交易结合在一起的结果就是给发行人带来的固定利率融资。

发行人收到的利率

通过互换从投资银行那儿收到：6%

发行人支付的利率

给证券持有人：14%－参考利率

通过互换给投资银行：参考利率

净支付

（14%－参考利率）+参考利率－6%＝8%

10.5.2　股权型结构化证券

利用股权互换可以设计出一种债券，其息票率与股票指数的表现相关联。

为了进一步解释说明，我们假设联合信息技术公司（UIT）希望以固定利率为基础在未来5年内募集1亿美元。UIT的投资银行经理人指出如果发行5年期的债券，利率要达到8.4%。同时，机构投资者想要购买债券但却对股票市场未来的行情饶有兴趣（即赌博）。这些投资者更愿意购买年利率基于标准普尔500股票市场指数的债券。

经理人建议UIT的管理层发行5年期的债券，其年利率以标准普尔500的实际表现为基础。发行这样一种债券的风险在于UIT的年利息成本不确定，因为它取决于标准普尔500的表现。然而，假设安排下述两项交易：

1. 1月1日，UIT同意以其经理人为承销商，发行1亿美元5年期的债券，年利率为当年标准普尔500指数实际行情减去300个基点。然而利率最小值设为0。每年的利息于12月31日支付。

2. UIT与经理人进行5年期的名义金额为1亿美元的股权互换，约定在接下来的5年内每一年UIT支付给经理人7.9%的固定利率，而经理人同意支付当年标准普尔500指数实际行情减去300个基点。互换协议的条款要求每年12月31日进行相互支付。因此，互换的支付和债券的支付是同时进行的。此外作为互换协议的一部分，如果标准普尔500指数减去300个基点是一负数，则经理人无需向UIT进行支付，通常这一风险可以通过一个基础互换对冲掉，这一互换支付固定或浮动的现金流，作为回报接收标准普尔指数的收益。

图表10.2以图表的形式说明了该互换的支付流程。我们从UIT的角度看这两项交易最终所得到了什么。我们尤其要关注UIT在债券发行和互换交易中必须支付的金额以及从互换交易中接收的金额。总结如下：

债券发行的利息支付：标准普尔500指数-300个基点

来源于经理人的互换支付：标准普尔500指数-300个基点

支付给经理人的互换金额：7.9%

净利息成本：7.9%

因此，尽管债券支付的利率和标准普尔500挂钩，但净利息成本是固定利率。这是通过股权互换实现的。

图表10.2　**债券结构：传统证券VS标准普尔关联证券**

a. 传统债券发行

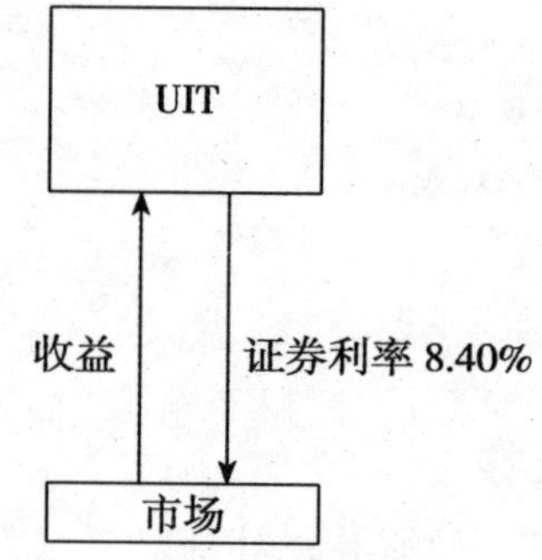

b. 标准普尔关联证券

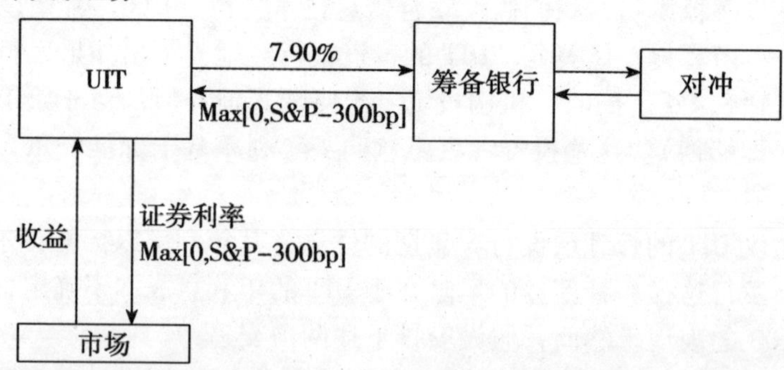

还有一些问题需要说清楚。第一，UIT进行这一交易的好处在哪里？前面说过如果UIT发行普通债券，据经理人估计UIT每年需支付利率8.4%。因此，UIT每年节省50个基点（8.4%-7.9%）。第二，为什么投资者愿意购买这种债券？在现实世界中，对于机构投资者的投资类型有严格的限制或其他的投资组合指导方针。例如，根据客户或其他投资组合指导方针机构投资者被禁止购买普通股。但它可能被允许购买像 UIT 这样的发行人发行的债券，尽管该债券的利率和普通股的行情挂钩。第三，经理人需承担标准普尔 500 指数波动带来的风险吗？在互换市场，经理人有多种方法来保护自己。

第11章 巨额租赁：租赁原理

租赁合同是指条款中明确了设备所有者许可其他主体使用相关设备，以换取后者承诺支付的一系列款项的合同。设备的所有者称为*出租人*。被许可使用相关设备的主体称为承租人。

大多数企业财务主管都认识到，收益来自于对资产的使用，而不是对资产的拥有，租赁只是可供选择的融资工具之一。今天，比起银行贷款、私募或其他方式的设备融资方式，更多的设备是通过设备租赁的方式进行融资的。几乎所有可购置的资产都可以进行租赁：一方面，大到飞机、轮船、卫星、计算机、炼油厂、蒸汽发电厂，另一方面，小到打字机、复印机、汽车、奶牛等。

为了将租赁与其他融资方式进行比较，有必要先理解租赁融资的基础知识，以及它与一般方式的设备租赁之间的区别。这些在本章中都会得到解释，同时，常见的租赁原因、出租人的类型以及相关的税务和财务报告的要求等也将一并得到解释。理解租赁对于理解证券化也是很重要的。在下一章，我们将讨论杠杆租赁。

11.1 租赁是如何运作的

一个典型的租赁交易是按如下方式运作的：承租人首先决定需要租赁的设备，然后确定制造商、制造工艺以及型号。承租人需要指定具体的对设备特征的特殊要求，以及保修、保证、交付、安装和服务条款。承租人还可以就价格进行谈判。在指定了对设备和条款的具体要求，并针对销售合同进行谈判之后，承租人与出租人达成租赁协议。承租人与出租人就租期长短，租金数额，是否将销售税、交付费用、安装费用，以及其他可选择的考虑因素进行谈判协商。

租赁合同签订后，承租人将其购置权转让给出租人，由出租人去购置承租人具体指定的设备。设备交付时，承租人在确定设备符合其要求后正式接受设备。出租人随后为此支付货款，租赁合同就此生效。

如果在设备使用过程中所有的相关支出都是由承租人支付，而没有包含在租金中，这样的租赁称为净租赁或者三方净租赁（triple-net lease）。相关支出包括财产税、保险费和维修费。这些支出都是直接由承租人支付的，不会从租金中扣除。

在租期届满时，承租人通常可以选择延长租赁期，买下设备，或者终止协议并归还设备。在本章的后面我们将看到，租赁人在租期届满时可得的选择权的范围是非常重要的，因为选择权的范围决定了租赁的税收目标（tax purposes），以及租赁的财务会计目标（financial accounting purposes）的分类。

11.2 设备租赁的类型

设备租赁一般可分为以下两种类型：（1）非税收导向的租赁；（2）税收导向的正式租赁。接下来我们将分别讨论这两种类型的租赁。①

11.2.1 非税收导向的租赁

非税收导向的租赁，通常是指附条件销售租赁，在实质上将附属于租赁财产所有权的收益和风险都转移给承租人，往往会给承租人一个固定价格廉价收购选择权（fixed-price bargain purchase option）或者延长租期选择权，且不按照行使选择权时的公平市价进行交易。

在本章后面的部分，我们将讨论在国内税收法（Internal Revenue Code）下，将租赁归类为税收导向的附条件销售租赁的指导原则。如果一项租赁被归为附条件销售租赁，那么承租人就会将资产视为自有，因此他们有权根据其税务目标对资产计提折旧，要求相应的税收抵免，并且作为费用扣减租金中的应付利息份额（deduct as an expense the imputed interest portion of the lease payments）。附条件销售租赁中的出租人将交易视为贷款，不可以提供与正式租赁相应的低租金率，因为出租人享受不到作为设备所有者所能得到的税收优惠。

11.2.2 税收导向的正式租赁

正式租赁提供了所有通常意义上属于租赁的主要收益。通过利用税收导向的正式租赁，通常可以节省大量的费用，出租人要求保留属于所有者的税收优惠收益，并通过降低租金的形式将一部分税收上得到的收益转移给承租人。出租人凭借其对设备的所有权，可以要求税收折旧提成以获得税收优惠，承租人支付的租金可作为费用进行全部扣除。在正式租赁中，出租人在租期届满拥有租赁设备的所有权。税收导向的正式租赁（有时也称为指导性租赁 guidelines lease）要么没有购置选择权，要么有以公平市价进行购置的选择权。

通过正式租赁融资购置设备，承租人得到的主要好处是可以间接地从税收优惠中获得经济收益，由于承租人不能享受税收优惠，在其他方式下是无法得到这些收益的。在承租人不必承担充分的纳税义务，也不期望在将来能充分享受这些能够结转的税收优惠的情况下，他们会采用这种租赁方式。

如果承租人无法形成充分的纳税义务以使其在当前享受税收优惠，那么拥有新设备的成本将远高于通过正式租赁的方式租赁该设备时的成本。在这些条件下，选择租赁比借款购买更节约成本，因为出租人拥有所有权而享受税收优惠，并将部分

① 这里没有讨论第三种类型的专门租赁，即税收导向的 TRAC 租赁（a tax-oriented TRAC lease for over-the-road vehicles）。

的收益通过降低租金的方式转移给承租人。

在正式租赁合同条款中，承租人必须权衡其因租金较低而获得的收益和在租期届满时租赁设备的市值（称为残值）上的损失。在本章稍后部分将提出一个估算税收和时间效应的分析框架。

美国国税局（IRS）十分清楚这一点：租赁交易的参与方会发现从税收角度而言，“租赁”协议比附条件销售合同更具优势。因此，IRS 制定了区别正式租赁合同和附条件销售合同的准则，这些准则将在后面进行讨论。

11.2.2.1　单个投资者租赁（single-investor leases）与杠杆租赁

正式租赁有两种类型：单个投资者租赁（或直接租赁）和杠杆租赁。单个投资者租赁本质上是一项有两方参与的交易，由出租人运用其自有资金购买出租设备并承担所用资金的 100% 的风险。

正式租赁中的杠杆租赁是租赁融资的最终（ultimate）形式。从承租人无法享受折旧税收优惠的角度来看，杠杆租赁最吸引人的特点在于：与其他融资方式相比，其成本更低。杠杆租赁还可以满足那些拥有 25 年及以上经济寿命的特大型固定资产项目的融资租赁需求，尽管杠杆租赁也可以用于租赁年限比这短得多的设备。如果杠杆租赁被用于适当的项目并且结构正确的话，那么将是一种非常有利的融资手段。

杠杆租赁与单个投资者租赁在概念上是相似的。承租人指定设备并以几乎相同的方式商谈及签订租赁合同。而且，有关租金、选择权，以及纳税、保险和维修责任的相应条款都是类似的。但是，杠杆租赁在其规模、文件编制（documentation）、法律参与（legal involvement）方面却更为复杂，另外，它们最重要的区别在于参与方的数量以及各方所拥有的特定优势。

设备的杠杆租赁通常是由企业或金融机构作为出租人提供的。这是因为，在杠杆租赁中，比起企业法人来，个人出租者所能享受到的税收优惠非常有限。

在杠杆租赁中，出租人只要提供购置设备所需的一定百分比（20% 到 30%）的资金就拥有了出租设备的所有权。其余（70% 到 80%）的资金由机构投资者以无追索权的方式借给出租人。对租赁物的第一留置权、租赁合同的转让和租金的转让保证了贷款的安全性。这项无追索权借款的成本是承租人的偿债能力的函数。租金率随着当时的利率以及交易风险程度的变化而变化。

“杠杆租赁”是正式租赁。杠杆租赁中的出租人虽然只提供了购置设备所需资金的 20% 到 30%，但能够享受设备所有权所附带的全部税收优惠收益。出租人只需承担一部分设备费用风险，就能够获得在支付了全部设备费用并按租赁合同对残值拥有 100% 的所有权时才能享受的税收优惠，这就是杠杆租赁中的“杠杆”。这一杠杆使得出租人能向承租人提供一个比在单个投资者的非杠杆租赁中更低的租金率。

单个投资者的非杠杆租赁是只有承租人和出租人两方参与的交易。然而，杠杆租赁就其本质而言至少包括三个具有不同利益的参与方：承租人、出租人和无追索权的贷款人。其实，杠杆租赁有时被称为三方交易。在下一章，我们将更详细讨论杠杆租赁。

11.3　全额租赁与经营租赁

到目前为止，我们讨论的租赁都类似于设备融资交易，因为租赁期间是租赁设备经济寿命的一部分。在这些租赁中，出租人需要收回其全部投资再加上：(1) 利用其收到的租金进行投资得到的目标收益；(2) 出租人有权享受的所有税收优惠收益；(3) 租赁终止时预期的残值。这些类型的租赁称为全额租赁。这样的租赁本质上是融资交易。

其他的租赁类型称为经营租赁，与全额租赁相反，它们不属于融资交易。经营租赁期间可能只是资产寿命期间的很短一段时期。经营租赁往往是出于税收目标的正式租赁。也就是说，出租人有权享受与所有权相关的所有税收优惠，而承租人则能减少租金支付。

在本章的后面我们会解释“经营租赁”这一术语在财务会计目标上的特殊意义。被归类为经营租赁的交易不需要在资产负债表的固定债务栏中（fixed obligations）列出。相反，它们在财务报表的脚注中被列为固定债务。尽管这项交易实际上是融资交易，但出现这样的分类是可能的。

11.4　租赁的原因

租赁是购置的替代选择。因为承租人有责任支付一系列款项，所以租赁协议就类似于一份借款合同。因此，租赁的优势往往是从对租赁与借入资金购置这两者的比较中体现出来的。

11.4.1　成本

很多承租人发现正式租赁吸引他们的地方在于：它从表面上看来成本较低。尤其是在承租人没有当期应税收入，也没有上期结转的净经营损失而无法在当期享受与设备所有权相关的税收优惠时，这一点更加显而易见。

如果没有税收上的差别待遇，那么拥有设备和租赁设备在一个有效的资本市场中的成本是一样的。然而，正是由于不同的税收待遇以及应税单位在享受当期与所有权相关的税收优惠的能力上的差别，因此并没有现成的标准来判断借款购置和正式租赁这两种融资形式中哪一种成本更低。

正式租赁的成本取决于交易规模的大小以及该租赁是税收导向还是非税收导向的。设备融资租赁市场可分为以下三种类型的市场部门：(1) 小额交易零售市场，交易额范围在5 000美元到100 000美元之间；(2) 大额项目的中型交易市场，交易额范围在100 000美元到5 000 000美元之间；(3) 特殊产品交易市场，设备成本在 5 000 000 美元以上。

税收导向的租赁通常出现在第二种和第三种市场上。绝大多数杠杆租赁则出现在第三种市场和第二种市场的上限范围中。在这些租赁合同中的有效利息成本往往要低于承租人按当时市场利率借款时所需支付的利息成本。即便如此，潜在的承租人仍需权衡因拥有设备而失去的经济利益和从租赁中所获得的经济利益。

非税收导向的租赁主要出现在小额交易零售市场和第二种市场的下限范围中。与传统的借款协议相比，这类租赁中没有实际的成本节约。不过，在大多数情况下，企业在运用这种融资方式时，节约成本并不是其主要的动机。

从税收角度来看，如果一个企业正处于赋税亏损结转状态，因而在当期或未来的若干年内无法享受与设备所有权相关的税收优惠，那么租赁在节约成本方面是具有优势的。

11.4.2 节约营运资本

租赁公司代理人和承租人最常列举的租赁的优点是：能够节约营运资本。理由如下：当一个公司通过借款购置设备时，贷款机构很少会提供等于融资设备全价的数额。相反，贷款人会要求借款公司以预付定金的方式占据公平地位（take an equity position）。预付定金的数量大小取决于如下因素：设备的类型、借款人的信誉度，以及当前的经济状况。但是，租赁能够提供 100% 的融资，因为它不要求借款公司预付定金。此外，贷款协议中往往不包括因获得设备而引致的费用，比如交付和安装费用，而这些费用却能够包含在租赁协议内。

在正常经济条件下，对于财务状况良好的公司而言，这一观点的准确性是存在疑问的。这样的公司可以很容易获得 100% 设备价款的贷款或从另一个无担保债权的提供者那里借款支付预付定金。但另一方面，一家小公司能够通过贷款来支付预付定金是存在疑问的，特别是在银根紧缩时期。并且，事实上，有些租赁合同会要求在租赁起期以预付租金或保证金的形式预付定金。

11.4.3 避免资本化以保留偿债能力

通行的租赁合同财务报告标准要求将租赁债务归类为被资本化为负债的融资租赁（稍后讨论），而设备则在资产负债表上记为一项资产。根据《FASB 的第 13 号声明》，基于财务报告目标，将租赁归类为融资租赁的原则如下：

一项租赁在实质上将附属于财产所有权的收益和风险全部转移时，承租人应在会计处理上记为获得一项资产，同时引致一项负债。

《FASB 的第 13 号声明》明确了将租赁归类为融资租赁的四个标准。在本章后面部分我们将讨论这四项标准。不被归为融资租赁的租赁即是经营租赁。不同于融资租赁，经营租赁并没有资本化。相反，关于这项租赁的特定信息需要在财务报表的脚注中注明。

很多首席财务官都同意这一观点，即避免租赁资本化将有利于提高其公司的财务形象。经营租赁通过避免使一个公司资本化，保留了它的偿债能力。一项经营租赁——特别是下一章将讨论的杠杆租赁——使得承租人能利用机构（出租人）作为一个相当于次级债的资金来源。因为在通常情况下，总是有足够的余地来制定租赁协议，使其避免被归类为融资租赁，首席财务官们往往偏向于将一项租赁协议制成经营租赁。

从实践角度来看，很多长期的正式租赁（出租人偿付类型的租赁）都应承租人的财务会计目标要求而制成符合经营租赁标准的形式。

11.4.4　设备的废弃风险及其处理

当一家企业拥有设备时，它面临着到将来某个时候该设备不如新近制造的设备那么高效的风险。到那时，所有者就可能会选择出售原来的设备，购置技术上更高效的新设备。旧设备在出售时得到的收益可能只是其账面价值的很小一部分，而通过租赁，能够使企业避免设备废弃的风险和设备处理问题。这一观点的准确性取决于租赁的类型和相应的条款规定。

在可撤销经营租赁中，承租人可以通过终止租赁以避免设备废弃的风险，但是风险的规避不是无成本的，因为在这样的租赁协议中租金反映了出租人所感知到的废弃风险。租期届满时，对废弃设备的处理成为出租人所要面对的问题。由承租人转移到出租人身上的残值损失风险体现在了租赁费用中。

然而，有些出租人所面临的处理问题可能不如承租人遇到的风险那么大。举例来说，一些出租人在短期经营租赁中规定了专门的设备类型，如计算机或者施工设备，并且对于租赁后仍有较长剩余有用年限的设备，他们拥有专门的让与或出售技能。由于制造商的制造成本要显著低于零售价，一个制造商出租人的投资风险（investment exposure）要小得多。并且，它往往配备有相关装备，能够胜任因技术改进而需要进行的修整和重新设计。另外，由于制造商出租人在设备租赁市场上往往更加活跃，因而处于一个更有利的地位，能够发现在一家企业被废弃的设备在另一家企业仍能满足其需要的商机。IBM 是制造商出租人中通过整合融资、制造和销售人才来降低处置风险的最佳案例。可以推测，这种与承租人相比更低的处置风险将会以降低租赁成本的方式传递给承租人。

尽管如此，金融机构和其他出租人在为更大额度、更为复杂和有更长经济寿命的资产融资时，这些资产的残值的不确定性是出租人面临的最大的风险之。比如，一家钢铁厂可能拥有 30 年的预计有效寿命，但其真实寿命却可能是 25 年也可能是 40 年。如果这家工厂的真实寿命短于出租人规划的年限，那么出租人可能会在这项最初分析时看似有利可图的租赁中蒙受损失。对于有一些资产来说，已经有充分的数据来支持其对残值的估计，但对另一些资产而言，相关数据却很少，特别是那些新兴的、特有的、复杂的或者交易不频繁的资产。影响残值的主要因素是折旧的三个部分：有效寿命（磨损）、经营废弃和技术废弃。Rode，Fishbeck 和 Dean 建议：出租人要利用可得的最有用的信息来模拟这三个因素的作用以及三者间的相互关系，基于结果的概率范围，生成有效寿命曲线、估计值和置信区间的分布。① 由于具体条件不可避免地会随时间而变动，出租人在设备使用期间需要不断地更新其模型。

11.4.5 对经营的限制

当出租人延长向一家企业提供资金的期限时，租赁协议中会列出专门条款以保护出租人的利益。保护条款，或称保护条件（covenants）的目的在于保证借款人在借款期间保持其信誉。保护条款对借款人施加了限制。不符合这一保护条款通常会造成违约，若在提醒后仍不能符合要求，出租人将在贷款协议下被赋予特定的附加权利和补救办法，包括完善担保协议书的权利或者要求立即偿还资本。实践中，能否补救和改正是随违约的严重程度不同而变化的。

租赁的一个优点在于：典型的租赁协议不同于为了购置设备融资而签订的借款合同，不会给经营附加融资条件和限制。其历史原因是由于美国国税局并不鼓励让正式租赁协议具有贷款协议的特征。然而，为了保证与税收法律的一致性，租赁协议也会包含对承租人租赁设备的财产布局和额外投资的限制。

11.4.6 对现金流和账面收益的影响

与借款相比，在一项合理制定的正式租赁协议中，更为低廉的租金能为承租人带来更大的现金流。必须要确定考虑了设备残值后的税后现金流是否具有更高的现值。

租赁和购买对账面收益有着不同的影响。比起与购买设备相关的折旧和利息支付，正式租赁租金在早期对账面收益的影响往往比较小。

11.5 出租人的类型

法人出租人通常是商业银行及其分支机构、独立租赁公司、非金融公司的受控租赁附属公司（captive leasing subsidiaries companies of non-finance companies）、金融公司及其附属机构、投资银行公司，或者灾害保险公司。

很多银行和银行控股公司及其分支机构通过与独立受控的租赁公司间的工作关系，间接地参与租赁。独立的租赁公司通过与银行相同的方式从事租赁。购置承租人要求的设备并取得其所有权后，大多数这样的公司以全额租赁的方式把设备出租给承租人。然而，一些独立租赁公司可能专门从事短期的经营租赁。专门租赁公司提供某一特定产业特定设备的租赁和服务。比如，很多独立租赁公司专门从事数据处理设备的租赁服务。

受控租赁或者金融公司通常是设备制造商的附属机构，其主要目的是保证客户

① David C. Rode, Paul S. Fishbeck, and Steve R. Dean, "Residual Risk and the Valuation of Leases under Uncertainty and Limited Information," *Journal of Structured and Project Finance* 7 (Winter 2002), pp. 37-49.

和母公司的融资。受控公司也可能涉及除了由母公司制造的设备以外的设备的融资租赁业务。

近年来，很多不需要为自己产品融资的非金融产业和服务公司纷纷设立受控租赁公司，从事税收导向的设备租赁。这些公司已成为市场的重要参与者。

11.6　租赁经纪人和财务顾问

租赁产业的发展产生了对中间人的需求，以协助出租人为承租人提供服务。租赁经纪人和财务顾问通过使出租人、承租人和杠杆租赁下的第三方贷款人会面，成为租赁交易的设计者和包装者。银行和银行控股公司的附属机构、投资银行、商业银行和小型独立租赁公司在租赁经纪和财务顾问方面都担当了重要角色。

租赁经纪人和财务顾问为出租人和承租人安排设备租赁提供了有用的服务，特别是在为承租人向合法投资者争取诱人的价格方面，以及在制定和协商交易方面向承租人提供了有用的建议。尽管租赁经纪人和财务顾问主要是代表承租人利益的，但他们也能帮助出租人找到所协商问题的解决方案。

作为中间人，租赁经纪人或财务顾问因其提供的服务而获得经纪人佣金报酬。酬劳的数量变化范围很大，取决于交易的复杂程度以及在当时的经济状况下，该交易对于出租人的吸引力的大小。根据经纪人所提供的服务以及交易的规模大小和复杂程度，费用的标准范围是设备成本的0.5%到4%。在有些经纪业务中，租赁经纪人或财务顾问可能还会以参与分享部分租赁设备的残值的形式得到至少一部分补偿。而在其他情况下，经纪人或财务顾问可能获得一个固定的佣金率。

11.7　租赁方案

出租人能够制定适用于大多数公司需求的租赁交易。可得的各种租赁方案的描述如下。

标准租赁以在租赁期间内平均支付的形式提供100%的长期融资。标准的方案说明书（standard documentation）有助于迅速处理和达成租赁交易。与购置设备相应的安装费、交付费和税费都包含在一揽子融资租赁内。

定制租赁（custom lease）包括为满足承租人的特殊需求而制定的条款。举例来说，可能为了满足现金流的要求而为租金支付时间做出安排。这样的租赁特别有助于随季节波动的交易。

一揽子租赁，前面已经讨论过，就像信用借贷的最高限额一样。在一段固定的时期内，它允许承租人获得所需的设备且不需要为了签订新的租赁合同再逐条地协定合同条款。有了这样的协议，承租人和出租人都同意固定的、适用于不同设备和特定租赁期间（通常是六个月到一年）的条款和条件。在此特定期间内的任意时间，承租人在事先明确租金率和租赁条件的情况下，能在租赁合同中增加设备直至达到协定的最大数量。

卖主租赁方案作为设备制造商或批发商的一种销售工具，允许供应商以正式租赁或附条件销售租赁的形式提供融资服务。卖主租赁可以制成税收导向租赁或非税收导向租赁。它们不是短期经营租赁就是全额租赁。卖主租赁方案可以直接由制造商或批发商提供，也可以与第三方租赁公司一起提供。

离岸租赁是一项允许租赁设备在美国以外的地区被使用的协议。离岸租赁方案要求为在海外使用的租赁设备以美元或当地货币的形式向美国出租人支付租金。正式租赁或附条件销售租赁均可以用来为需要设备的海外公司安排租赁。然而，美国出租人享受到的税收优惠就显得微不足道了，因为位于美国以外的设备是没法计提折旧的。

出售后回租交易可以帮助一个公司将其拥有的财产和设备变现。出租人购买设备后将其回租给销售者。

在设施租赁（facility lease）下，一座完整的设施（比如一家工厂及其设备）被用于租赁。在这样的协议下，出租人能够为设施的建造提供或安排融资。建造期间的利息支出通常可以被资本化入租赁合同。建成后的设施一旦为承租人接受，租赁便正式开始。

11.8 租赁交易中承租人的财务报告

财务报告方面的考虑对于很多承租人或潜在承租人而言是很重要的。曾几何时，承租人只需要在其财务报表的脚注中披露租赁契约的信息。因此，租赁常被称为“表外融资”。随着《FASB 的第 13 号声明》（简称 FAS 13）的发布，租赁契约的会计处理发生了改变。FAS 13 要求承租人将特定的租赁在资产负债表上记为负债，而将所租赁的财产记为资产。这一过程称为“资产化租赁”或者“租赁的资产化”。对于那些没有达到 FAS 13 所列标准的租赁，承租人只需在脚注中注明租赁契约的有关信息。

11.8.1 租赁的分类

根据 FAS 13（第 60 条），租赁可以分为经营租赁或融资租赁。基于财务报告目标，将租赁分为经营租赁或者融资租赁的分类原则如下：

（一项）租赁实质上将附属于财产所有权的收益和风险全部转移了，所以承租人应在会计处理上将其记为获得一项资产，同时引致一项负债。其他所有的租赁均为经营租赁。

但是会计人员如何理解收益和风险的全部转移？FAS 13 明确了如下四条具体标准，当一项不可撤销租赁在租期内满足其中的一条或多条时，该租赁则为融资租赁：

1. 租赁协议在租期届满时，将财产所有权转移给承租人；
2. 租赁协议含有廉价收购选择权；

3. 租赁期间相当于租赁财产的估计经济寿命的 75% 或以上；

4. 最低租金（包括执行费用①）的现值相当于租赁财产公平价值的 90% 或以上。

不满足上述任一标准的租赁被归类为经营租赁。

出于下面即将讨论的原因，承租人会更偏向于将租赁归为经营租赁。尽管从表面上看，FAS 13 限制了管理者将租赁协议制定成融资租赁的能力，但在实践中却并非如此。承租人有多种方法来制定租赁协议以达到其目标，后面我们将讨论。

11.8.2 经营租赁的会计处理

由于经营租赁并不代表在本质上转移全部的所有权收益和风险，因此租赁财产不会被资本化，租赁债务也不会在资产负债表上被记作一项债务。相反，租金记入租赁期间的话需要支付费用。

尽管租赁的资产或债务都不在资产负债表上显示，但在财务报表的脚注中必须披露租赁的下列信息：(1) 对租赁协议的大致描述，其中包括协议中实施的限制，是否存在续租或收购选择权，以及价格自动调整条款；(2) 利润表上每年的租赁费用；(3) 未来最小租金的总额和未来五年每年的租金额。

图表 11.1 是一份披露租赁协议信息的实例，该信息来自于环城存储（Circuit City Stores）有限公司 1999 年的年度财务报告。其中包括了有关经营租赁和融资租赁信息的披露。对后者的公开权益规定（disclosure requirements）将在下一个部分中解释。

图表 11.1 **环城存储有限公司 1999 年度财务报告中租赁交易（lease commitments）的脚注披露**

10. 租赁交易

本公司的绝大部分业务为建筑物租赁（leased premises）。本公司的租赁负债基于约定最低利率。对于特定的位置，超过这些最低利率的数额的支付取决于具体的销售百分比。对于所有的经营租赁，租费和转租收入概述如下：

	年份（以 2 月 28 日为年末）		
（单位：千美元）	1999	1998	1997
最低租费	302 724	248 383	184 618
基于销售额的租费	1 247	730	2 322
转租收入	(20 875)	(12 879)	(11 121)
净额	283 096	236 234	175 819

本公司在超过规定数量的销售额百分比的基础上，对特定的存储位置估算租费。本公司其他的大部分租赁均为固定币值租赁交易，很多都包括基于消费者价格指数的自动增价条款。许多租赁规定本公司支付与建筑物相关的税费、维修费用、保险费用和其他经营费用。

① 执行费用包括保险费用、维修费用和财产税。

续表

很多不动产租赁合同的原租期（initial term）都将在未来的25年内期满；但大多租赁合同都含有在25年的租期基础上选择延期5年的附加条款，其他条款与原条款类似。

至1999年2月28日为止，未来最小固定租赁债务，不包括税费、保险费用和其他直接由本公司支付的费用，如下：

（单位：千美元） 财务年度	融资 租赁	经营租赁 交易	经营转租 收入
2000	1 662	296 674	(14 684)
2001	1 681	293 961	(12 817)
2002	1 725	289 553	(11 605)
2003	1 726	285 710	(10 624)
2004	1 768	283 422	(9 123)
2004 以后	16 464	3 289 107	(55 144)
最小租金总额	25 026	4 738 427	(113 997)
较少额表示利息	12 298		
最小净资产租赁租金现值	12 728		

11.8.3 融资租赁的会计处理

对融资租赁进行会计处理时，就当租赁资产是随着时间变化来购置和融资的。接下来，问题就产生了：在租赁起期，租赁资产的价值以及相应的负债在承租人的资产负债表上应该如何记录。FAS 13 要求在租赁起期该值应取（1）租赁期间最小租金的现值或者（2）租赁资产的公平市场价值①这两个值中的较低者。

一旦在租赁起期确定了资产和负债项目，折旧费和与负债相关的利息费用也必须同时确定。尽管在租赁起期资产和负债的数值相等，但随后的折旧和利息费用是独立估算的。

另外，在融资租赁中，要求在承租人的财务报表脚注中披露以下信息：

1. 按性质或用途大体分类，记录在融资租赁下的资产总额。承租人可以将此类信息与该公司需要披露的自有资产的信息结合起来。

2. 未来最小租金的总额以及未来五年每年的最小租金（不含执行费用）以及将这些最小租金换算成现值的估算利息。

3. 利润表上显示的每期实际发生的总的或有租金（contingent lease payments）。

① 最小租金的定义为下述几项之和：（i）租赁期间要求的最小租金以及（ii）所有廉价收购选择权的数额。若无廉价收购选择权，最小租金则为所有残值担保的数额和取代（ii）的、由于未能延期或续租而产生的数额。最小租金中不包括由承租者支付给出租人的执行费用。

4. 对租赁协议的大致描述，其中包括协议中所实施的限制，是否存在续租或收购选择权，以及价格自动调整条款。

图表 11.1 提供了在脚注中披露融资租赁交易的一个实例。

租赁的会计处理对于收入申报额的影响是很小的。因此，管理者主要考虑的不是对收入申报额的影响，而是对企业资本负债率的影响。这一比率通常是债权人和出资人判断一家公司是否负债过多的标准。由于在资产负债表上记录了租赁负债，融资租赁下的债务对自有资本的比率通常高于将租赁归为经营租赁时的值。然而，不能单纯地认为市场参与者对非资本化租赁对资本负债率的影响视而不见。评估机构也会在客户进行信誉评级时将租赁协议考虑在内。

11.9　联邦所得税对正式租赁交易的要求

美国国税局也是要参与租赁的分类的，因为分类的不同会影响到相应的税收优惠。国内税收法（IRC）对于被归类为正式租赁的租赁交易是有要求的。这些规定独立于 FAS 13 中对租赁进行分类的规定。IRC 区分了非税收导向租赁（即附条件销售租赁）和税收导向租赁。区别非税收导向租赁和税收导向租赁的最主要特征在于，承租人可得的收购选择权。正式租赁具有按照公平市场价格收购的选择权。附条件销售租赁则具有按照名义固定价格收购的选择权或在租期届满时自动将所有权转移给承租人的权利。

税收法第 55-540 条规定（1955-2 Cum. Bull. 39）为：

租赁协议本质上是否为附条件销售租赁，取决于协议条款及根据协议生效之时所存事实和环境所表明的参与方的意图。判断该意图的单个试验或者特殊的试验组合都绝非是决定性的，无法制定普适的规则。每一情形均需根据特定事实做出判断。

基于公平市价而非名义价的收购选择权，是表明一项租赁为正式租赁而非附条件销售租赁的有力依据。测试的关键就在于，出租人对于租赁财产的权益是所有权性质的资本权益，而不仅仅是债权人的担保物权。

一般地，一项租赁如果符合下述所有标准，则为出于税收目的的正式租赁：

1. 在租赁起期，规划租赁财产在租期届满时的公平市价大于或等于租赁财产原成本（不包括前端费和所有向出租人支付的转移成本）的 20%。

2. 在租赁起期，规划租赁财产在原租期届满收回时的有效寿命超过设备原估计有效寿命的 20%，且至少为一年。

3. 承租人无权以低于设备在当时的公平市价对租赁财产进行收购或转租。

4. 出租人无权使承租人以固定价格购置租赁财产。

5. 在整个租赁期间，出租人需对租赁资产进行不少于其原成本的 20% 的最低无条件风险投资。

6. 出租人需标明，该交易有除了税收优惠收益以外的其他利润考虑。

7. 承租人不提供任何租赁财产的购置费用，且不涉及与出租人获得租赁财产相关的贷款或担保债务。

有关正式租赁的附加标准和指导原则在不同的IRS税收法规（Revenue Ruling）和税收程序（Revenue Procedures）中都有描述。

在美国，正式租赁下的应税所有者要等到其资产完成并投入使用才能开始享受税收优惠。因此，正式租赁通常用于为现存资产融资，而不是绿地工程——仍处于施工前阶段的工程。一些贷款人，主要是银行贷款人，愿意承担绿地工程的建设风险，而其他如保险公司等长期贷款人则往往只对建设完工后的工程进行长期贷款。一些租赁投资人也不愿承担建设完工风险。有时，非银行金融机构会提供桥梁租赁或其他在建设期末办理的（be taken out by）期限更长的正式租赁桥梁融资①。

在构造一项税收导向的租赁交易时，一家需要使用设备的企业会出于财务报告目的而试图使该租赁被归为经营租赁以避免在资产负债表上被记作一项债务，或者出于税收目的而使其被归为正式租赁以使所有者的税收优惠收益转移给贷款人。

尽管为了税收目标而使一项租赁交易被归为正式租赁的要求和指导原则相当明白易懂，但有时仍需解释；有些本意为正式租赁的交易有可能被IRS视为附条件销售租赁。这种情况如果在税收导向的交易中出现，则该交易的经济状况就被相反的IRS法规改变了。因此，如果在一些复杂的交易中，参与方担心达不到IRS的要求或指导原则，就应该找出IRS中的关于如何处理这些交易的高级法规。

租赁协议通常会对出租人在其预期享受的所得税优惠方面的可能的损失提供补偿。

11.10 合成租赁

对于承租人而言，设备正式租赁的一个吸引人之处在于资产负债表上的租赁负债处理。而设备正式租赁的一个缺点，尤其对于那些能够享受到与设备所有权相关的税收优惠的承租人而言，是在正式租赁期满以及从出租人处获得设备时可能遭受损失。

合成租赁是为了满足承租人在资产负债表上的租赁债务处理要求，并同时保证承租人在租期届满时获得设备残值时的支出要求而产生的。在合成租赁中，设备所有权相关的税收优惠由承租人获得。合成租赁中的租费大致相当于承租人的其他可比的到期债务的负债比率。

合成租赁是出于会计目标的经营租赁，但为了税收目的而制成了融资租赁的形

① David Fowkes, Nasir Kahn, and Don Armstrong, "Leasing in Project Financing," *Journal of Project Finance* 6 (Spring 2000), pp. 21-32.

式。它们是资产负债表外的租赁，承租人仍为其所融资资产的所有者，保留与所有权相关的税收优惠，同时享受经营租赁的收益。对于合成租赁，在制定协议时，将设备使用者或所有者称为“承租人”，投资人称为“出租人”，这样就满足了 FAS 13 和相关会计准则中规定的对经营租赁的要求。

11.11　租赁的价值评估：选择租赁还是借款购买

既然我们已经知道什么是租赁以及对税收优惠和残值的会计处理在租赁交易中所起的关键作用，我们将说明如何对租赁进行价值评估。文献中已提出了几个用于租赁价值评估的经济模型。这里要用到的模型要求确定通过租赁交易而不是借款购置一项资产所导致的直接现金流的净现值，租赁交易下的直接现金流按照“调整后贴现率”进行贴现。[①] 该模型源于“为实现最大化企业的均衡市场价值的目标，承租人应慎重考虑租赁和其他融资工具之间的相互影响后，做出选择”。[②]

11.11.1　租赁交易下的直接现金流

当一个企业选择租赁一项资产而不是借钱购置时，这一决定将影响企业的现金流。这一在现金流方面的影响与购置资产相比较而言，可概括如下：

1. 有一笔现金流入，其值等于资产成本。

2. 承租人可以选择是否放弃一些税收抵免。例如，在投资赋税优惠消除之前，出租人可以将这一优惠转移给承租人。

3. 承租人必须在租赁期间定期支付租金。每一期支付的金额不必相同。若为正式租赁，则支付的租金完全可以因税收目标而扣除。税盾等于租金乘以承租人的边际税率。

4. 承租人放弃折旧提成而享有税盾，是因为其不拥有资产所有权。因折旧而享受的税盾是承租人的边际税率和折旧提成的乘积。

5. 有一笔现金支出，表示由于资产残值而损失的税后收益。

例如，考虑海博机械（Hieber Machine Shop）公司面临的资本预算问题。该公司正考虑获得一台机器，首次需要一笔 59 400 美元的净现金支出，且将在未来五年分别产生 16 962 美元、19 774 美元、20 663 美元、21 895 美元和 26 825 美元的现金流。假设 14% 的贴现率表示该公司的加权平均资本成本，则可知该机器的净

---

① 本章所指的调整后的贴现率技术在根本上是通过与能够在将来每一期产生与租赁相同现金流的贷款融资相比较而得到的，因而得到的结果也是相同的。下面将对此进行举例说明。
尽管调整贴现率技术在根本上与计算租赁的调整现值等价，但准确性较差。调整现值技术考虑了接受租赁融资的项目的副作用（side effects）的现值。（调整现值技术最早产生于 Steward C. Myers, “Interactions of Corporate Financing and Investment Decisions: Implication for Capital Budgeting,” *Journal of Finance* 29 (March 1974), pp. 1-26.）运用调整贴现率技术和调整现值技术估算租赁和借款购买的结果可能会不同，其原因在于，运用后一技术时，在需要对现金流贴现时使用了不同的贴现率。

② Stewart C. Myers, David A. Dill, and Alberto J. Bautista, “Valuation of Financial Lease Contracts,” *Journal of Finance* 31 (June 1976), p. 799.

现值（NPV）为 11 540 美元。①

我们假设利用以下信息来确定机器的首次净现金支出和现金流：

机器的成本＝66 000 美元

税收抵免②＝6 600 美元

税前剩余估计值＝6 000 美元（处理费用后的价值）（$6 000 value after disposal costs）

残值的税后收益估计值＝3 600 美元

机器的经济寿命＝5 年

假设折旧如下：③

年数	折旧提成
1	$9 405
2	13 794
3	13 167
4	13 167
5	13 167

海博机械公司也可以租赁同样的机器。租赁合同要求在 5 年内每年支付 13 500 美元租金，且需立即支付第一次租金。假设出租人保留税收抵免。海博机械公司在支付这些租金的同时即可享受由租金支出引致的税盾。如果海博机械公司拥有所有权而不是租赁权（即该租赁为净租赁），则不会发生其他额外的年度费用支出。出租人不会要求海博机械公司保证最低残值。

图表 11.2 是一张表明通过租赁而非借款购买的直接现金流组成的工作表。海博机械公司的边际税率假设为 40%。直接现金流概括如下：

年数					
0	1	2	3	4	5
$51 300	（$11 862）	（$13 618）	（$13 367）	（$13 367）	（$8 867）

租赁下的直接现金流的构成基于以下假设：（1）租赁为净租赁；（2）与费用相关的税收优惠是在费用发生的当年实现的。这两个假设有待进一步的讨论。

① 一个公司的加权平均资本成本（WACC）通常（尽管不一定总是）被用来作为资本预算分析时的贴现率。正如这一术语所暗示的，WACC 是该公司资本和债务的加权平均成本。一些（虽然不是所有）公司对于其高出正常风险的项目，会调整资本预算贴现率。根据企业财务官的一项调查，在实践中，提高贴现率和根据预计现金流进行概率调整（probability-adjusting the projected cash flow），这两种做法各占一半。见 Henry A. Davis, *Cash Flow and Performance Measurement*: *Managing for Value*（Morristown, NJ: Financial Executives Research Foundation, 1996）。

② 我们在本例中使用税收抵免是为了说明，如果议会在将来的税收立法中决定将某种形式的税收抵免引入资本投资中，则应该如何应用本模型。

③ 任意时刻的折旧时间表取决于当时的税法，是会发生变化的。本例中的折旧取决于应折旧基础，包括资产的成本、一半以下的税收抵免，或者 $66 000－$3 300＝$62 700。这 5 年的折旧率依次为 15%、22%、21%，21%和21%。

图表 11.2　　**租赁的直接现金流量工作表：海博机械公司**[a]

	年末					
	0	1	2	3	4	5
机器的成本	$66 000					
损失的税收抵免	(6 600)					
租金	(13 500)	($13 500)	($13 500)	($13 500)	($13 500)	
租金的税盾[b]	5 400	5 400	5 400	5 400	5 400	
损失折旧的税盾[c]		(3 762)	(5 518)	(5 267)	(5 267)	($5 267)
损失的残值						(3 600)
总计	$51 300	($11 862)	($13 618)	($13 367)	($13 367)	($8 867)

[a] 括号内表示现金支出。

[b] 租金乘以边际税率（40%）。

[c] 年度折旧乘以边际税率（40%）。

第一，如果租赁是毛租赁而非净租赁，那么租金中需扣除机械的成本、保险和财产税。假设不论是通过租赁资产还是借钱购置资产，这些成本都是相同的。分析时，这些成本包含在哪里？拥有资产的现金流是从附加收入中扣除附加经营费用得到的。维修费、保险费和财产税都包含在附加经营费用中。在有的情形下，根据选择的融资方案的不同，维修费的情况也会有所不同。在这样的情形中，需要对租赁的价值进行调整。

第二，不少企业认为，租赁在当前只是处于非税收地位（be in a non-taxpaying position），而预期它将处于纳税地位。在下一个部分要用到的租赁价值评估模型的派生模型中，并不考虑这种情形。模型假设企业在费用发生的当年能完全享受到与费用相关的税盾。有一个租赁价值评估模型，在一些特定的情形下，能够处理企业在当前处于非税收地位的情形。①

11.11.2　评估租赁交易下的直接现金流

因为租赁交易取代了债务，所以租赁下的直接现金流需要通过设计出一项贷款来进一步转化，这样的贷款要求在除了初始期外的每一期都引起与租赁债务的净现金流相同的净现金流；也就是说，财务风险被抵消了。这样的贷款，称为等价贷款，在后面会进行说明。幸运的是，数学上已经证明，与其通过耗费大量时间去构造一个等价贷款，决策者还不如仅对租赁下的直接现金流按照调整后的贴现率进行贴现。调整后的贴现率可大致通过下式得到：②

① 一个通用模型的解释和例证见：Juian R. Franks and Stewart D. Hodges，"Valuation of Finance Contracts：A Note，" *Journal of Finance* 33（May 1978），pp. 657-669。

② 正如 Brealey 和 Myers 所注，"投资人以与承租人发行的担保贷款相同的利率进行贴现的直接现金流被视为典型的可靠现金流"（Richard Brealey and Stewart Myers，*Principles of Corporate Finance*［New York：McGraw Hill，1981］，p. 629）。在租赁交易下，对于组成成分不同的直接现金流，有理由运用不同的贴现率。

调整后的贴现率 = （1-边际税率）×（借款成本）

该公式假设租赁能按等币值的方式（dollar-for-dollar basis）取代债务。[①]

给定租赁的直接现金流以及调整后的贴现率，就可以计算租赁的 NPV。我们简单地认为租赁的 NPV 就是*租赁的价值*。一个负的租赁价值表明租赁交易在经济效益方面并不比借款购置更有利可图。而正的价值则说明租赁更加有利可图。然而，只有在假定正常融资时资产的 NPV 为正且租赁价值为正时，或这两者之和为正时，租赁交易才是具有吸引力的。

为了评估我们所举的海博机械公司一例中租赁的机器的直接现金流，我们必须知道该公司借款的成本。假设借款成本被定为 10%。运用公式，可知调整后的贴现率为：

调整后的贴现率 = （1-0.40）×（0.10）= 0.06，或 6%[②]

调整后的贴现率 6% 接下来被用于决定租赁的价值。工作表在图表 11.3 中。租赁价值为 - 448 美元。于是，纯粹从经济效益的角度出发，海博机械公司应该购置该机器，而不是租赁。回忆一下，假定正常融资时资产的 NPV 为 11 540 美元。

图表 11.3　**决定租赁价值的工作表**

年末	租赁的直接现金流	1 美元的现值（6%）	现值
0	$51 300	1.0000	$51 300
1	(11 862)	0.9434	(11 191)
2	(13 618)	0.8900	(12 120)
3	(13 367)	0.8396	(11 223)
4	(13 367)	0.7921	(10 588)
5	(8 867)	0.7473	(6 626)
租赁价值（或 NPV）			$ (448)

11.11.3　等价贷款的概念

海博机械公司的例子中，租赁的价值为 - 448 美元。假设该公司有机会得到一笔 51 748 美元的五年期贷款，贷款利率为 10%，相应的本金偿还时间表如下：[③]

---

① Brealey and Myers, *Principles of Corporate Finance*, p. 634. 当承租人不认为租赁能以等币值的方式取代债务时，则需要对公式进行修改，这一点后面会解释。

② 在这种情形下，我们认为借款成本是调整后的贴现率下最合适的机会成本。在实践中，一家公司将其 WACC 作为资本预算（投资）决策中的贴现率，以及将其税后借款成本作为融资决策中的贴现率是很常见的。WACC 值较高，考虑了建议项目的商业风险。借款成本的值较低，更适合作为融资决策中的贴现率，因为其涉及的现金流更加确定。最好不要将以 WACC 贴现的资本预算决策和以贷款成本贴现的融资决策下相关的现金流这两者在一个统一分析中结合在一起。如果投资和融资现金流相互结合并在一张电子数据表中加总，融资现金流将会在以后年度中呈现出不相称的重要性，因为它们是以一个较低的贴现率贴现的。

③ 要确定贷款支出，就要解出一系列偿付金额和每期的利息，它们构成了与租赁等价的（伴之以借款的）购置的价值。

年末	0	1	2	3	4	5
偿还	0	$ 8 757	$ 11 039	$ 11 450	$ 12 137	$ 8 365

（该公司的边际贷款利率被假设为 10%）

图表 11.4 列出了当这笔贷款被用于购置机器时每年的净现金流。除贷款外，该公司还必须支付一笔 7 652 美元的初始费用。

图表 11.4　　**海博机械公司面临的租赁的等价贷款与借款购置决策**

时期	0	1	2	3	4	5
租赁：现金流						
– 租金	– $ 13 500	– $ 13 500	– $ 13 500	– $ 13 500	– $ 13 500	$ 0
+ 税盾	5 400	5 400	5 400	5 400	5 400	0
净现金流	– $ 8 100	– $ 8 100	– $ 8 100	– $ 8 100	– $ 8 100	$ 0
购置：现金流						
– 购置成本	– $ 66 000					
+ 税收抵免	6 600					
+ 残值						$ 3 600
+ 折旧税盾	0	$ 3 762	$ 5 518	$ 5 267	$ 5 267	$ 5 267
+ 贷款	51 748					
– 本金偿还	0	–8 757	–11 039	–11 450	–12 137	–8 365
– 贷款利息	0	–5 175	–4 299	–3 195	–2 050	–836
+ 税盾利息	0	2 070	1 720	1 278	820	334
净现金流	– $ 7 652	– $ 8 100	– $ 8 100	– $ 8 100	– $ 8 100	$ 0
贷款账户：						
前期余额	$ 0	$ 51 748	$ 42 991	$ 31 953	$ 20 503	$ 8 365
本金偿还（+贷款）	+51 748	8 757	–11 039	–11 450	–12 137	–8 365
新余额	$ 51 748	$ 42 991	$ 31 953	$ 20 503	$ 8 365	$ 0
租赁价值（NPV）[a]	– $ 448					

[a] 第 0 年的净现金流之差［–8 100–（–7 652）］。

租赁机器时每年的净现金流也列在图表 11.4 中了。注意，除了第 0 年外，这两种融资选择的净现金流是等价的。因此，上述贷款被称为*租赁的等价贷款*。

现在，我们可以理解为什么通过借款去购置对于海博机械公司而言在经济效益方面更具有吸引力了。等价贷款在第 0 年后每年产生的净现金流都与租赁相同。于是，等价贷款使这两种融资选择的财务风险均等化了。然而，第 0 年时，等价贷款下的初始费用为 7 652 美元，而租赁机器的初始费用为 8 100 美元。两者之差为

-448美元，即为租赁价值。注意，由租赁价值评估模型得到的租赁价值与未构造等价贷款时的结果是一样的。

11.11.4 可供选择的租赁的比较

潜在的承租人可能有机会在一个或多个出租人提供的若干个租赁安排中做出选择。纯粹从经济效益的角度来看，潜在的承租人将选择具有最高正值的租赁安排。这就要求对每一个可供选择的租赁安排的直接现金流进行分析。

例如，假设对于一个特定的租赁资产，一家公司有两个可供选择的租赁安排。下面分别是两个租赁安排的直接现金流：

年末	租赁的直接现金流	
	租赁 1	租赁 2
0	$ 42 000	$ 45 800
1	(15 000)	(13 000)
2	(15 000)	(16 000)
3	(15 000)	(18 000)
4	(1 000)	(4 000)

分别用6%和8%的调整后贴现率得到的租赁价值概括如下：

调整后的贴现率	租赁价值	
	租赁 1	租赁 2
6%	$ 1 109	$ 1 015
8%	2 663	2 818

当调整后的贴现率为6%时，两个租赁安排都是有利可图的。但租赁1略优于租赁2。当调整后的贴现率为8%时，两个租赁的价值都有所增加。此时，租赁1就稍显得不如租赁2那么吸引人。当贴现率从4%变化到10%时，两个租赁的NPV值如图表11.5所示。

图表11.5 在不同的调整后贴现率下租赁1与租赁2的NPV值

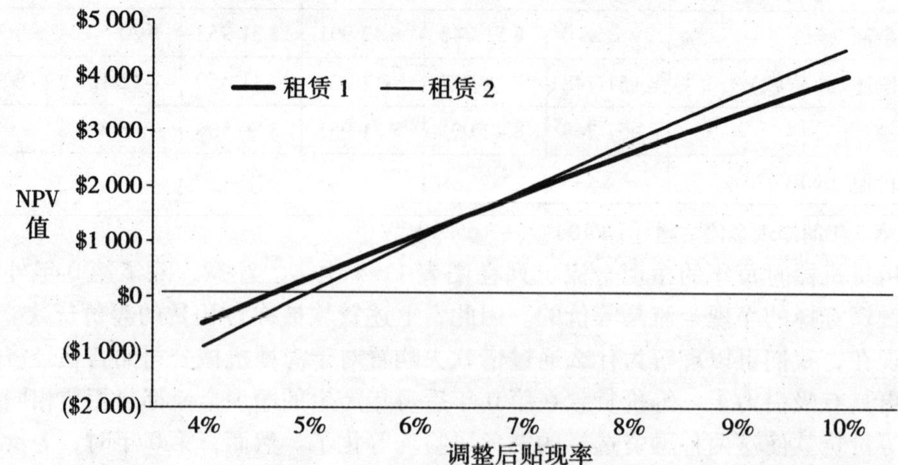

11.11.5　租赁价值评估的另一种方法

不少出租人在试着向潜在的承租人说明一项特定租赁协议的经济利益时，并不是通过确定租赁的 NPV，而是用另一种方法。这一方法是将租赁的税后利率和税后借款成本进行比较。此方法得到广泛运用的原因在于，经营者们发现，比起租赁的 NPV 概念，利率的概念更容易理解。

租赁的税后利率是令租赁的直接现金流为 0 而得到的贴现率；也就是说，是使租赁价值为 0 的贴现率。这一贴现率也被称为内部收益率。然后，将租赁的税后利率与税后借款成本相比较。若租赁的税后利率大于税后借款成本，则借款购置要比租赁更有利可图。而当税后借款成本大于租赁的税后利率时，租赁就变得更有利可图。

图表 11.2 表示了海博机械公司的一项租赁安排的直接现金流。使得租赁的直接现金流现值接近 0 的贴现率为 6.3%。于是，租赁的税后利率约为 6.3%。[①]

若税后借款成本为 6%，那么租赁安排就不具吸引力了。但如果税后借款成本为 8%，租赁安排就又变得有吸引力了。

在前面的例子中，确定租赁是否更具有经济效益的方法与用租赁价值评估的 NPV 模型用的方法是完全一样的。所得结果相同也并非只在此例中成立。这两种方法总能得到一致的结果。

租赁价值评估的 NPV 模型的优点在于，它考虑了投资与融资决策的相互影响。因此，很容易判断在一项正常融资中 NPV 为负值的投资建议能否通过适当的租赁安排而变得有利可图，而用租赁的税后利率方法是不容易判断的。这一方法要求经营者在租赁的税后利率低于税后借款成本时修改对资产成本的估价，然后根据修改后的资产成本重新评估投资建议。由于随着具有吸引力的租赁安排的出现而要求不断地修改资产成本的估价，这一方法就显得非常复杂不便。目前的文献中还没有提出解决这一问题的简单方法。

在比较不同的租赁安排时，利率法和 NPV 法不一定总能得到一致的结果。当预付租金的数额不同，租金支付不统一，或者税收抵免的处理有任何不同时，对最佳租赁安排的选择就会有差异。[②] 最佳的租赁安排具有最高的 NPV。因此，在运用这两种方法对不同租赁安排进行比较时，如果结果出现矛盾，就需要根据租赁的 NPV 做出决策。

① 要得到精确的答案可以用具有 IRR 程序的财务计算器或用电子表格程序函数，比如微软的 Excel 中的 IRR 函数。

② 这种情形可以类比于在资产预算中，通过获益技术（yield technique）得到的等级评定结果可能与通过净现值技术得到的结果相矛盾的情形。

第12章 杠杆租赁原理

设备正式租赁中的杠杆租赁是租赁融资的最终形式。它允许作为承租人的公司利用出租人由机构债务杠杆化的资本，作为其类似次级债的资金来源。从承租人无法享受 MARCRS（调整的加速成本收回系统）税收优惠的角度而言，杠杆租赁最吸引人的地方，与其他可选的融资方式相比，在于其较低的成本。杠杆租赁还可以满足那些经济寿命长达25年甚至更久的特大型固定资产项目的融资租赁需求，尽管杠杆租赁也可以用于租赁年限比这短得多的设备。如果杠杆租赁被用于适当的项目并且结构正确的话，将是一种非常有利的融资手段。

单个出资人的非杠杆设备租赁是仅涉及承租人和出租人两方的交易。在单个出资人的租赁（有时也称为非杠杆租赁和直接租赁）中，出租人从其自有资源中提供所有购置租赁资产所需的资金。而出租人也可以借入部分或全部的上述资金，前提是向借款人保证其完全追索权，此时出租人承担所涉及资金的全部风险。①

设备的杠杆租赁与单个出资人租赁在概念上是相似的。承租人指定设备并以类似的方式与出租人商谈签订租赁合同。另外，有关租金、选择权，以及纳税、保险和维修责任的相应条款都是类似的。但是，杠杆租赁在其规模、文件编制、涉及的法律方面却更为复杂，另外，同时也是最重要的区别在于，参与方的数量以及各方所拥有的特定优势。

设备的杠杆租赁通常是由企业或金融机构作为出租人提供的。这是因为，在杠杆租赁中，比起企业法人来，个人出租者所能享受到的税收优惠非常有限。本章主要讨论的是由企业和金融机构提供的杠杆租赁。

在杠杆租赁中，出租人只要提供购置设备所需的一定百分比（20%到30%）的资金就拥有了出租设备的所有权。② 其余（70%到80%）的资金由机构投资者以无追索权的方式借给出租人。对租赁物的第一留置权、租赁合同的转让和租金的转让保证了贷款的安全性。这项无追索权借款的成本是承租人的偿债能力的函数。③ 租金率随着当时的利率以及交易风险程度的变化而变化。

"杠杆租赁"往往也是正式租赁。杠杆租赁中的出租人虽然只提供了购置设备所需资金的20%到30%，但能够享受设备所有权所附带的全部 MACRS 税收优惠收益。出租人只需承担一部分设备费用风险，就能够获得在支付了全部设备费用并按

---

① 单个出资人的租赁可能会在日后将其全部或部分的租赁应收账款证券化。

② 准确的数据可通过关于出租人试图获得的经济收益的方程得到。

③ 如果承租人的信用不足以支持交易时，需要有个担保人对承租人在租赁合同下包括租金支付在内的债务做出担保。举例来说，这个担保人可能是承租人的母公司或姊妹公司、利益相关的第三方，或者是政府机构。正如在其他地方讨论过的，在 IRS 的税收要求下，杠杆租赁通常不能直接被担保。

租赁合同对残值拥有100%的所有权时才能享受的税收优惠，这就是杠杆租赁中的"杠杆"。这一杠杆使得出租人能向承租人提供一个比在直接租赁中更低的租金率。

在杠杆租赁中，相关的法律费用和成交成本要高于单个出租人非杠杆租赁的成本费用，因而杠杆租赁的应用也限于那些为相对大额的资本设备融资的交易。然而，杠杆租赁也被用于那些具有重复性和使用标准化文件的小额的租赁交易，以节约法律和成交成本。

杠杆租赁中涉及多方参与者。单个投资人的非杠杆租赁是只有承租人和出租人两个参与方的交易，而杠杆租赁就其本质而言最少包括三个具有不同利益的参与方：承租人、出租人和无追索权的贷款人。事实上，杠杆租赁有时也被称为三方交易。

一个大型的杠杆租赁中，可能会有多个所有人和出借人。在这种情况下，通常需要指定一名物主托管人拥有设备所有权并代表所有人或参股人的权利，同时指定一名契约受托人代表借款人或者参与放款人的利益，拥有财产的担保物权或者抵押权。有时，还可能指定单个受托人同时承担上述两者的职责。

本章中，我们将探讨在一项杠杆租赁中的各个参与方的权利、义务、职能和特征以及结构、现金流和可能的债务安排。①

12.1 杠杆租赁的当事人

杠杆租赁中的当事人包括：

1. 承租人；
2. 参股人；
3. 参与放款人或贷款人；
4. 物主托管人；
5. 契约受托人；
6. 制造商或承包人；
7. 包装人；
8. 担保人。

接下来，我们将逐一讨论这些当事人。

12.1.1 承租人

承租人选定要租赁的设备，就价格和特约条款进行协商，租赁合同正式生效开始租用设备。承租人接受、使用、运作并获得所有来自设备的收入；同时，承租人要支付租金。承租人的信誉作为租赁债务、杠杆债务贷款人的信贷风险，以及参股

① 杠杆租赁中的税收要求见第5章，Peter K. Nevitt and Frank J. Fabozzi, *Equipment Leasing*, 4th ed. (Hoboken, NJ: John Wiley & Sons, 2000)。

人的信贷风险的支撑。

12.1.2 参股人

参股人提供购置租赁设备所需的股权资本（购置价格的20%～30%）。他们获得支付了偿债支出和托管费用后剩余的租金。他们享有附属于租赁设备所有权的税收优惠，包括MACRS税收折旧扣除和为投资筹资时的利息抵免。根据租赁合同的限制，他们在租赁届满时能获得设备的残值。参股人有时称为出租人。事实上，在大多数情况下，他们是所有权受益人，而物主托管人就是出租人。参股人有时也被称为权益投资人、物主参与人或者委托人。

12.1.3 参与放款人或贷款人

典型的参与放款人或贷款人是银行、财务公司、保险公司、信托基金、养老基金，或者公益基金。参与放款人提供的资金，与股权资本提供者一起，组成了租赁资产购置价格的全部。参与放款人以无追索权的方式向参股人提供了购置价格的70%～80%。如前面所说，这些贷款的安全性来自于对租赁设备的第一留置权、租赁合同的转让、租金的转让，以及所有诸如地役权和供应合同的配套协议的转让权。契约受托人支付给参与放款人（或贷款人）的本金和利息是由承租人先支付给契约受托人，再由契约受托人支付给参与放款人的。

12.1.4 物主托管人

物主托管人代表了参股人的权益，担当出租人，并执行租赁协议及其他正常情况下出租人会签订的基本文件。根据与契约受托人订立的抵押或担保协议，物主托管人记录并为了参股人的利益而拥有租赁资产。物主托管人向持股人发行信托证券证明他们作为信托资产的所有人而拥有受益权，向参与放款人发行债券或票据证明杠杆债务，向契约受托人承诺担保物权以保证债券偿还的安全性（即租赁合同、租金，以及租赁资产的第一抵押权），从契约受托人处获得分配，向参股人分配收益，以及接收并发布任何按规定要求向参与方提供的、与交易相关的信息。除了委托协议中明确规定的以外，物主托管人几乎没有自主决定的权力，也不需要承担积极的职责。

物主托管人不承担任何交易之外产生的成本和债务，而是由物主参与人承担，除非是由于物主托管人的有意过失或疏忽。如果杠杆租赁只有一个权益投资人，那就不需要物主托管人，而该权益投资人就是出租人。不过，杠杆租赁中的指定物主托管人的成本与收益相比是适当的，除非该交易极为简单直接。

12.1.5 契约受托人

契约受托人（有时也称为担保受托人）由贷款人或参与放款人指定并代表其利益。当物主托管人作为出租人，出于为参与放款人的利益考虑，同时也是作为其杠杆债务和其他负债的担保，将下列权益让与契约受托人时，物主托管人与契约受托人就达成了信托协议：

1. 租赁的设备以及与设备相关的经过制造商和承包人保证的出租人的权利；

2. 租赁协议；

3. 出租人享有的获得承租人支付的租金（包括所有支付款项）的权利（不包括根据出租人与承租人约定的例外情形）；

4. 出租人在任何保证协议下享有的获得任何收入的权利（不包括约定的例外情形）；

5. 出租人在任何配套设施支持协议诸如地役权、服务合同、供应合同和销售合同等协议下享有的权利。

契约协议规定了票据或贷款协议的形式，违约事件，以及向参与放款人和其他当事人分配资金的指示和优先顺序。

交易将要达成时，契约受托人为了参股人的权益，从参与放款人和参股人处获得资金，向制造商或承包人支付租赁设备的购置价款，记录并持有租赁设备、租赁合同、所有配套设施支持协议和租金的优先担保权益。契约受托人根据租赁协议的规定向承租人收取租金和其他款项。收到租金后，契约受托人向参与放款人支付到期的杠杆债务本金和利息，然后将不需用于偿债的收入部分分配给物主托管人。当出现违约情形时，契约受托人可以取消租赁设备的赎回权并采取其他合理措施以保护参与放款人的担保物权。①

12.1.6　制造商或承包人

制造商或承包人制造或修建要租赁的设备。当设备为承租人所接受时，制造商或承包人（或称供应商）能够得到购置价款，并在租赁开始时将设备交付给承租人。制造商、承包人或供应商关于租赁设备的质量、性能和效能的保证对承租人、参股人和参与放款人而言是很重要的。

12.1.7　包装人或经纪人

包装人或经纪人是安排交易的租赁公司。在很多情况下，包装人就只是一个经纪人，而不是投资人。从承租人的角度来看，最好包装人就是一个参股人。事实上，包装人也可能是唯一的参股人。

12.1.8　担保人

在一些杠杆租赁交易中有时会出现承租人信用的担保人。尽管承租人团队中可

---

① 杠杆租赁中，单个受托人可能会同时承担物主托管人和契约受托人的职责。当只有一个受托人时，该受托人就称为物主托管人。那些偏向于在杠杆租赁交易中只指定一个受托人的人认为这样的安排较为简单，并能节约交易成本。尽管在杠杆租赁中只指定一个受托人的安排已经越来越常见，但是当承租人违约时，参股人和参与放款人之间可能会产生严重的利益冲突。因此，当承租人的信用存在问题时，只安排单个受托人的做法是不受欢迎的。

能有成员在国内税收法的规定下并不能对其杠杆债务做出担保，但团队中其他成员可以对其租金负债做出担保。与承租人无关的第三方也可以对租金或债务做出担保。这样的担保人可能是一家信用证协议下的银行、残值的承保人或者政府担保人这样的第三方。①

12.2 杠杆租赁的结构

当由经纪人或第三方租赁公司来安排时，一项杠杆租赁交易往往是按照如下方式建构的。

安排租赁的租赁公司，即“包装商”，与潜在的承租人（包括委托）订立承诺书，列出设备租赁条款的框架，包括租金的支付时间和金额。由于在售出债务和交付设备之前无法确定准确的租金，此时只能根据一些特定的变量初步确定租金，这些变量包括假定的负债率和租赁设备的交付时间。

签订承诺书后，包装人要准备一份其所提议租赁的条款概要并联系潜在的参股人以安排确定的承诺（firm commitments）向所提议的租赁进行股权投资，以使包装人不必用其自有资源来提供全部所需的股权基金。与潜在的参股人签订的合同可能是相当不正式的，或者是通过投标过程实现的。典型的参股人有银行、独立的财务公司、受控财务公司以及能够避税、有资金进行投资并了解税收导向租赁经济学的企业投资者。包装者也可能直接安排债务，或者与由承租人或出租人指定的投资银行结合来进行安排。若在相当长的一段时期内设备没有交付，或者租赁合同没有开始的话，债务安排会被延后直到接近交付日期。

包装人可能会在最初与“投标公司”达成协议或在授权条款下与其达成包销交易，接着再向其潜在的投标集团参股。然而，承租人会偏向于利用投标过程而不是承销价格，因为理论上来说，这一方法能够得到更为有利的条件。

在一些情况下，承租人宁愿自己准备投标要求后向潜在的出租人直接征求投标，而不用包装人或经纪人来承销或安排交易。举例来说，当承租人拥有足够的杠杆租赁的经验或者已经安排过类似设备的租赁时，比如计算机或者计算机系统，就会出现这种情况。

如果要安排物主托管人，往往由一家经参股人和承租人双方同意的银行或者信托公司担当物主托管人。如果需要契约受托人，则由另一家经参与放款人同意的银行或者信托公司担当。正如前面讨论过的，可能由单个受托人同时担任物主托管人和契约受托人。

图表12.1显示了一个简单的杠杆租赁中的当事人、现金流和各方之间的协议。

---

① 当由第三方来对租金做出担保时，税收程序法75-21关于出租人是否承担相当于设备成本20%的风险的规定，可能会产生争议。可以肯定地认为，这样的安排仅仅是等价于第二个信贷风险，并不改变出租人“处于风险之中”这一事实。

图表12.1 杠杆租赁

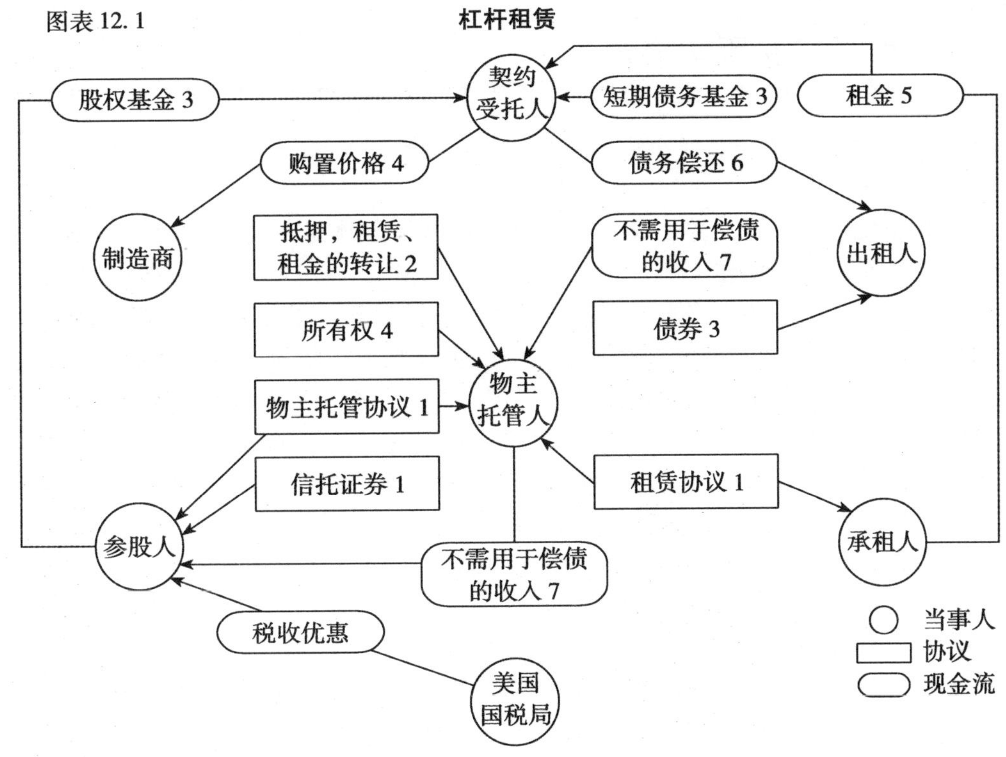

摘要：

1. 物主托管人是由参股人确立的，负责发行信托证券，并由物主托管人作为出租人与承租人负责签订租赁协议。

2. 物主托管人与契约受托人签订保证协议，以租赁资产作为抵押，租赁协议和租金作为担保转让给契约受托人。

3. 物主托管人向贷款人发行票据或债券，贷款人（参与放款人）向契约受托人支付短期债券基金，参股人向契约受托人支付股权基金。

4. 物主托管人拥有所有权，支付购置价款，并受制于（subject to）抵押。

5. 租赁开始；承租人向契约受托人支付租金。

6. 契约受托人向贷款人（参与放款人）偿还债款。

7. 不需用于偿债或支付受托人费用的收入支付给物主托管人，反过来再支付给参股人。

资料来源：第16章中的图例1，Peter K. Nevitt and Frank J. Fabozzi，*Equipment Leasing*，4th ed.（Hoboken，NJ：John Wiley & Sons，2000），p. 328。

如果杠杆租赁是由一个希望成为参股人的项目发起人安排的，则其结构和程序在本质上与第三方参股人的杠杆租赁是一样的。在这样的情况下，发起人就是股权投资人。如果一部分发起人能享受税收优惠而另一部分不能，那么参股人可能包括一个由发起人和一个或以上的第三方租赁公司。这样的协议将更为复杂，但是结构和程序在本质上与第三方参股人的杠杆租赁是相同的。

12.3 完成交易所需要素

12.3.1 参与协议

租赁交易中的关键文件是参与协议（有时也称为融资协议）。事实上，这一文件是达成交易的灵魂所在。

当杠杆租赁中的各方当事人都确定下来后，除了契约受托人之外的其余各方都签订参与协议，该协议详细说明了各方的职责、义务、机制、时间安排、前提条件，以及各当事人关于租赁设备的资金提供、购置、租赁、担保或抵押的责任。更具体而言，参股人同意进行投资或出资，参与放款人同意提供贷款，物主托管人同意购置并出租设备，承租人同意租赁设备。法律顾问所要求的意见的要旨也在参与协议中有所描述。当事人的申述也要具体述及。税项弥偿保证以及其他通常的弥偿保证都是在参与协议而不是租赁协议中阐明的。

12.3.2 其他关键文件

在杠杆租赁中，关键文件除了参与协议外，还有租赁协议、物主托管协议，以及契约托管协议。

租赁协议是由承租人和物主托管人签订的。租赁有若干年的持续期间，可能包含续租选择权和公平市场价值购置选择权。所有在租赁协议下要支付的租金和其他费用对于出租人而言都是净值。

通过物主托管协议产生物主托管人，也确立了物主托管人及其所代表的参股人之间的关系。物主托管协议阐明了托管人的职责、托管人要实行的文件，以及对从参股人、贷款人和承租人处获得的资金的分配方式。物主托管人几乎没有采取酌情和独立行为的自主权利。

物主托管人授予了契约托管人（有时也可能就是物主托管人）对租赁财产的留置权或担保物权，转让租赁协议，转让任何配套设施支持协议，以及在租赁合同下收取租金的权利。

12.3.3 承租人赔偿

承租人赔偿主要分为下面三类：

1. 针对交易中所有其他当事人在租赁及租赁设备的使用过程中出现的由第三方提出的索赔而进行的一般赔偿。

2. 针对交易中所有其他当事人出现的与交易相关的，除了特定的所得税或与所得相关的税收以外的，由联邦政府税收、州政府税收以及当地税收而进行的一般税项弥偿保证。

3. 针对参股人由于承租人的行为或过失以及其他特定事件造成的期望所得税

优惠的损失，而由承租人做出的特殊税项弥偿保证。

由承租人行为或过失以外造成的特殊税项弥偿保证的范围是需要由承租人和出租人进行特别协商来确定的。

12.4　租赁过程中的现金流

参股人有三个来源获得现金流：偿还债务并支付了托管费用后剩余的租金、税收优惠，以及租期届满时出售设备所得的款项。

承租人定期向契约受托人支付租金，契约受托人利用这些资金向参与放款人支付到期要偿还的本金和利息，并为其服务支付费用。租金的余额用于支付给物主托管人。在向物主托管人支付了托管费以及行政费用和其他费用后，物主托管人将剩余的租金支付给参股人。

参股人也能从税收优惠中获得现金流，只要他们能从季度税收估计和税收申报中获得这样的优惠。

杠杆债务通常是在与租期相当的一段时期内分期偿还的，本金和利息的到期时间往往与租金的支付时间相同或略迟于租金支付时间。其支付通常有按月支付、按季支付、半年支付或者按年支付等几种。处于竞争的原因而得到的“最优债务”结构中，租金大致等于还本付息加上递延的所得税。这样有助于达到在租赁的后期节约杠杆债务支付的效果。租金通常是每期相等的，但也有递增或递减（锯齿租金）的，以使出租人获得最大的收益。① 另外，为了给出租人带来额外的现金，也可能在租期结束前就将债务偿还完毕。

租赁终止时，设备归还给物主托管人，物主托管人可根据参股人的意思将该设备出售或出租。

租赁协议通常要求承租人向物主托管人和契约受托人提供其财务报表、保险证明，以及其他类似的资料。受托人将这些资料信息发布给所有交易的当事人。

12.5　杠杆租赁中的债务

杠杆租赁中债务的利率通常是固定的，尽管有时也可能是浮动的。这样的债务可以从很多不同的来源得到。债务可能是由领头的参股人或包装人安排的。有时承租人偏向于由其商业银行、其商业银行的资本市场团队，或者其投资银行来安排债务。大部分杠杆租赁债务都是来自私募市场，与承租人期望直接支付这样债务的成本相比，很少或几乎没有额外加付款。这些来源有：

■ 保险公司；

① 受制于美国国税局在税收法规467节和467节下的试行条例中所设的限制。

- ■ 养老金计划；
- ■ 职工分红计划；
- ■ 商业银行；
- ■ 财务公司；
- ■ 储蓄银行；
- ■ 国内租赁公司；
- ■ 外国银行；
- ■ 外国租赁公司；
- ■ 外国投资者；
- ■ 机构投资者。

其他较少用到的可能在特殊情形下有用的债务工具及来源包括如下几种：

商业票据投资者。商业票据有时在短期（5 年到 7 年）杠杆租赁中被用作杠杆债务。利用商业票据的最大风险在于浮动的利率以及票据可能无法滚动发行。这样的债务会要求一个备用信贷额度。通过利用设定上限、利率期货，或利率互换等方式可以在一定程度上避免利率风险。

公债市场。利用公债市场作为杠杆债务是有可能的，尽管不是十分实用。由于公债需要由一家投资银行承销并根据证券法进行登记，因而其成本较高。出于这些原因，发行公债如果总额低于 5 000 万美元的话，就不太经济了。另外，当利用公债时，有要修正租赁的困难。

政府融资。如果能够得到政府融资的话，杠杆债务有时也能被用作杠杆债务。

供应商融资。供应商融资可能成为杠杆债务一个很好的来源（比如造船厂为船只融资）。美国进出口银行融资就提供这样的机会。运用这一来源存在一个困难，就是要使债务的到期日与租赁的到期日相匹配。如果租赁持续的时间超过供应商融资时间，就很难安排打包债务，特别是因为这类债务的担保物权通常必须从属于供应商融资。

多货币融资。当承租人在销售其产品或服务时产生了一种以上的货币，其可能会偏向于将杠杆债务以一种或多种匹配的货币计价。为满足该需求，可以对债务和租金进行安排。可以利用货币互换来避免这样的外币债务的汇率风险。

过渡性融资。如果承租人认为固定长期融资债务的利率过高，那么他可以安排以浮动利率为基础的过渡性融资，以便在今后以一个更为有利的固定利率进行短期债务再融资。

12.6 设备租赁

近年来，杠杆租赁被越来越多的用于那些为了使用无法移动的设备而进行的融资，比如发电厂、采矿设备、炼油厂和化学设备。[①] 为了使出租人在原租赁期届满时拥有租赁设备，必须要有一系列的设施支持协议。

出租人会希望拥有设备所在地的土地，或者拥有至少比基本租赁期加上所有承租人可得的按固定租金率续租的租期之和长 20% 以上的时期内的土地租赁权益。出租人也会希望拥有地役权以及使用设施所在地的财产。如果设施的正常运行必须要有原材料、燃料及能源的供应合同，那么承租人必须在租期届满时将这些合同转让给出租人。获得电力线、铁路线、管道线和公路线的通行权（rights-of-way）是必要的，因为这样才能有权使用附近的港口、铁路或者管道设施。在有些情况下，租赁的设备设施也可能是一台大型复杂设施的一个部分，此时，出租人使用服务、燃料、能源等的权利与承租人或其他方拥有的使用设施其他部分的权利是一样的。

图表 12.2 是一幅关于燃煤发电设施的杠杆租赁的示意图，表明了建设期间由物主托管人拥有所有权的设备租赁交易中所涉及的各方当事人、现金流及各项协议。这一交易考虑了设施支持协议的转让。

在这个例子中，承租人与物主托管人之间签订设施支持协议的目的在于，提供给物主托管人使用所有财产及必要物品的权利，使得物主托管人（代表参股人的利益）以一个独立的商用发电单元的身份操作该发电设施，并将由该设施发出的电输往电网。该协议规定了维修服务、燃料供给、电力输送和分配，以及其他应由承租人提供的东西（承租人会因此得到偿还），并规定由第三方代表出租人利益或者（on lease from the lessor）负责设备的操作。如果没有设施支持协议的话，具有相关附属关系的项目资产就几乎没有什么价值了。设施支持协议作为对杠杆债务的支撑而转让给契约受托人。这些协议在整个临时租赁期、基础租赁期以及任何续租期间都仍然是有效的，至少足以达到经美国国税局测试得到的有效时间。设施支持协议的另一个目的是为了保证在租期届满时，该设施对除了承租人外的其他人而言仍具有价值，以符合美国国税局对于正式租赁的要求。

举例来说，如果物主托管人仅拥有对设施的所有权，而没有煤炭的供应合同来为设备的运作提供燃料，那么该设备作为抵押品以及考虑其残值，价值将受到严重的破坏。为了保护参股人和参与放款人的利益，承租人有必要将任何对其有利或有价值的煤炭供应合同转让给物主托管人。物主托管人为了参与放款人的利益，将把与这些合同相关的利益转让给契约受托人。设施的供应商必须同意该协议，且同意书往往作为煤炭供应协议的一部分。

参与协议及租赁协议（如图表 12.2 所示）可能会预期租赁财产的所有权在设施的建造前期就已经转移给了物主托管人（出租人）。在这样的情况下，承租人将建筑合同转让给物主托管人，而建设融资的安排将如接下来所述。

---

① 不具有便携性的设备并不意味着它在税收目标方面的有用性就受到了限制，只要能合理地预期该设备在租期届满时仍具有相当于原成本的 20% 的价值。如果在租期届满时，该设备仍能在其原来的位置上被继续使用达到或超过基本租期加上所有固定租金率续租租期之和的 20%，那么就通过了税收程序法 17-21 关于 20% 有效寿命的测试。

图表 12.2 发电设施的杠杆租赁

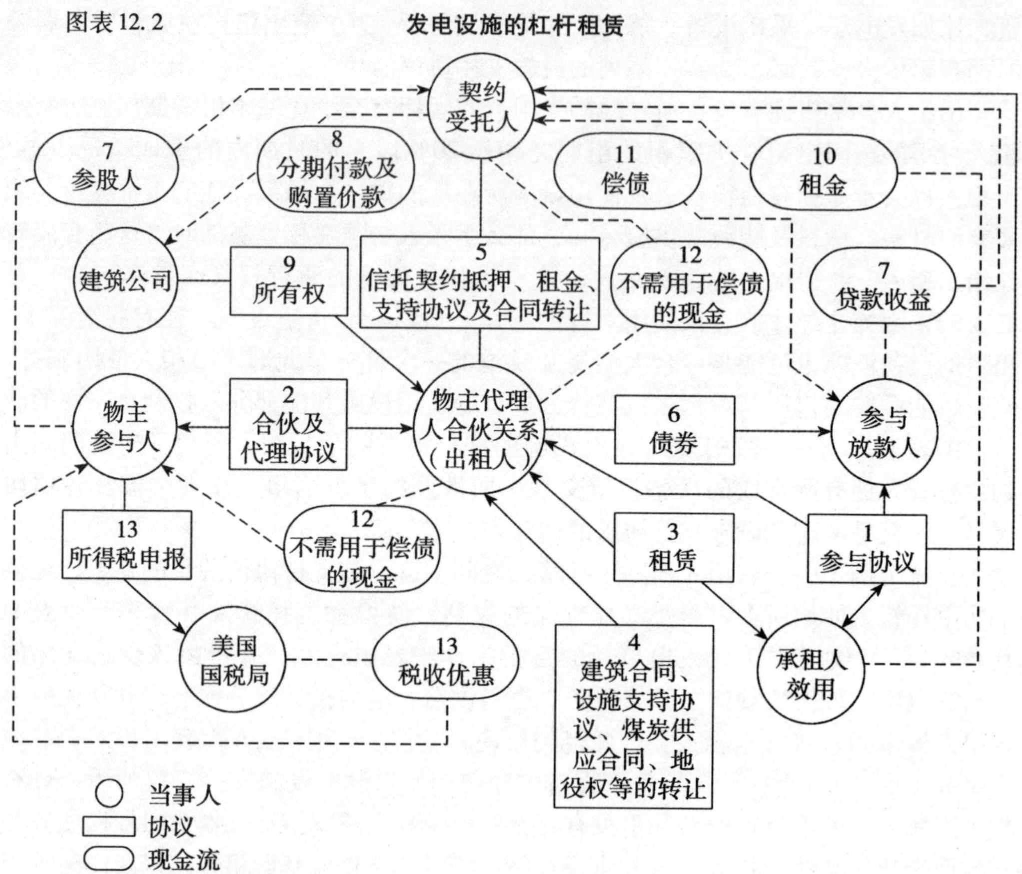

尽管租赁的设施通常是由第三方承包人来建造的，并且相关利益方希望由该承包人来监督建筑合同的实施情况。在这样的情况下，承租人和物主托管人会签订建筑监理协议。该协议的目的在于安排以及要求物主托管人利用公共设施的服务来监督施工建设的测试、交付及设施的接收。

12.7 建设融资

在通常的杠杆租赁交易中，当交易达成、承租人接受租赁设备，即租赁开始时，参股人在支付股权基金的同时就会收到参与放款人的杠杆债务基金。

然而，当建设期持续相当长的一段时期时，承包人会要求在建设期间分期付款。在这样的情况下，各方当事人会同意由物主托管人在建设期间就拥有设施的所有权，这样，租赁交易就包括了在基本租赁期之前的一段临时租赁期。当做出了这样的安排后，承租人、物主托管人以及建设贷款人（通常不会成为在基本租赁期时的参股人）之间会签订一份独立的临时（建设）贷款协议。要等到建设竣工、由承租人接受、长期融资（杠杆债务）开始，以及基本租赁期开始时，出租人才开始股权投资及短期建设贷款融资。承租人向物主托管人支付临时租金的数量要足够支付建设贷款的利息并给参股人带来充足的收益。一种选择是，将建设贷款的利息资本化，计入设施的成本，并包括在为设施进行融资所需的所有成本中。

建设融资通常是由商业银行提供的。这样的融资通过转让临时租金，以及当长期贷款人不能提供融资或到特定日期设备仍未完工时，由承租人以偿还贷款的本金的方式而得到保证。此时，参股人还会期望承租人保证使其获得投资本金加上充足的收益。承租人对建设贷款的所有担保都会在建设完工、接受租赁设备及基本租赁期开始时或在此之前全部解除。为了符合国内税收政策，解除承租人对物主托管人信托债务的担保是有必要的。

12.8 参股者的信贷风险

正如前面所注，参股人通过以下几个来源实现其收益：

1. 其投资收益与资金成本之间的利差；
2. 源于 MACRS 税收折旧扣除；
3. 租期届满时设备的残值。

尽管参股人有时候会认为他们的信贷风险是受限于其初始股权投资的，大部分是能够在杠杆租赁期最初的几年内就收回的，但是如果在租赁后期出现了杠杆债务“豁免”，情况就不是这样了。在这种情况下，出租人会被认为从豁免中取得了应纳税所得。举例来说，当承租人违约或契约受托人（代表参与放款人的权益）以低于杠杆债务未偿还的本金的价格将租赁设备收回并出售时，会发生债务豁免的情形。

出于这些原因，只有没有明显信贷风险的承租人才能利用杠杆租赁。贷款人和参股人必须确信承租人有能力承担其在租赁协议下的所有义务，包括租金支付以及租赁设备的维修。

12.9 对未来税法变化的税务补偿

如果一家公司想要利用正式租赁来为其获得所需设备进行融资，承租人和出租人必须就由谁承担未来的税收变化产生的负担这一问题达成协议。出租人能够享受到的最大的税收优惠包括 MACRS 加速折旧扣除。在租赁的前几年，因为加速折旧而得到的税收扣除等于全部或部分的应税租金收入，所以这导致了应税租金所得延后到折旧扣除开始下降直至为零时为止。如果在租赁的早期，税率上升到超过出租人定价时假设的税率，出租人的现金流和收益也会相应上升，因为前几年出租人能够享有折旧扣除。另一方面，如果税率在租赁后期开始上升到高于出租人定价时假设的税率，此时租金收入大于折旧扣除，出租人的现金流和收益就会下降甚至消失。

出租人通常会要求当税法或税率可能对其预期的收益和现金流产生不利影响

时，承租人要保证其不受损失。出租人的依据在于，比起购置该租赁设备并直接享有与设备所有权相关的税收优惠，承租人这种需要承担税收赔偿的情况并没有更糟糕。但另一方面，承租人通常要求在租赁设备交付以后，除了承租人的行为和过失造成的损失以外，出租人要承担所有其他原因造成的税收优惠损失风险。

承租人和出租人共同面临的问题是在设备租赁交易中使自身免于未来税法和税率变化带来的不确定性的风险。显著的税率变化可能会对出租人造成灾难性的后果，而这种变化的可能性是很现实的。

出租人和承租人面临的重要问题有如下几个：[①]

1. 赔偿所涵盖的税法变化风险和税率变化风险是如何定义的？
2. 需要涵盖的税率变化风险是什么？
3. 什么事件或哪些事件会引起税收赔偿？
4. 税收赔偿适用于哪段时期？整个租赁期间，还是在有限的几个月或几年内？
5. 由于赔偿税率风险而遭受的损失（或获得的收益）如何计算？
6. 接受赔偿的一方具体如何受到补偿？
7. 在哪些情况下承租人或出租人能够终止租赁？

12.10 财务顾问的必要性

一家公司在考虑杠杆租赁时，首先要考虑的问题是决定是否需要一个财务顾问或经纪人。[②] 基本上，这一问题就可以归结为财务顾问提供的服务带来的收益与为支付顾问费用而产生的支出相比，是否具有成本效率性。

为一家公司确保杠杆租赁的财务顾问需要提供如下的部分或所有服务：

1. 向公司提供如何构建为获得计划的设备而进行融资的建议：

a. 了解公司的目标、重点以及限制。

b. 为公司分析税收、法律、会计及经济结果，以及其他可选途径的潜在市场认可情况。

c. 就提议的融资与公司的法律顾问和税收顾问会面并合作。

d. 考虑其他的融资方式并将它们的优缺点与租赁融资相比较。

e. 若租赁为最佳选择，则推荐最优租赁融资方案。

2. 协助公司建立起实际可行的交易时间表，保证整个交易过程以及时、系统的方式进行。

3. 协助公司准备好对交易进行描述的股票发行备忘录，并分发给可能的股本来源方。

4. 确定最合适的股权投资人。

---

① 对每个问题的进一步讨论参加第16章 Nevitt 和 Fabozzi 的《设备租赁》。

② 通常情况下，承租人的顾问会对股权投资人和债权人进行定位，然后再承担经纪人的职责。从投资者的角度并根据交易的说法来看，承租人的财务顾问就是经纪人。

5. 在一致的基础上向可能的参股人征求承诺（solicit commitments）以保证对交易中股权投资的完整承销（underwriting）。与优先发展的潜在参股人（priority prospects）安排会面并面对面地对交易进行阐述。

6. 可行的话，安排公司重要的管理人员与优先发展的潜在参股人（priority prospects）会面。

7. 对股权回应（equity responces）进行审查、排序并明确。评估股权承诺的经济价值，包括所有相关的条款和条件。协助公司选出最佳的股权投资人。

8. 协助公司与参股人协商并完成承诺书和所有的价格调整。

9. 安排或协助安排杠杆债务的私募。就如何构建杠杆债务以获得最优定价、分期偿还、灵活机动性以及最适合的条款和条件提出建议。

10. 与公司及其法律顾问一起，就各种不同的杠杆租赁文件的条款和条件进行协商和记录。

11. 协助达成交易。为了在没有财务顾问的情况下继续进行交易，承租人必须满足：

（1）公司自身内部的员工具有技术及专业知识和技能来实现上述服务。

（2）那些具有安排租赁的技术能力和专长的员工能像财务顾问一样，有必要的时间来安排、协商并完成交易。

（3）像财务顾问一样，能够以有效并具有竞争力的方式进入租赁股权或债务募集市场。

一些经常利用杠杆租赁为设备融资的公司认为由其自行安排另外的杠杆租赁是很容易的，特别是当这些另外的租赁是重复的或者与它们过去安排过的相类似时。这样的公司无疑具有了构建和协商杠杆租赁的专长，而它们必须回答的问题是：是否足够熟悉处于不断变化中的租赁股权投资市场，能否跟上最新的市场创新发展，以及是否能够区分出所有的潜在投资人和贷款人。往往最新进入者是最具有攻击性的，因为他们试图迅速建立起其资产组合。

12.11　构建、协商、完成杠杆租赁的步骤

我们以对构建、协商和达成杠杆租赁的各个步骤和重要阶段的描述来结束本章，具体如下：

1. 由承租人及其法律顾问对交易进行审查。
2. 准备股权和债务安排的备忘录草案。
3. 与承租人及其法律顾问一起准备股票发行及债务安排备忘录。
4. 准备股权和债务招标名单。
5. 完成向所选的股本来源进行股权招标并接收确定承诺。
6. 完成并执行权益承诺书。
7. 完成所要求的所有文件的草案。

8. 完成向债务参与人进行债务招标并接收确定承诺。
9. 审查承租人和参股人的债务文件。
10. 完成并执行债务承诺书。
11. 完成对承租人和参股人的债务文件进行的协商并达成协议。
12. 审查债务参与人的文件。
13. 完成对参股人、承租人和债务参与人的债务文件进行的协商并达成协议。
14. 完成所有当事人最终的文件并在所有文件上署名签字。
15. 租赁设备的交付，承租人接受，以及支付购置价款。

完成这些步骤的时间表在各个交易中有所不同，因为结构的复杂程度，承租人的信用强度，以及租赁财产开始投入使用前所剩的时间等均有所不同。投入使用的日期不是制定一个快速的时间表的决定因素，但这样可以激励各方当事人产生一种更强烈的紧迫感。如前面所注，承租人和出租人通过密切监督其律师，将商业决策与法律决策相分离，以及快速做出商业决策以使文件能得到进一步处理等方式，能够加快进程并节省开支。

尽管有可能在相当短的一段时间内安排好设施租赁，但一项大型的设施租赁的财务计划是很复杂的，并可能需要好几个月的前期准备阶段。图表 12.3 是设备杠杆租赁交易的流程图，表现了这样的一项交易从开始到完成的过程中，需要做出的决策和会发生的事件。

图表 12.3

大型制造设备的杠杆租赁融资的关键路径图

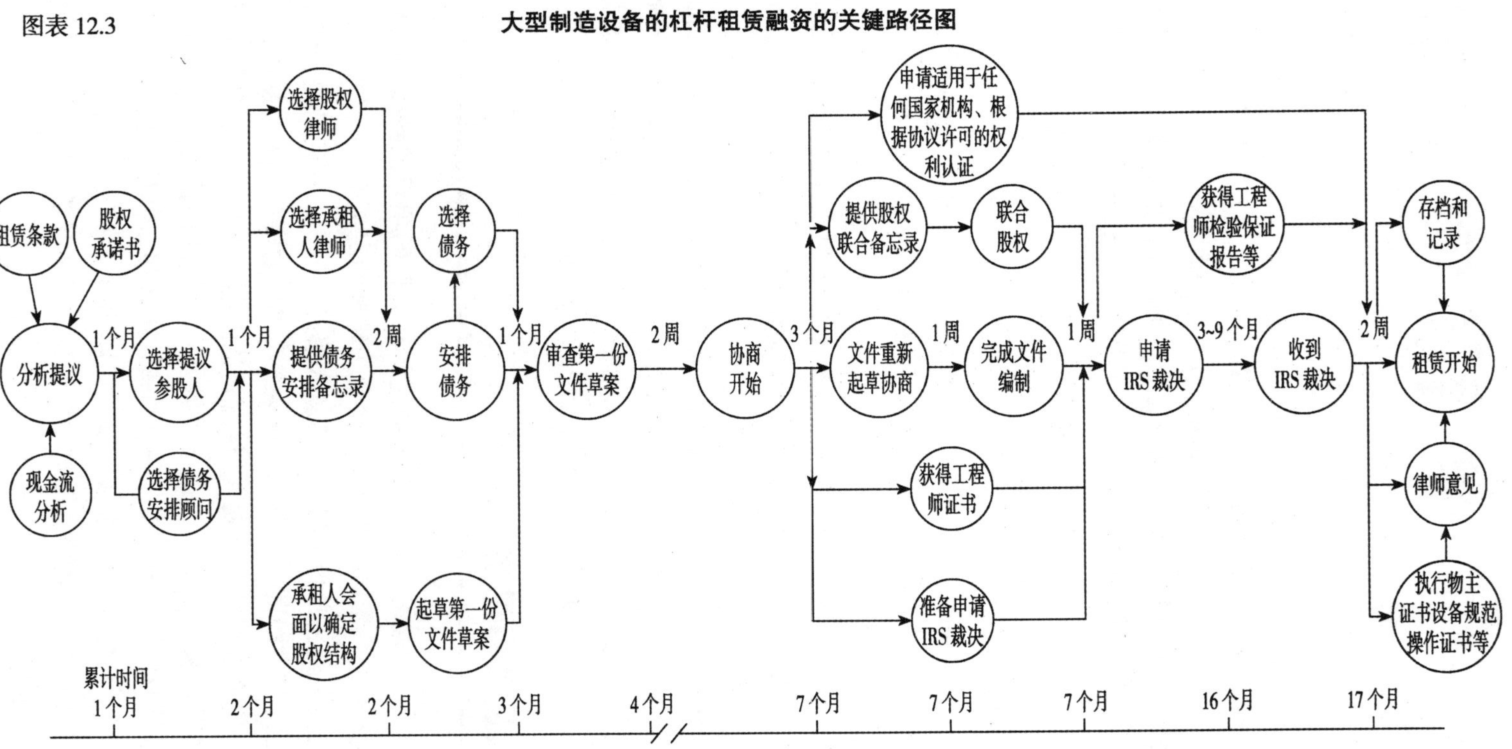

资料来源：第 17 章的图表 1，Peter K. Nevitt and Frank J. Fabozzi, *Equipment Leasing*, 4th ed. (Hoboken, NJ: John Wiley & Sons, 2000), p.351。

第 13 章　项目融资

在结构化金融的众多应用中，它可能会被企业用于为大型项目提供资金，这样就由贷款人来关注来自融资项目的现金流，而不是由企业来寻求资金。这一融资技术被称为项目融资（或项目金融），往往通过运用特殊目的载体（SPV）来实现其融资目标。项目融资和资产证券化都利用了 SPV，但项目融资涉及经营性资产所带来的现金流，而资产证券化则涉及了金融资产，如贷款或应收账款，带来的现金流。

项目融资常被用于资本密集型的设施，如发电厂、精炼厂、收费公路、管道、长途通信设施，以及工厂。在 20 世纪 70 年代以前，大部分的项目借贷都是为了自然资源经营，比如矿产和油田。自那以后，项目融资的运用范围大大扩展了，但电力仍是最主要的领域。

从事生产、加工、运输或使用能源的产业尤其受到项目融资技术的吸引，因为这类公司需要新的资金来源。那些欲将国有企业私有化的国家的企业广泛采用了项目融资。

在本章中，我们来看看项目融资的基本特征。有关项目融资的讨论倾向于关注大型复杂的项目。这可能会得出一个结论认为本章中讨论的项目融资的原则几乎无法应用于小型或者普通的融资。但事实并非如此。能用于为大型管道、铜矿或发电厂融资的原则也能运用于为罐头食品厂、酒店、轮船或加工厂进行的融资。

13.1　什么是项目融资

尽管“项目融资”这一术语被用于描述所有类型的项目的融资（不论有没有追索权），近年来，这一术语已经有了一个更为精确的定义：

对于一项特定的经济单位的融资，贷款人愿意将最初由该经济单位带来的现金流和收益作为偿还贷款的资金来源，而将该经济单位的资产作为贷款的担保品。①

这一定义中的关键词是“最初”。尽管贷款人愿意将最初由项目带来的现金流作为债务偿还的资金来源，贷款人也必须做好在“最坏的情况”偿付贷款的心理准备。这可能会涉及由第三方出于某种动机提供的直接或间接的担保。

当项目融资不会对资产负债表或者发起实体的信誉度产生重要影响时，项目融资是具有很大的吸引力的。董事会愿意继续进行高杠杆或者本质上以其自有资金进

① Peter K. Nevitt and Frank J. Fabozzi, *Project Financing*, 7th ed. (London: Euromoney, 2001), p. 1.

行融资的项目。

推动项目的当事人被称为项目的出资人或发起人。一个项目可能会有一个或若干个发起人。建筑公司担当发起人的动机在于从项目的建设或经营中获得收益。经营公司发起一个项目的动机可能只是销售由项目产出的产品并获得利润。在很多情况下，发起一个项目的动机只是为了向发起人提供加工或提供基本产品，以及保证对于发起人的业务有重大影响的供应来源。

项目融资的最终目标是为能给发起人带来收益的项目安排借款，但同时因其对发起人没有追索权，所以其对发起人的信誉和资产负债表是不会有影响的。实现这一点的一个方法是利用第三方的信用来支持交易，这样的第三方就成了发起人。然而，很少有项目是完全靠自身而不利用第三方的信用支持来进行融资的。

对于如何构造一个可行合理的项目融资这个问题，贷款人和借款人之间争议的空间很大。借款人偏向于为其项目独立融资，不反映在其资产负债表上，在财务报告中有适当的披露来揭示项目融资中借款人的风险。而在另一方面，贷款人并不涉及风险投资业务，他们也不是股权风险的承担者。贷款人希望能确保其债权得到偿还，不论是由项目本身、发起人还是利益相关的第三方来偿还。这其中包含了绝大多数项目融资所面临的挑战。

项目融资成功的关键在于，在构造项目融资时要对发起人尽可能有追索权，但同时要通过保证人、发起人或第三方的担保来提供足够的信用支持，以使得贷款人对相应的信用风险感到满意放心。

对于项目融资有这样一种普遍的误解，即认为它是资产负债表表外融资，因此该项目是完全自我支持的，而不是通过经济责任方的保证或担保来支持的。这导致一些潜在借款人产生了误解，他们认为特定类型的项目融资是独立、自我支持的项目融资，因而会假设类似的对发起人没有追索权的项目是在发起人的资产负债表外的，也不需要来自有经济责任的第三方额外的信用支持，并基于这样的假设继续开展交易。

如果有可能为一个项目安排 100% 的贷款（对发起人无追索权），那么从乐观的财务预测的基础上来看，似乎就一定能够成功地进行项目融资了，这样的情况再好不过。不幸的是，这种情况是不可能的。项目融资是没有奇迹的。这样的融资只能由金融工程来实现，这样的金融工程结合了对项目感兴趣的当事人所提供的担保和各种不同类型的保证，而这些当事人感兴趣之处在于该项目中没有哪一方当事人需要独立地承担项目的全部信用责任，而结合并审查所有的担保的时候，就得到了能令贷款人满意的信用风险的等价物。

对贷款人和投资人来说，项目融资的本质在于对项目风险的分析，包括建设风险、经营风险、市场风险（同时适用于项目的投入和产出）、监管风险、保险风险，以及货币风险。这些风险往往都通过签订合同来分配给最能管理相应风险的当事人承担，相关的合同有：建设担保、能源采购协议及其他类型的产出合同、燃料和原材料供应合同、运输合同、保障、保险单，以及其他的合同协议。

但在今天，对很多项目而言，几乎所有的部门、发起人、贷款人及银行投资者都面临着巨大的市场风险。尽管对发起人的追索权是有限的，但是发起人通常会通过保证或其他合同担保向项目提供信用支持。例如，一个热电联产项目的工业发起人可能会与一个项目签订合同购买蒸汽，而另一个发起人可能会签订合同向其销售电力。另外，发起人在一个成功的项目中的经济利益是决定该项目的信誉的重要因素。

13.2 共同拥有或出资建设项目的原因

目前，对共同所有或控制项目的应用有上升的趋势。尽管大多数企业偏向于独资并控制一项大型的项目，特别是那些涉及重要供应和分配渠道的大型项目，但仍有一些因素促成了那些拥有共同目标、才能和资源的合伙人共同所有或控制项目。这样的因素有：①

■ 所需的担保超出了单个企业的财务或管理资源；

■ 合伙人有着互补的技能或经济目标；

■ 相比于合伙人各自独立进行小型项目可能花费的成本，大型项目的经济性能大大降低了产品或服务的成本；

■ 项目的风险被共同承担了；

■ 一个或多个合伙人能够享受税收优惠（比如折旧或其他形式的税收抵免）；

■ 能获得更大的债务杠杆。

联合发起人将会选择 SPV 的合法形式（公司、合伙企业、有限合伙企业、有限责任公司、契约式合资企业，或信托公司），以满足其税收和法律目标。

13.3 项目融资中的信用风险

审视一个项目融资时，对一项典型的项目融资的不同阶段所面临的不同信用风险进行评估是很有必要的。

13.3.1 风险阶段

项目融资风险可以根据信用风险要素的不同特征分为三个阶段：

■ 工程和建造阶段；

■ 启动阶段；

■ 根据计划规范经营的阶段。

在不同的阶段会需要不同的合伙人提供不同的保证和担保，来为构造项目融资提供必要的信用支持。

① 见内维特和法伯兹的《项目融资》（第七版），第265页。

13.3.1.1　工程和建造阶段

通常情况下，项目开始时都会有一段长时间的计划和工程策划期。订购设备、协商建造合同，然后正式开始建造。建造开工后，风险会开始激增，因为用于购买材料、劳动力以及设备的资金逐步增长。用于为建设融资而进行的贷款的利息费用也开始累积。

13.3.1.2　启动阶段

项目贷款人不会认为设施竣工就等于项目完工了。他们会关注所建的工厂或者设施是否符合当初安排融资时所定的成本和计划规格。不能按照最初计划的数量和成本提供产品或服务就意味着当初的设想和可行性研究是错误的，并且有可能无法提供足够的现金流来偿还债务及支付费用。

只有当工厂或设施投入运行一段充分长的时间，并确定它能够按照作为融资基础的财务计划所规定的价格、数量和标准生产和提供产品服务时，项目贷款人才会接受该项目。这一启动风险阶段可能持续几个月或者若干年。

13.3.1.3　根据计划规范经营的阶段

一旦合伙人对按照规范运行的工厂感到满意，最终的经营阶段就开始了。在这个阶段，项目开始作为常规的经营公司开始运作。如果制订了正确的财务计划，通过销售所生产的产品或提供的服务得到的收入将足够偿还债务——包括利息和本金——支付运营费用，并向发起人和投资人提供回报。

13.3.2　不同风险阶段的贷款人

有些项目的融资自始至终都只有一个贷款人或一个贷款集团。然而，大多数大型的项目在不同的风险阶段会利用不同的贷款人或贷款集团。这是因为项目设施从建造到经营会涉及不同的风险，也要求贷款人拥有相应的不同的能力来处理和接受这些风险。

有些贷款人愿意提供长期贷款而有些则偏向于提供短期贷款。有些贷款人擅长提供建设贷款且配备有监管工程规划和项目建造的设备，而有些则没有。有些贷款人愿意接受并依赖于在建造、启动或者经营等各个不同阶段中由不同发起人提供的保证，而有些则不愿意。有些贷款人愿意接受交钥匙经营项目的信用风险，而有些则对建造和启动阶段的高风险贷款不感兴趣。

随着项目融资的不同风险阶段的变化，以及发起人提供的不同的信用支持的变化，利率也会随之而产生相应变化。

短期建造贷款人十分关注在建造或启动阶段结束时，由其他贷款人提供的长期“取出”（take-out）融资的可行性。建造贷款人往往会担心要提供其自身的无计划取出融资。因此，从建造贷款人的角度来说，在建造融资的最初取出融资就需要到位。

13.4 项目融资成功的关键因素

有几个因素是项目融资的发起人和贷款人都需要评估的，以增加项目融资成功的可能性。这些关键因素如下:[①]

■ 准备一份令人满意的可行性研究和财务计划，它们是考虑了未来通货膨胀率和利率后提出的。

■ 产品或所使用的原材料的成本是确定的。

■ 确保能以合理成本供应能源。

■ 即将生产的产品、商品和服务是存在市场的。

■ 有以合理的成本将产品运往市场的交通条件。

■ 可以得到充足的通讯条件。

■ 可按照预期的成本获得建设材料。

■ 承包商经验丰富并且值得信赖。

■ 经营商经验丰富并且值得信赖。

■ 管理人员经验丰富并且值得信赖。

■ 不涉及未经测试的技术。

■ 合资伙伴之间的合同协议，如果有的话，是符合要求的。

■ 关键发起人已提供了足够的股权投资。

■ 已经得到有关资源和资产的符合标准的评估报告。

■ 成本超支风险已经得到处理。

■ 已经考虑了延期风险。

■ 项目会向股权投资者提供足够的回报。

■ 环境风险是可控的。

当项目涉及主权实体时，以下的关键因素是为了保证项目的成功所必须考虑的:

■ 存在稳定、友好的政治环境；能得到许可证和执照；合同能够得到执行；存在法律救济。

■ 没有财产被征用或没收的风险。

■ 国家风险是符合要求的。

■ 主权风险是符合要求的。

■ 货币是可得的并且外汇风险已经得到处理。

■ 已经安排了对于像绑架和勒索这样的犯罪行为的保护措施。

■ 符合要求的商业法律体系能够保护产权和合同规定的权利。

---

① 见内维特和法伯兹的《项目融资》(第七版)，第7页。

13.5　项目失败的原因

认识到贷款人对项目的担忧的最佳方式是评估并重视会导致项目失败的几个常见的原因，包括如下几个：①

- 延期竣工，由此导致项目融资利息支出的增加和预期收入流的延迟；
- 资金成本超支；
- 技术失败；
- 承包商或其他与项目经营本质相关的当事人的财务失败；
- 项目产出的价格或需求量低于预期；
- 承购人由于财务或政治原因未能履行合同条款；
- 未经保险的意外损失；
- 原材料价格上涨或供应短缺；
- 工厂或设备的技术废弃；
- 在市场上失去竞争地位；
- 管理不善；
- 对抵押有价证券过分乐观的估计，比如石油和天然气储备。

除此之外，对于在国外的项目，还有如下的导致项目失败的原因：

- 政府干预；
- 征收或没收财产；
- 东道国政府财政破产；
- 政治变革导致东道国政府无法履行合同条款。

为了成功地实现一个项目融资，必须在整个项目持续期间合理地对上述风险进行关注、监管和规避。

下面来自20世纪90年代的十个例子说明了市场风险、对手风险、货币风险、政治风险、建造风险、经营风险，以及高杠杆和购置价格或总投资额等因素的不同组合是怎样导致财务困难的。

13.5.1　市场风险

PYCSA，巴拿马

南美洲的PYCSA巴拿马是一家项目公司，它在1997年为巴拿马的一条收费公路高达1.855亿美元的建造成本进行融资，其中1.31亿美元是依照规则144A，为期15年的优先抵押项目债券（senior secured project bonds），还有5 450万美元的股票。PYCSA巴拿马是PYCSA财团的间接附属公司，一家大型的墨西哥承包商，其主要业务是收费公路、桥梁、隧道以及其他基础设施和运输工程。这一项目债券代

① 见内维特和法伯兹的《项目融资》（第七版），第2页。

表了拉丁美洲进行的第一次资本市场项目融资。

该收费公路是为了缓解巴拿马城周围的交通堵塞而建的。它是一个更为复杂的收费公路计划的一部分，该计划是要连接巴拿马城、托库门国际机场和科隆（巴拿马的另一个主要城市，位于运河的大西洋那一端）。在与巴拿马共和国签订的协议下，PYCSA 巴拿马获得了为期 30 年的对该公路进行建造、经营及维护保养的特许权。在项目融资范围以外，特许权还允许该公司建设收费公路建设项目的第二个阶段，连接第一个阶段的项目和科隆。在第一个阶段，巴拿马城周围的车辆通行并不符合在 1997 年时对项目融资所作的预估，因为建造延期了，所以收入也低于预期，并且由于常规的公路上交通堵塞，愿意支付通行费的汽车驾驶员也少于预期。2002 年，项目的债券接近违约，PYCSA 巴拿马决定从第二阶段的项目中退出。

在决定向第一阶段的项目投资更多股权以及继续进行第二阶段前，PYCSA 巴拿马向巴拿马政府要求过某种形式的补救措施，要求要么在提供政府直接融资的条件下允许项目公司提高收费，要么政府像在另一个收费公路特许中所做的那样，移交部分政府土地。PYCSA 巴拿马通过报告说明了通过向项目第一阶段投资更多股权并利用项目第二阶段的收入来防止债券的违约是具有其合理性的。

SCL 终端航空（Terminal Aereo）圣地亚哥

SCL 终端航空圣地亚哥是一个为了扩建并经营位于智利圣地亚哥的阿图洛梅里诺贝尼特斯（arturo merino benitez）国际航空公司而进行的债券融资项目。在价值 3.16 亿美元的项目总成本融资中，包含了 2.13 亿美元的为期 14 年的担保债券、0.36 亿美元的所有者权益、0.425 亿美元的来自商业经营的现金流，以及 0.249 亿美元的债券利息收益。该项目最重要的风险与乘客数量的增长相关，也与用智利比索支付的机场收入和以美元支付的偿债义务之间的部分不匹配相关。

三大信用评级机构给项目债券的评级为 BBB 级，但结果为 AAA 级的信用保险却由于亚洲货币危机后新兴的市场信用，被要求在艰难的环境下出售债券。在项目融资后的几年，空中交通运输量并未获得特许权预期的运输量。在 2001 年到 2003 年期间，基本信用评级经过了几次下调，原因是民用航空运输量在 2001 年美国的“9·11”恐怖袭击事件之后有所下降、智利经济的衰退，以及特许权获得者和智利监管人之间的争议。而在 2004 年以后，信用评级又有所上升，原因是旅客运输量的上升，项目公司财务状况的改善，并且，项目公司与智利工务部签署了一项“收入分配机制”合同。在此合同下，政府同意在旅客量突然下降时保证特许权所有者的收入，这也是作为对特许权所有者通过公共建设工程的形式支付额外费用的回报。

13.5.2 市场风险、高杠杆、高购置价格

Drax，英国

Ofgem，英国能源产业监管机构，以及其他的能源产业专家警告说，在 2001 年新电力交易安排（NETA）实施后，电力价格将下降。尽管有这些警告，但像 AES

这样的国际电力公司仍然继续为其资产支付高价，比如 Drax，一家位于北约克郡的燃煤发电站。Drax 是西欧最大的燃煤发电厂之一，向英国输送了8%的电力。在英国国家电力公司收购了一家区域电力公司（RECs）——中岛电力公司的分配/供应业务后，它被要求减少其一部分发电量。总部位于美国的 AES 企业以超乎预期的30亿美元收购了这座发电厂，并利用高杠杆对其进行融资。使杠杆正当化的因素之一是一项与 TXU（一家总部位于得克萨斯达拉斯的多元化能源公司）的英国子公司签订的对冲合约所产生的对电力价格的保护，该合约涵盖了该厂产能的60%。该厂其余的产能则面临着商业风险。在1999年，该优质债券获得了投资级的风险评级。

自1999年项目融资开始以来，AES 及其 Drax 发电厂的投资主要受到了两个重要发展带来的连锁反应的影响：第一，英国发电量的过度供给导致了电力批发价格下降远远超乎预期，因而降低了像 Drax 这样发电厂的收益和价值，而此时订立的英国的新电力交易安排（NETA）就与这样的现状相结合了。第二，安然公司的破产导致了投资人和贷款人对整个电力行业抱着更为保守的姿态，要求像 AES 和 TXU 这样的公司去杠杆化并出售其资产。当 TXU 面临其自身的财务问题时，它终止了对冲合约，这很明显意味着 Drax 将不再有能力持续偿付其债务。到了2002年11月，Drax 与其贷款银行和债券持有人达成了一份为期六个月的暂停偿债协议，以使自己有时间改组。

到了2003年6月，AES 提出回购其部分债务并继续经营管理发电厂，作为继续持有20%的股权和年度管理费用的回报。而当2003年8月其债权人拒绝其请求时，AES 不得不从发电厂退出。银行和债券持有人接管了该发电厂并重新更换了独立董事会来对其进行管理。在接下来的两年中，电力价格有很大的回升，改善了该发电厂的财务表现。银行和债券持有人与几个发电厂投标人协商，但最终还是赞成采用 IPO。

Drax 于2005年12月开始进入伦敦证券交易所进行上市交易。那时，标准普尔评级公司对 Drax 的评级是 BBB 级企业信用评级，因其良好的资产管理、有效的经营、生产的灵活性，以及与其他商业电力供应商相比更为良好的财务状况。有些人在注意到 Drax 依赖于一些大型的批发合同且缺乏零售客户基础来对冲市场价格波动风险，他们认为 IPO 是基于持续高位的电力价格的赌博，并且，市场上一家上市的独立发电站由六家垂直整合的公共事业单位控制是很不寻常的。根据其 CEO 表示，Drax 将继续寻找机会参与未来在发电领域的兼并和收购。

13.5.3　市场风险、政治风险

达博尔（Dabhol）电站，印度

根据最初的设想，达博尔电力项目包括发展、建造和经营一座利用液化天然气（LNG）的发电站，进口液化天然气的港口设施，以及液化天然气再气化设施。最初的主要项目发起人是安然（65%）；通用电气——一家涡轮机制造商及设计承包

商（10%）；博克德——建造承包商（10%）；以及马哈拉施特拉州电力委员会（15%）。该项目代表了印度最大的外商投资和最大的能源基础设施项目融资。

该项目在1995年进行的第一阶段的融资是印度允许外资公司进入电力部门后达成的第一笔交易。它是由印度政府第一次为外资企业负债做出的保证推动的。这份经过近两年的协商以及于1993年11月签订的电力购买协议（PPA）在印度是具有政治上的争议的。反对者批评该协议，因为PPA是通过协商决定的，而不是经过公开招标的形式，使得这项交易被强制秘密化，这样就可能给安然带来暴利。也有一部分人认为不应该使用液化天然气，因为它过于昂贵。该项目受困于其主要购电商马哈拉施特拉州电力委员会（MSEB）的故意违约、联邦和州政府的保证违约以及主要项目开发商安然的破产。最开始，存在的根本问题有：达博尔根据电力购买协议（PPA）所提供的电力价格高于MSEB所能承受的价位，马哈拉施特拉州政府拥有的权力过于强大，以及在没有经过州政府和联邦政府许可的情况下，该项目不得向其他当事人出售电力。2001年，在MSEB拖欠了2.4亿美元的支付款后，安然关闭了该发电厂。

在随后的一段时期内，针对要重新启动发电厂，还是要将其出售，发起人、印度国内和国外的贷款人以及MSEB之间进行了漫长的协商。2003年9月，通用电气和博克德向印度政府提出仲裁请求，分别要求近6亿美元以弥补其对项目的投资和为其所完成工作拖欠的工程款。与此同时，通用电气和博克德还向仲裁小组提出根据其政治风险保单向OPIC索赔，因为它们发现自己在DPC的收益是非法的，因而向OPIC要求政治风险损失赔偿。受到仲裁小组这一决定的鼓励，国外的贷款人也从2003年11月开始根据双边投资条约向印度政府提出索赔，向政府施加压力以重新启动该项目。2004年，博克德和通用电气获得了美国破产法庭的批准，以合计2 000万美元收购了安然在该发电厂中65%的股份。

2005年7月，博克德与印度政府达成协议，以1.6亿美元结清其对达博尔发电公司的全部索赔，而通用电气也以1.45亿美元达成了类似的协议。通用电气将这1.45亿美元再投资于其在印度所拥有的业务，为其带来了显著并不断增长的商业利益。2005年7月，印度国内贷款人达成一项计划，以6亿美元买下国外贷款人的债权，并允许将该项目转化成一家叫做勒德纳吉里（Ratnagiri）天然气和电力有限公司的特殊目的公司。该公司将为贷款人及两家国有企业所拥有，这两家国有企业分别是印度盖尔（Gal）公司——一家采购天然气的天然气公司，以及国家热电公司——一家发电公司，它将经营发电厂并与MSEB协定一份新的PPA。天然气价格的上涨使得采购天然气变得特别困难。

8月，MSEB表示愿意根据每百万英国热量单位（MMBtu）3.65美元的估价，以每度电2.30卢比的价格购电。到2005年11月，报价变成了每百万英国热量单位7至8美元。当时，通用电气已经不再是股份持有人，它于2005年10月受托根据合同对重启该发电厂所需的条件做出评估研究。到2005年底，该发电厂非但没有出现电力过剩现象，反而产生了严重短缺。因此，印度政府与所有各方当事人不得不更加努力的合作，以期达成妥协并重新启用发电厂。

13.5.4　市场风险、对手风险、货币风险、政治风险

帕伊通（Paiton）能源公司，印度尼西亚

在苏哈托政府执政期间，印度尼西亚国有电力公司 Perusahaan Listrik Negara（PLN）与 27 个独立的电力项目（IPPs）签订了长期的以美元计价的 PPA。帕伊通能源公司是其中的第一家，因而其协商所用的时间是最长的；其原本要被作为大型的私营电力项目的模型。项目发起人表示，用于该发电厂高达 25 亿美元的总成本在印度尼西亚独立电力项目（IPPs）中是最高的，而且对 PLN 的收费也是最高的。

在始于 1997 年的亚洲金融危机过程中，印尼的卢比开始贬值，此时，PLN 和 IPPs 之间的问题也开始产生了。随着卢比的不断贬值，PLN 越来越难以承受 IPPs 以美元为主计价的电费。在长达 6 个月的时间里，PLN 未能向帕伊通能源公司支付电费。当苏哈托在 1999 年倒台以后，PLN 声称当时其订立的很多合同是在苏哈托政府的压力下被迫签订的。很多 IPPs 其实是苏哈托的亲属或其与当地合伙人联营的公司，在这 27 个与 IPP 订立的合同中，没有一个是经过公开投标的形式达成的。

面对这样的压力，PLN 和印尼政府都拒绝支付 PPAs 及支持信下的相关款项。PLN 提出诉讼，要求撤销其与帕伊通公司订立的 PPA，说其支付的电力总成本相当于其他可比发电厂的两倍。瓦西德总统下令 PLN 取消其诉讼，寻找一种庭外和解的方式。2000 年，PLN 和帕伊通达成了临时协议，使得 PLN 以较低的价格购电，以期对 PPA 进行全面调整。

经过长期的协商之后，最初的 1994 年 PPA 在 2002 年得到了修订，降低了电价并将期限从 30 年延长至 40 年。印度尼西亚必须要解决其 PPA 纠纷，这样才能吸引投资者对其他电力项目的投资，来满足国内增长的电力需求。在修订后的 PPA 签订后，美国项目开发人爱迪生能源公司宣布其计划将发电厂规模扩大一倍，以缓解项目早期遭受的损失。2003 年 2 月，美国进出口银行将最初计划用于建成项目但受亚洲金融危机影响而延误的 5.07 亿美元转成了直接贷款。

2003 年 9 月，标准普尔将该项目的信用评级从 CCC 上调到 B-级别，其理由是：相对有力的 PPA 结构产生了稳定的现金流，有证据表明其股东提供了大力支持，印尼国内强烈的电力需求，以及在过去两年发电厂的经营业绩良好。

标准普尔评级机构还证明，由于政府允许提高电费以及卢比走强的原因，PLN 的财务状况得到了改善。与这些优势相抵的是，该机构认为 PLN 的整体信用状况仍然比较弱，因为其经营业绩不佳、获利能力低，且现金流保护措施较弱。2004 年 12 月，爱迪生能源公司将其拥有的 10 个国际电力项目，包括帕伊通电力，出售给 IPM 鹰公司（IPM Eagle），一家总部位于英国的 70-30 合伙制的国际电力公司，正当三井物产国际电力公司在发展其国际 IPP 投资时，爱迪生国际，即爱迪生电力公司的母公司，却将业务重心重新放到了国内经营上。

13.5.5　对手风险、政治风险

梅州湾，中国

位于中国福建省的梅州湾燃煤发电厂项目成本为7.25亿美元，它在1998年融资时，包括了来自其发起人的1.58亿美元的股权以及来自亚洲发展银行、法国对外贸易保险公司 The Compagnie Française d´Assurance pour le Commerce Extérieur (Coface)、西班牙公司信用保险公司 Compania Espanola de Seguros de Credito (Cesce)，以及商业银行5.67亿美元的债务。这是中国第二个外商全资的电力工程，也是第一个完全外商合资且不属于由中国政府发起的建设—所有—转让（BOT）项目的电力工程。

由于该工程不依赖于BOT项目，发起人无法与省级政府订立全面特许权协议，也无法获得监管部门的预先批准（a preassembled regulatory approval）或政府支持方案。然而，由于不受BOT项目的限制，发起人有更多的自由来规划项目安排及为项目量身定制融资方案。发起人的目标是建立一个具有真正的有限追索权的融资方案，这些资金来自国际贷款人，而且，所使用的文件都是未曾在中国使用过的世界标准文件。

1993年，该项目首次获得批准通过时，中国需要发电厂，并愿意向其支付相对较高的价格。然而，到2002年时，福建省出现电力过度供应的现象，中国中央政府对发电部门进行重组以增强其竞争性，并降低了全国的电价。2002年5月，福建省政府不再履行其与梅州湾发电项目订立的PPA的义务，并提出要求降低电费。2002年9月订立的临时协议使得梅州湾避免了拖欠国际贷款行为，发起人利用中国国内银行对部分工程债务进行再融资以降低利息成本。不论有关项目费率的最终协议如何，该项目发起人的回报率一定都会远远低于其最初的预期。由于梅州湾的问题以及当时发生的其他海外投资的问题，大型的国际电力产业的参与者们对于中国的新项目已不再那么热衷。

13.5.6　市场风险、货币风险、政治风险、高购置价格

BCP，巴西

BCP是南方贝尔领导下的一家联营企业，它为其在巴西圣保罗的手机许可证支付了达25亿美元的意外高价，并以一个高水平的债务为其融资。尽管其经营业绩以及扣除利息、税项、折旧及摊销前的收入（EBITDA）都超出了其商业计划，但由于巴西雷阿尔币值的下降，BCP在每两年滚动发行其当地货币票据以及偿还其亿美元计价的债务时遇到了困难。债务重组因为遭到两个持有47%股份的股东的反对而受阻，这两个股东最终放弃了对项目的控制而将其转移给银行贷款人。当时，两大参与者开始主导拉丁美洲的电信市场。在接下来的一年里，其中一位参与者，墨西哥美洲电信公司，收购了BCP；而另一个参与者，西班牙电信公司，则收购了南方贝尔在拉丁美洲的另一处资产，它们支付的价格都远低于南方贝尔最初投

资的成本。

13.5.7　市场风险、高杠杆

FLAG

环球光纤链路（Fiberoptic Link Around the Globe）（FLAG）是一个跨国海底光纤电缆网络，为电信运营商、应用服务提供商（ASPs）以及互联网服务供应商（ISPs）提供传输服务。该项目跨越北美、欧洲和亚洲共25个辖区，是第一个通过项目融资的海底电缆系统，也是第一个大型的由私人投资者而不是国际运营商进行融资的海底电缆系统。保险来自17个辖区的出口信贷机构（ECAs）。

FLAG是有能力偿还其最初在1995年安排的9.5亿美元项目债务的；但到后来，它持续借款再投资来扩大其海底电缆网络，当全球范围内的大型电信运营商减少支出时，它就变得无力偿还其债务了。该公司在2002年初宣告破产，并在6个月后进行再兼并。因此，债权人仍持有FLAG的产权，但该公司的国际海底电缆网络以及其与180个运营商的关系仍然维持不变。

从中可以学到的最主要的教训是，通过高杠杆对积极网络扩张行为进行融资的策略在互联网的使用、电信业务和相关的资本扩张快速增长时期是可行的，但FLAG并没有保证充足的现金流来偿债以应付市场崩溃的状况。印度最大的商业集团信实（Reliance）集团在2004年初收购了FLAG，为这个花费了40亿美元建造的网络支付了2.11亿美元。信实集团想要将其国内的网络与FLAG的国际网络合并，以充分利用随着印度服务公司与美国及其他跨国客户之间的业务往来不断增长而不断增长的国际通信。

在收购了FLAG后不久，信实集团宣布了一项新的连接埃及和波斯湾国家与中国香港的海底电缆工程，穿越印度与信实集团的网络相连。这个时候，建设电缆网络的成本自电信泡沫时期以来已经下降了60%，但由于持续不断的科技创新，电缆容量的增长再一次超过了需求量的增长，引起了对又一次过度投资循环的担忧。不过，如今的FLAG是由一家资金实力雄厚的企业所支持的。

13.5.8　市场风险、经营风险

安达科罗（Andacollo）金矿，智利

1994年的安达科罗金矿工程融资项目是智利第一个没有投保政治风险的项目。安达科罗是第一个大型工程，也是不列颠哥伦比亚省温哥华戴顿（Dayton）矿业公司的主要资产。其设施是由世界最大的国际工程公司博克特（Bechtel）公司建造的。该工程的股权和贷款融资是在戴顿矿业公司的资产负债表上的，但由于该工程占了公司资产负债表的大部分，因而认为其融资实质上是项目融资。通过与作为世界上经验最丰富的承包商之一的博克特公司合作，并将贷款构造为项目融资，戴顿才能够为这样一个无法由其自身的资产负债表单独支撑的项目进行融资。在安达科罗金矿的案例中，从项目融资开始，主要的问题包括：低于预期的矿物等级造成了

高出预期的生产成本；黄金价格下降；戴顿金矿公司的利润表上持续的亏损；拖欠银行贷款协议下的债务以及随后的豁免；与银行再次就利率和偿还条款进行协商；通过提供可转换公司债券最终清偿银行贷款；以及为了从单项目公司演化而做出的不断努力，从而有了对新项目的投资和近期的兼并。

13.5.9 对手风险、政治风险

TermoEmcali，哥伦比亚

TermoEmcali 是一个为哥伦比亚卡利（Cali）市服务的 BOT 电力项目。在 1997 年进行最初的项目融资时，该项目是当地公共事业建设的唯一承购商 Emcali 公司，以及当时博克特的分公司 InternGen 公司共同拥有的。（InternGen 后为博克特和壳牌公司所有，在 2005 年出售给美国国际集团时达（Highstar）资本和安大略教师退休金计划）。由于该天然气发电厂的边际成本通常要高于批发市场能源价格，因而只能主要用于提供备用生产能力，该发电厂的根本目标是降低该区域对水力发电的依赖以及应对干旱时期的停电问题。

在过去，电力项目都是通过银行融资的，而后，在有些情况下，由资本市场进行再融资，但就在该项目建设完工以后，人们发现根据规则 144A 有关备份商业贷款承诺下的私募市场的规定，Termo Emcali 超出了融资范围（“out-of-box”）。对哥伦比亚借款人来说，该项目的债券的到期日是最长的，并且最初得到了投资级的信用评级。

一项银行偿债信用证设施取代了在之前的项目融资中常用的政府保证或电力购买协议。除了一项传统的安全方案以外，Emcali 在 PPA 下对 TermoEmcali 的支付义务还受到信心(*fiduca*）的担保，它保证项目公司能够在 Emcali 公司不履行其支付义务时，优先享受到 Emcali 公司一部分经营现金收入的收益。

最初，由于燃烧室的一些问题，导致了商业运作正式开始的时间有短暂的延迟，在此之后，该电力项目的经营业绩还是令人满意的。然而，TermoEmcali 的信用等级被评级机构下调了，最终还是违约了，因为 Emcali，作为股份持有人及主要的承购商，由于当地经济萧条及经营不善而陷入了财务困难。该公共事业单位宣告破产，由联邦政府接管后交还给卡利市。Emcali 无力偿还其购买的电力导致了 TermoEmcali 在 2003 年使其债券违约。在 2005 年完成债券重组之后，债券持有人手中每 1 000 美元未偿还的原债券可以获得新的 969 美元的本金。

13.5.10 对手风险、建造风险、政治风险

Casecnan 水电能源公司，菲律宾

Casecnan 多用途能源和灌溉项目是菲律宾国家灌溉管理部门（NIA）与 CE Casecnan 水电能源公司之间一个为期 20 年的 BOT 项目。当根据 BOT 合同经营满 20 年后，该项目将无偿交还给菲律宾政府，并预计能再继续进行 30 年的商业运作。还项目包括将 Casecnan 和 Denip 河中的水通过 23 公里的隧道输送到

Pantabangan水库用于菲律宾吕宋中部地区的灌溉及发电。在一个位于输水隧道末端地下的发电厂房内，有一个150兆瓦的发电厂。

1995年发行的高收益债券表明，在一个新兴市场国家，其市场有能力为大型且复杂的项目进行融资。他们分别构造了到期日为5年、10年及15年几种不同的种类的债券以满足不同投资者的需求，并按照一个非常紧迫的时间表将债券出售给机构投资者达成交易。在建造过程中，最初的EPC承包商达不到要求而被替换了，最初的EPC承包商的营运表现是在经过了长期的法律斗争后，由一家韩国的银行通过备付信用证支付进行支持的，而完成EPC承包商的替换工作也由于隧道打眼困难而被耽搁了。由于建设延误造成的项目流动性紧张，要求母公司的财政支援。2001年12月，该项目才完工。

开始经营后，NIA一直延迟其每月应向项目公司的付款，并且未能按照项目协议中的规定向项目公司偿还在建造期间其支付的52 00亿美元的税款。2002年8月，项目公司提出了国际仲裁，想要强制NIA偿付其税款。2003年，菲律宾最高法院正式宣告其决议，将菲律宾政府机构与菲律宾国际航空公司之间关于在马尼拉艾奎诺（Ninoy Aquino）国际机场建造第三集散站的合同视为无效，理由是该合同的定价过高，且该项目公司获得政府直接保证的做法违反了菲律宾BOT法律规定。债务联盟的Freedom，是一个来自菲律宾大学的智囊团，要求政府撤销Casecnan项目以及其他一些独立的发电厂的合同，因为它们也有类似的政府保证，并且有些条款也被认为是对承包商过于有利了。

13.6　信贷影响方面的目标

尽管一个项目融资的发起人会理想化地希望该项目融资可以进行无追索权的借款，这样就不会对其信誉或资产负债表产生任何影响，但很多项目融资的目标是实现其他的特定的信贷方面的影响，比如如下的一个或多个方面：①

■ 避免在资产负债表上被记为负债，这样就不会影响财务比率；

■ 避免在资产负债表的脚注中被特别标明；

■ 避免被列入契约或贷款协议中具有限制性的条款的约束范围内，否则将妨碍该项目进行直接债务融资或租赁；

■ 避免被视为一项现金债务而降低利息保障率，进而影响评级服务机构对发起人的信用评级；

■ 在特定时期内限制直接负债，比如建造过程中或启动期间，这样就能避免成为项目剩余期间内的负债。

■ 在项目产生收益之前，使该项目在建造阶段内不被记入资产负债表。

以上目标中的任意一项或多项的组合就能成为借款人寻求项目融资结构的充分

① 内维特和法伯兹，《项目融资》（第七版），第4页。

理由。

在有限的期间内项目的债务责任可能是可以接受的，而对于整个项目存续期间，这样的债务责任却可能是不被接受的。当发起人在最初无法为项目安排不影响资产负债表的无追索权长期债务时，该项目仍可能是可行的，只要发起人愿意承担项目建造阶段和启动阶段的信用风险。在有些情况下，贷款人可能愿意依赖于无条件的必付合同产生的收益，这些收益来自于使用该项目的产品或服务的用户所支付的价款。[①] 在其他情况下，产品或服务市场条件可能会达到这样的状态，使得在建造和启动阶段结束后，能够保证充足的收入，这样就能说服贷款人依靠这样的收入来偿清其债务。

13.6.1 资本来源

从历史角度来看，项目的建造融资是由商业银行提供的，而保险公司则会提供期限为20年甚至更久的取出（take-out）融资。银行更愿意接受建设风险和短期贷款，而保险公司则更愿意承担建设完成以及项目能够顺利运作以后的长期运营风险。

从20世纪90年代早期起，项目投资人的范围开始扩大了。现在，项目投资人包括像养老金和共同基金等机构投资人，以及世界上越来越多的国家的公债市场上的投资人。两个方面的新发展使得机构投资人比过去更乐于投资于项目融资：美国证券交易委员会（SEC）颁布的规定以及大型信用评级机构对项目进行的信用评级。

SEC的规则144A允许将符合条件的未登记证券转售给符合要求的机构购买者，并且取消了投资者需要持有两年后方可出售的要求。最近，一些大的电力项目将其融资仅限于机构114A市场；其他的项目则能够通过承诺在144A证券发行后的六个月内在公共市场上的正式注册销售来降低其财务成本，因而为持有证券的机构投资人提供了一个更具流动性的市场。

13.6.2 项目融资的信用评级

随着资本市场成为资金的一个重要来源，评级项目债务的数量增长很快。举例来说，1993年，标准普尔评级项目债务组合达到58亿美元。标普在1994年成立了项目评级小组。到1996年年中，其评级的项目债务达到163亿美元，而到2002年底，为1 060亿美元。另外两大主要评级机构，穆迪和惠誉，评级的债务也以相同的速度增长。

---

① 必付合同是一种在合同有效期内按最低限额定期支付服务或产品款项的长期合同。支付数额足够偿还融资项目的债务并能支付项目的运营费用。最低支付款项是无条件的，不论服务或产品是否完成或交付，都需要付款。相反，收付合同是指在交付后支付款项，即付款并非无条件的合同。

13.6.3　机构投资者的需求

对于机构投资者而言，项目融资提供了将风险分散化以及获得较高收益的途径。随着对越来越多的电力项目和其他基础设施建设项目的融资，根据呈现的跟踪记录，更多的投资者乐于承担风险。标准普尔（S&P）企业及政府评级部门的经理威廉·H. 楚认为，项目融资不纯粹是华尔街的又一项发明而已，而是一种买卖双方需求强烈的、不断增长的投资工具。它提供了投资组合经理一直在寻找的不相关的回报，以及异于发起人或项目产品承购人的信用的风险。

13.7　会计因素

项目融资有时被称为“表外融资”。然而，尽管项目债务可能不在发起人的资产负债表上，该债务仍会表现在项目资产负债表上。项目融资的目的在于分散项目发起人的信用风险，使得贷款人、投资人及其他当事人能够严格地从自己的利益出发，对项目进行评估。目标并不在于对债权人、评级机构或持股人掩饰或隐瞒发起人的一项负债。当然，发起人与项目相关的负债可能需要在发起人的财务报表的随附脚注中反映出来。

在传统的会计准则（GAAP）指导下，控制一家特殊目的实体（SPE）（比如一家项目公司）的财务权益（通常通过拥有多数股权的表决获得）的所有者应该将该机构合并。这样做了以后，该所有者将其拥有的该机构的权益记入其资产负债表，将其获得的来自该机构的收入记入其利润表。这一方法就是会计的权益计价法。在很多情况下，当该项目公司有若干个所有人时，拥有50%及以下权益的所有者将其来自项目公司栏外会计（below the line）的收入记入“对未列入综合报表的附属公司的股权投资（equity investment in unconsolidated subsidiaries）”，将其拥有的股权记入资产负债表上的“对未列入综合报表的附属公司的股权投资”。如果发起人在项目中拥有少于20%的权益，则该发起人对项目的管理没有重要影响，也不要求进行合并或使用权益计价法。由此推测，发起人对项目的投资以及相关的收入或损失应该要与资产负债表和利润表上的相应账目结合起来。特别是在如今的后安然环境中，在信息披露和透明度比较敏感的情况下，将项目融资在脚注中反映出来的做法将更为受欢迎。要记住的很重要的一点是，分析师们知道去哪里看一个项目融资是表内的还是表外的。

大约在15年前，会计们意识到对于那些经营活动和决策受限的SPE（特别是在租赁交易中），传统的GAAP指导不是十分奏效。财务会计准则委员会（FASB）紧急问题工作组（EITF）的第90-15期总结出，在以下情况中，承租人不需要将SPE出租人合并：

1. 由实体的合法所有人而不是承租人承担实质性的股权投资风险——有时，仅拥有3%的权益也可能被认为是实质性的，尽管EITF认为这是绝对极小值，而不是标准值；

2. SPE 与其他当事人之间有重要的交易；

3. 与 SPE 的资产相关的绝大部分剩余风险和报酬取决于其他当事人。

EITF 的指导受到了指责，因为它使得公司想要避免合并 SPE 变得过于简单，而将剩余股权等于资产的3%这一标准来作为第三方投资风险则过低了。安然利用这样的 SPE 来隐藏企业债务造成了潜在的滥用，引起了公众的注意，给 FASB 造成了压力，迫使其发布新的有关合并的指导。FASB 于 2003 年 1 月发布解释，作为对上述压力的回应。在对 FASB 复杂的有关 SPE 问题的解决方案进行了不少争论之后，修订的 FIN 第 46 条于 2003 年 12 月公布。①

在 FIN 第 46 条中，FASB 总结认为合并指导应基于剩余风险和报酬，而不是表决控制权，并且引入了一个新的概念叫做可变利益实体（VIE）。如果满足下列条件，就是可变利益实体：

1. 其资本实力单薄以至于（a）如果没有额外的附属财务支持的话，无法对其自身的经营活动进行融资，或者（b）其利润的波动性（预期剩余收益加上预期损失）超过了其股权投资风险；

2. 其股权持有人作为一个团体无法通过直接或间接的方式对其经营活动进行决策。

FIN 第 46 条要求 VIE 的第一受益人（PB）合并该实体。PB 是可变利益的持有人，将获得绝大部分的期望剩余收益，也将承受绝大部分的期望损失。可变利益包括股权投资、次级债务、保证、衍生工具合约、租赁、劳务合同，以及常用的项目合同，比如电力购买协议和经营维护协议。

如果一个项目公司，结合对项目风险的考虑，以正常的股权和债务占总资本的比率进行资本化，比如，在一个电力项目中，股权占总资本的 15% ~30%，并且，因为其股权所有人有着通常意义上的风险和权利，所以它一般不会被认为是 VIE，而且由通常的权益计价法来确定所有者是否合并其在该项目公司的权益。然而，如果由第三方承包商来承担该项目公司的绝大部分损失风险，并由他们，而不是股权持有人，来做出大部分的决策时，该项目公司就被定义为 VIE。如果 PB 被要求合并但不享有在 VIE 的多数投票权益，则除了正常的 GAAP 指导规定以外，还要披露以下信息：VIE 的性质、目标、规模和经营活动；公告的作为 VIE 负债的抵押物的资产的账面价值和分类；以及债权人或其他权益持有人是否拥有对 VIE 的 PB 一般信贷的追索权。如果 PB 在 VIE 拥有多数表决权，则不需要对这些额外的信息进行披露。一个在 VIE 中拥有重要可变利益的持有人不需要合并但是要披露 VIE 的性质、目标、规模和经营活动，持有人参与 VIE 的性质及何时开始参与，以及持有人因参与 VIE 所承受的最大损失风险。

---

① J. Paul Forrester and Benjamin J. Neuhausen, “Is My SPE a VIE under FIN 46R, and, If So, So What?” Chapter 30 in Christopher L. Culp, *Structured Finance & Insurance*: *The Art of Managing Capital and Risk* (Hoboken, NJ: John Wiley & Sons, Inc., 2006), p. 662.

在本书写作时，这些规定还是很新的。有关何为可变利益以及当事人是否为 PB 的问题是比较复杂的，需要专业的建议。EITF 04-7，确定可变利益实体的权益是否为可变利益，已经开始探索以下问题，但还没有得到解决：

■ 应运用如下四种方法的哪一种来确定实体的一项利益是否为可变利益。(1) 公平价值法：该利益是否吸收了净资产公允价值的变异性；(2) 现金流法：该利益是否包含了实体现金流的变异性；(3) 公平价值和现金流结合法；(4) 设计法：该利益最初的目的是否就是为了吸收实体的变异性。

■ 何时确定一项利益是否为可变利益，是否可以认为由衍生品交易或像电力购买协议这样的合同合成 VIE 多头的形成方式与由现金交易形成多头的方式是相同的。

最近，J. 保罗・弗莱斯特，帕特纳，梅尔，布朗，罗和莫律师事务所（J. Paul Forrester, Partner, Mayer, Brown, Rowe, & Maw LLP)，以及本杰明・S. 诺伊豪森（国家会计主任），德豪塞德曼律师事务所，[1] 建议：考虑到在实践中与项目相关的协议种类多样，以及协议中包含的与特定交易相关的要求的显著变化，要分析一方当事人是否在 VIE 中有可变利益可能会非常复杂费时，不同的会计公司可能会在相同的情形中得出不同的结论。

13.8　实现内部收益率目标

企业对于新的资本投资项目会设定目标收益率。如果所提议的一项资本开支不能产生高于该公司目标收益率的回报，那么这样使用资本资源就是不符合要求的。尤其是当该公司有另一种资本开支选择，可以带来高于公司目标收益率的资本回报时，这样的说法就更正确了。

有时，比起项目直接商业融资可能获得的收益率，项目融资可以通过投资杠杆在很大程度上提高投资于项目的资本的投资收益率。找到与项目的建成相关的其他当事人，并通过直接或间接保证的方式将一部分债务转移给这些当事人，通过这样的途径可以实现上述目标。一个例子就是，一家具有煤炭开采权的石油公司，为了更好地使用其资本，不会亲自去开发一个有开采价值的煤矿。它可能会找来一家需要煤炭的公司，比如一个公用事业单位来开采。石油公司通过长期必付合同的形式来作为间接保证，以支持为建造煤矿开采工程而进行的长期债务融资。反过来，这样将允许石油公司的投资具有更高的杠杆，因而产生更高的回报率。

13.9　项目融资的其他好处

通常，将融资分离成项目融资还有其他的一些好处，这些好处也会影响到公司

① Forrester and Neuhausen, "Is My SPE a VIE under FIN 46R, and, If So, So What?" p. 671.

寻找这样一种结构的动机。这些好处包括：[①]

■ 项目可能获得发起人无法获得的信贷来源。

■ 项目可能获得发起人无法获得的保证。

■ 当发起人的信用强度较弱时，项目融资可能享受到更有利的信贷条款和利息成本。

■ 可能实现更高的债务权益杠杆。

■ 发起人可能达不到对特定投资机构的法律要求，但是项目却可能达到。

■ 可以避免影响到发起人的监管问题。

■ 出于监管目标，在项目融资下，可能能够清楚地将成本分解。

■ 直到项目开始产生收益之前，建造融资的成本都不会反映在发起人的财务报表上。

在有些情况下，上述所列原因中的任何一个都可能会成为通过项目融资来构造一个新的经营业务的主要动机。

13.10 税收因素

任何适用的税收抵免、折旧扣除、利息扣除、损耗扣除、研究和开发的税收减免、股息抵免、外国税收抵免、资本利得、非资本启动费用等可获得的收益是分析大多数项目融资的投资、偿债以及现金流时需要考虑的重要因素。在构造项目融资时，要注意确保充分利用这些税收优惠。对于一个无法避税的新的经济实体而言，在构造项目融资时要注意将任何税收优惠转移给那些目前能够享受税收优惠的当事人。

根据美国联邦所得税的目标，拥有 80% 的控制权时就需要进行税收合并，除了在拥有特定的国外分支机构的情况下，拥有 50% 的控制权就需要进行税收合并。

13.11 项目融资的弊端

项目融资是复杂的。文件的编制较为复杂，借入资金的成本要比传统的融资更高。如果在构造项目融资时需要一方当事人的担保，或者涉及联营企业，那么在对原融资协议和经营协议进行协商时就需要更大的耐心、宽容和理解。与合伙人和联营企业进行决策制定绝非易事，因为即使是最友好的合伙人之间也会有不同的利益、问题和目标。不过，项目融资的回报和优势足以证明在构造和经营项目时产生的特殊问题是有其合理性的。

---

① 内维特和法伯兹《项目融资》（第七版），第 5 页。

13.12　近期发展趋势

项目融资近期的发展趋势有以下这些方面：

■ *基础设施要求*：大量对基础设施的要求仍然存在，特别是在发展中国家。例如，2002年，世界银行评估认为仅拉丁美洲就需要每年700亿美元以上的基础设施投资，到2005年能够满足其不断增长的、大部分处于贫困的人口的需求。

■ *私有化*：这是一个反映世界范围内政治潮流的趋势，是在政府财政预算有限的情况下，提供所需的基础设施的方式之一。这一趋势的变化表现为：公共/私人伙伴关系以及英国的私人融资计划。

■ *放松管制*：与私有化相伴的，在电力产业方面的放松管制是为了吸引更多的资本最终使得消费价格下降。由于放松管制的结构缺陷导致的2000—2001年加利福尼亚的危机引起了人们对放松管制的怀疑，也减缓了世界范围内，电力产业放松管制的进程。

■ *证券化*：在过去的十年里，一个很重要的趋势就是，在出售给范围愈加广泛的机构投资者的项目融资中，越来越多地利用投资级和高收益的债券，因而信用评级项目债务的数量也不断增长。与此相对应，由来不同产业的项目组成的投资基金向投资者提供了一个分散风险的途径，向项目发起人提供了一种新的融资来源。另外，与此相对应的，由于越来越多的拥有商业银行和投资银行职能的金融机构能在单个项目融资组合中同时提供贷款和债券的选择，因此，债券融资和银行融资变得更加灵活。

■ *风险承受能力先增后减*：直到1997年，一直存在这样的趋势，即到期日延长、价格细化（表现为基金成本分散化）、契约宽松化，以及项目融资扩展到新的产业和地理区域中，贷款人和投资者更乐于承担新的风险。这要部分归因于越来越多的机构投资人对项目融资的日益关注，相关的专业技能也不断积累起来。但是，始于1997年的亚洲金融危机、1998年的俄罗斯债务拖欠以及1999年的巴西货币贬值，导致了世界范围内的经济波动，使得这一趋势发生了逆转。银行不再愿意致力于新兴市场信贷，新兴市场上债券的利差也进一步扩大。为了获得融资，项目需要来自发起人、多边机构、出口信贷机构（ECAs），以及保险公司的支持。由于安然的崩溃，投资人和贷款人降低了其对电力公司中与经营贸易活动、海外运营以及财务报表相关的风险的容忍度。

■ *项目和企业财务混合*：对风险的容忍度以及市场流动性的缺乏有时使得融资项目无法纯粹以无追索权的方式而不被记入企业的资产负债表。如今的项目融资在介于纯粹的项目融资和纯粹的企业融资之间的范围内移动。

■ *商品价格波动*：低于长期预测水平的价格有时使得以商品为基础的项目，如铜矿、金矿、油田从盈利情况而言是“失败”的。随着管制的放宽及商家权力的扩张，发电厂的投入（燃料）成本和产出（电力）价格之间的差异有时候已经不足以影响盈利能力了。

■ 保险：项目融资及特许融资出现的一个趋势是利用有针对性的风险保障，结构化的财务机制使得那些能识别出来的项目风险转移给愿意承担的第三方，比如分保险和再保险公司、优先债权人，或者就是概念上的任何愿意承担这些风险的当事人，包括项目发起人。近来，对有针对性的风险保障的应用已经减少了收入风险，包括对商品价格费风险的保障、收费公路项目的收入保证，以及承购商违约风险的保障；流动性机制的替代，比如充分的偿债准备金和备用信用证，以及政治风险保障。在几年前，政治风险保险主要都是由政府和多边机构提供的，而现在可以由私营保险提供者提供。

■ 金融创新：由于创新主要是在其他的财务原则中，比如租赁、保险和基于衍生品的财务风险管理，它们迅速被应用于项目融资。

■ 利率波动：从边际来看，上下浮动的利率会影响项目的可行性。在 20 世纪 90 年代早期，以及过去的几年中，利率环境相对而言是比较温和的。

■ 当地货币融资：随着养老基金以及其他机构投资者在很多新兴国家不断增长，当地货币资金可以越来越多地应用于项目融资。

■ 银行业务能力：拥有广泛的银团项目融资能力的金融机构的数量，以及专门的项目融资团体的数量都在减少。如今的市场上，拥有广泛地域范围及商业和投资的银行业务能力的机构更具有竞争优势。

■ 资本要求：1988 年，由 13 个最大的工业化经济体组成的巴塞尔银行监管委员会公布了最低银行资本要求的框架。如果要承担与贷款相关的 100% 的风险，则银行要拨出的资金应等于贷款总额的 8%，而如果承担的风险权重较低时，相应的资金比例要求也会降低。企业贷款要求 100% 的风险权重，抵押贷款要求 50% 的风险权重，其他银行的信用风险则只要求 20% 的风险权重。2004 年，巴塞尔银行监管委员会公布了关于统一国际银行资本衡量和资本标准的协议：修订后的框架，也称《新巴塞尔资本协议》。在新的框架下，项目融资贷款比企业贷款具有更高的风险权重，但在一定的前提条件下，银行也可以使用其自身的风险评估系统。这样，最大型、最先进的银行就可以利用其已有的精准的风险评估方法，来避免项目融资贷款繁杂的资本要求。《新巴塞尔资本协议》同时也对典型的项目融资交易（比如传统的石油和天然气项目）与基于特许权的项目（即其偿付依赖于有信誉的、合同规定的最终用户，如政府实体）这两者之间做出了区别。后者对于最终用户而言被认为是有担保风险的，因而对其的资本要求也较低。本书的附录 A 中对《新巴塞尔资本协议》有进一步的讨论。

附录 A 《新巴塞尔资本协议》框架和证券化

银行和金融机构受到一系列的法规和管制的约束。其中最重要的是有关资本充足的规定，即一家银行为了有能力承担其因表内表外业务所涉及的风险而持有的资金的水平。1988 年，在国际清算银行（BIS）主持下，中央银行委员会提出的一项资本要求计划已经被世界范围内的各家银行广泛采用。这些来自 BIS 总部所在地，位于瑞士的一个小镇的要求就是我们所知的 BIS 监管规定，或称为巴塞尔资本充足率。[①] 根据巴塞尔要求，所有在银行投资组合中的现金和资产负债表外的工具都要根据其可以识别的信用风险确定风险权重，并且决定为应对这些风险所需的准备金的最低水平。

一家银行资本的最简单的形式，是资产负债表上资产和负债之差，是银行所有者的财产。它可能被用于弥补银行发生的任何经营损失，而如果损失超过了可得的资本数量，那么银行将面临偿债困难，导致破产。然而，出于监管的目的，资本以不同的方式被重新定义了。就最简单的形式而言，监管资本由那些在资产负债表上能被列入资本充足率的项目组成。"监管资本"包括权益、优先股、长期次级债务，以及普通留存收益。监管者要求的比率水平必须被认为足够保护银行存款人。这些科目的共同之处在于，不论在持续经营的前提下还是在清算时，它们都是吸收亏损的。这对监管者而言至关重要，他们关注的是在发生破产时，存款人和优先债权人能够优先得到全部偿付。

1992 年生效的巴塞尔规定常被称为《巴塞尔协议 I》。2004 年 6 月出台了附加指导的最终文本，于 2006 年到 2007 年在欧洲实施，2008 年到 2012 年在美国实施。这些新的指导通常被称为《巴塞尔协议 II》，即《新巴塞尔资本协议》。本附录中，我们列出了《新巴塞尔资本协议》框架中的要点，并提供了一些有关它们对于证券化和信用衍生品的影响。

《巴塞尔协议》

银行总合格资本包括两个部分：核心资本，即第一级资本；附属资本，即第二级资本。第一级资本包括三个核心资本要素之和减去商誉。这三项要素是：

① 国际清算银行，巴塞尔银行监管委员会，《资本标准的国际趋同》，1998 年 7 月。

(1) 普通股股东权益;(2) 合格的非累积永久优先股;(3) 在附属公司股票账户上的少数股东权益。第一级资本的组成部分必须占总合格资本的50%以上。第二级资本包括四个附属资本要素:(1) 贷款和租赁损失预留;(2) 永久优先股;(3) 混合资本工具和强制性可转换债券;(4) 长期次级债券和中期优先股,包括有关盈余。

《巴塞尔协议I》将风险加权资产的最低资本比率设定为8%。根据资产的风险,对资产进行分类和价值调整,由此产生的风险加权资产要乘以8%。出于这种计算的目的,银行的资产负债表上的每一项资产都被赋予了一个风险权重,风险权重的比率可以被分为四个类型:类型1,风险权重为0%,包括银行自有的现金以及对美国政府机构和OECD国家中央政府的债权。类型2,风险权重为20%,包括对美国的及外国银行的现金项目收取、短期债权(包括活期存款),以及对美国的及OECD国家银行的长期债权。类型3,风险权重为50%,包括住房按揭贷款和抵押支持证券。类型4,风险权重为100%,包括商业贷款以及其他没有包括在前三个类型中的资产。因此,举例来说,在银行间市场上的一项贷款将被赋予20%的风险权重,而同样规模的贷款如果是贷给一家企业的,那么将被赋予100%的最高权重。

资产负债表外项目也是有风险权重的。特定的表外项目的票面金额会被赋予转换系数,这样得到的信贷等值金额根据债务人的不同,比如是商业银行或是企业,而被归为适当的风险类型。保证或其他形式的直接信贷替代品具有100%的转换因子。与交易相关的应急费用,比如与特定交易相关的投标保证金、履约保证金,以及备用信用证具有50%的转换因子。短期的、贸易相关的应急费用,比如商业信用证,具有20%的转换因子。最后,承诺的未使用部分,比如可撤销的、最初到期日为一年或以内的信贷额度的转换因子为0%。

至于利率和外汇合约,如互换,则计算出信贷等值金额后乘以转换因子。表外的利率或外汇工具的信贷等值金额是其在剩余期限内的盯市价值与潜在的未来信用风险之和。潜在的未来信用风险是通过将适当的信贷转换因子乘以以该工具的名义本金金额估计而得的,定义如下表所示:

剩余到期日	利率合约	汇率合约
一年或一年以内	0	1.0%
一年以上	0.5%	5.0%

得到的利率合约或汇率合约的总信贷等值金额——盯市价值与潜在的未来信用风险之和——是根据对手方的情况,例如,是商业银行还是企业,而被赋予相应的风险权重的。

《巴塞尔协议I》一得到采纳,它的这些缺陷就被觉察到了,引来了学术界和相关从业者的不少批评。主要的批判在于,它提出的这些要求没有对不同信用评级类别的企业借款人做出补偿,在风险权重的应用方面过于严格。认识到这些考虑的正当性后,BIS在1999年提出了更新资产要求规则的提议。新的指导原则的制定旨在“提高财务系统的安全性和合理性，为处理风险提供更为广泛全面的途径，并增强竞争的公平性”。

《巴塞尔协议 I》是建立在非常宽泛的对方信贷要求基础之上的，尽管在 1996 年已经做了修正（包括交易账户要求），仍然遭到批评认为其缺乏灵活性。新提出的《巴塞尔协议 II》规则有三大支柱，旨在与特定信用风险的风险水平更为接近。它们是：

支柱一：有关信用风险和经营风险的新的资本要求。

支柱二：相对于其所持有的资本水平，如果银行的风险组合较高，对监管者采取行动的要求。

支柱三：对银行提出了比以前更高的信息披露要求以增强市场纪律。

关于第一支柱，资本要求可以通过下面两种方法之一计算而得——标准法和内部评级（IRB）法。标准法，也称基本指标法——银行根据一组基于资产正式的信用级别将其分类的矩阵，为资产分配一个相应的风险权重。内部评级法包括初级法和高级法两种形式，后者给予银行更大的自行选择决定资本支出的因素的范围。在 IRB 法中，银行根据其自身的内部风险评估来为其资产进行分类。对于采用这一方法的银行而言，其内部系统必须得到相关的监管部门的认可，并且其系统和程序必须已经运作了至少 3 年。银行必须拥有一个能够估计其借款人违约概率的系统。

在美国，只有为数不多的几家顶级的或大型的国际银行才被要求实施《巴塞尔协议 II》，更多的一些银行则可以自愿决定是否实施这一标准。它们利用高级法计算得到其最低的资本要求。其他的美国银行仍然实施《巴塞尔协议 I》。欧洲所有的金融机构，不论其规模和复杂程度如何，绝大多数都实施《巴塞尔协议 II》，但它们可以自由选择所采用的方法。在欧洲，采用标准的、基本指标法和初级法的银行必须在 2006 年年底前开始实施，而采用高级法的银行则必须在 2007 年年底前开始实施。美国联邦储备委员会、联邦存款保险公司、货币监理署，以及互助储蓄银行监管办公室于 2006 年 3 月通过了在《巴塞尔协议 II》框架下，对美国银行的新的资本和风险管理标准，设定了从 2008 年起为期 4 年的转换期，同时也针对银行在遵循新的指导规定时可能产生的银行风险调整资产的减少设定了特定的限制。甚至当《巴塞尔协议 II》得到充分的实施后，美国的银行还将受到监管者的最低杠杆比率要求和及时纠正行为规定的限制。当大型银行的总资本水平连续 3 年内每年降低超过 5% 时，银行监管机构会阻止其实施《巴塞尔协议 II》。并且，如果美国所有实施《巴塞尔协议 II》的银行的总资本水平下降超过 10% 时，监管者声明将会重新检查整个过程。

通常认为，实施《巴塞尔协议 II》的银行比继续遵循《巴塞尔协议 I》的银行更具有竞争优势，因为高级法允许它们有比遵循标准法更低的资本支出。美国的监管者计划通过一组新的指导规则，即《巴塞尔协议 IA》，来限制那些没有实施《巴塞尔协议 II》的银行的竞争优势。

与《巴塞尔协议 I》的规则相比，一般的市场观点认为《巴塞尔协议 II》

改善了评估与银行风险相关的资本充足率的基准。就 IRB 的框架而言，一个重要的变化在于，决定将所有类型的资产的资本支出仅建立在意外损失（UL）的基础之上，而不再是同时兼顾意外损失（UL）和预期损失（EL）。也就是说，银行必须持有足够的准备金以应付预期损失，否则就将面临资本惩罚。这一项意外损失、风险权重安排的变化使得资本监管的校准更接近于银行的实际经济资本要求水平。一个意外损失的框架会致使银行用不同的方式看待其资本，但是仍然保留相同的整体资本水平。风险权重资本的预期损失是自有资本总额的一部分；任何自有资本的不足会在第一级资本中被扣除 50%，在第二级资本中被扣除 50%。因此，在《巴塞尔协议 II》下，第一级资本和第二级资本的定义已经改变了，最终的框架取消了将一般贷款损失归入第二级资本的规定，并将预期信贷损失从资本要求中排除了。

注意，BIS 使资本的总体水平仍保持在现有水平上的意图表明，可以应用一个“比例因子”来调整资本水平。这个比例因子还没有得到确定，但是将会根据 BIS 在运行期间收集到的数据进行估计。到时，它将被用于风险权重资产来调整得到合适的信用风险水平。

IRB 方法的组成部分包括以下四种单个资产信用风险水平的衡量标准：

■ 违约概率（PD）：衡量借款人在指定的一段时期内违约的概率。

■ 违约损失率（LGD）：在发生违约事件时，银行预期发生的损失数额（以现金数额衡量每一项资产，表现了违约发生时的在险价值（VaR））。

■ 违约风险暴露（EAD）。银行保证、信用额度，以及流动性限额，在发生违约时可预期到的、借款人可能提取的贷款额。

■ 资产的剩余到期期限（M）：假设与剩余到期期限较短的资产相比，剩余到期期限较长的资产具有更高的发生违约或其他类似信用事件的概率。

在高级 IRB 方法下，允许银行利用其自身的内部 PD、LGD、EAD 和 M 的衡量方法来计算其自身资本的要求。这些是通过银行内部模型，根据每一项资产的历史数据加上特定资产数据计算而得的。①

《巴塞尔协议 II》允许对信用风险缓解机制的资本要求进行调整，比如净值（netting）、保证、信用衍生品以及担保。然而，为了区分这些为了基于风险的资本要求而进行的信用风险缓解机制，这些机构必须拥有相关运作程序和风险管理程序，以保证所有用于担保或保证一项交易的文件资料在相关司法管辖权重适用的法律下是合法的、可强制执行的，该机构必须执行足够的法律审查以得出可靠的结论证明这些文件资料是符合这一标准的。

一个独立的制度会要求银行遵循《巴塞尔协议 II》，来留出资本应对经营

① 计算方法本身在巴塞尔协议 II 中是有描述的。然而，银行会自己提供有关资产的内部数据。包括可信度：IRB 的公式是基于 99% 的可信度水平和一年的时期来计算的。这意味着银行持有的最低数额的监管资本能够在未来 12 个月内应对其经济损失的概率达到了 99.9%。简单来说，也就是在统计上，假设该银行保持在最低的监管资本水平的条件下，银行的损失会造成其资本基础被完全破坏的可能性只有 1/1 000。

风险，由于内部程序、人事、系统的不充分性以及失误而造成的损失，或者是由于外部事件而造成的风险——包括法律风险，但不包括战略或声誉风险。在经营风险高级法下运营的银行可以使用标准法或者 IRB 方法。使用 IRB 方法的银行必须拥有经营风险的相关数据和评估系统，包括内部经营损失事件的数据，外部经营损失事件的数据，情景分析的结果，以及对银行商业环境和内部控制的评估结果。

在《巴塞尔协议 II》下，一家金融机构的总合格资产本质上等于第一级资产和第二级资产要素之和，除了一些例外支出，基本与《巴塞尔协议 I》的规定相同。贷款和租赁损失的赔偿作为第二级资产的要素被移除，取而代之的是在比较机构的符合条件的信用储备与期望的信贷损失的基础上进行调整风险资产要求的方法。一家机构总的风险权重资产为其根据信用风险和经营风险权重衡量的风险资产之和，减去不包括在第二级资本中的超额的符合条件的信贷储备（超过其预期信贷总损失的符合条件的信贷储备）。

对证券化和信贷衍生品的影响

现在，我们提出一些有关《巴塞尔协议 II》对证券化和信用衍生品的可能造成的影响。

图例 A. 1 显示了在新协议的 IRB 方法下，新的资产划分的风险类型。《巴塞尔协议 II》认识到不同种类的资产具有不同的表现，因而在这方面比《巴塞尔协议 I》具有更大的灵活性。《巴塞尔协议 II》提供了针对下面三种不同的银行账户中资产类型的具体资本计算公式：企业、商业地产和零售。在《巴塞尔协议 II》下，不同的资产种类受到不同的资本要求的限制：图例 A. 2 列出了 BIS 自身在《巴塞尔协议 II》中，相比《巴塞尔协议 I》，在评估要求方面的变化。

图例 A. 1 **《巴塞尔协议 II》对手方风险权重**

资产类型	AAA 到 AA−	A+ 到 A−	BBB+ 到 BBB−	BB+ 到 BB−	B+ 到 B−	B−以下（包括违约）	未评级
主权	0	20	50	100	100	150	100
银行，选项 1[a]	20	50	100	100	100	150	100
银行，选项 2[b]>3 个月	20	50	50	100	100	150	50
银行，选项 2<3 个月	20	20	20	50	50	150	20
企业	20	50	100	100	150	150	100

[a] 风险权重基于银行所持股的主权。

[b] 风险权重基于单个银行的信用评级。

图例 A.2 《巴塞尔协议 II》对不同资本类型的资本要求：相对于《巴塞尔协议 I》的变化百分率

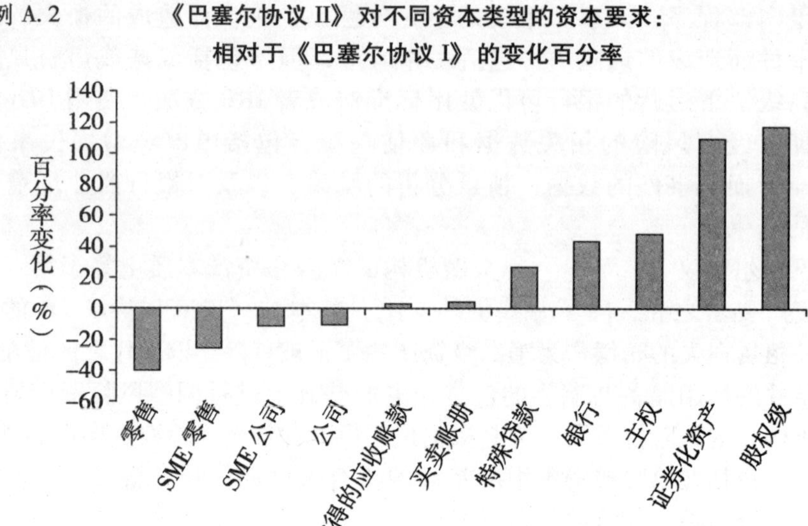

资料来源：国际清算银行。

在《巴塞尔协议 I》下，银行有很强的动机去达成信用衍生品协议，因为这会对其资产负债表产生影响并因此削减成本。在《巴塞尔协议 II》下，这些动机被部分弱化了；比如，银行不必为高信用品质的公司贷款购买信用保障。举例来说，在图例 A.1 中，评级为 AA 的企业贷款的风险权重为 20%。向一个评级为 AA 的银行为该贷款购买信贷保障不会降低费用，而向一家评级为 A 的银行购买信贷保障则会使费用上涨 50%。

相同的影响也能在结构产品市场上被观察到，因为将相关资产证券化的动机被削弱了。《巴塞尔协议 II》的提议首次被提出时，是期望对证券化市场产生显著的作用的，但这一点在最终的版本出来时已经不是那么明显了。现在，在 IRB 方法的计算中，有一种常见的分层方法来确定证券化交易的风险权重。这一方法并不考虑银行在交易中是发起人还是投资人。然而，实质上，针对证券化交易有一种统一的处理方式。为利用基于信用评级的方法，有一系列合适的风险权重用以计算一项证券化交易中的权重。

不同于已经提出的批发和零售风险暴露框架，《巴塞尔协议 II》提出的证券化框架不允许一家银行依赖于其内部与证券化暴露相关的风险评估。美国联邦储备委员会在 2006 年 4 月提出的证券化框架拟定立法通知（NPR）基于两类信息来源，在可用的范围内，来确定风险资本要求：（1）由国家认可的统计评级机构评出的信用评级，即一家大型的信用评级机构，比如惠誉、穆迪或标准普尔；（2）将基本的风险暴露视作该风险未被证券化来做出基于风险的资产要求。NPR 建议了三种确定证券化风险的风险资本要求的一般方法：基于评级法、内部评估法，以及监管公式法。一家机构要运用一种具体的上述分级方法来确定其证券化风险的风险资本要求。

《巴塞尔协议 II》对风险资本的监管进行了调整，它的一个很重要的目标是处理在《巴塞尔协议 I》下产生的资本套利策略问题。由于《巴塞尔协议 I》对企业资产的资本费用规定了一个统一的 8% 的要求，而没有考虑借款人的基本信贷质量，对资本质量高的企业来说，监管资本要求通常被认为是高于为了应对这些资产的经济风险所需的资本水平的。因此，《巴塞尔协议 I》使得银行有动机通过证券化将高质量的资产从其账户中移除。但发起银行往往为了支持其交易而处于风险性最大的最先遭受损失的处境中。因此，尽管它们降低了其在《巴塞尔协议 I》下的资本要求，却并不一定能降低其经济风险暴露。通过调整对未证券化的资产的监管资本《巴塞尔协议 II》比《巴塞尔协议 I》更接近基本经济风险，《巴塞尔协议 II》降低了银行将高质量借款人的贷款证券化的动机。《巴塞尔协议 II》也通过向初级证券付款运用相对更为严格的监管资本支出防止了监管套利，因此，如果银行保留其为了提高信用而进行结构交易的头寸的话，那么将面临更高的成本支出。例如，对于一家采用标准法的银行而言，未评级的证券化头寸必须从资本中扣减，也就是说，该银行必须留出等于未评级证券化头寸的资本。

对于采用 IRB 方法的银行来说，该框架的一个关键因素是计算一家银行因未对其风险暴露证券化所需要持有的基本池中的资本的数额。这一数额的资本也就是所谓的 K_{IRB}。如果一家采用 IRB 方法的银行保留了迫使其在其他持有人承担损失之前（即处于最先遭受损失的地位）吸收达到或低于 K_{IRB} 的损失的证券化头寸，那么，该银行必须从其资产中扣减该头寸。巴塞尔银行监管委员会相信，这一要求要得到保证，以使发起银行有充分的动机去避免与高度次级证券化头寸相关的风险，因为这样的证券化头寸本质上是风险最大的。对于那些采用 IRB 方法并投资于高度评级的证券化风险暴露的银行而言，基于外部评级的措施，基本池的高粒度性（基本风险暴露的数量和多样化程度），以及风险暴露的厚度（部分的美元值）已经发展起来了。

我们推测，在现有的基础上将评级低的资产更大程度地证券化是有监管资本优势的。这是因为在新的基于评级的方法下（见图例 A. 1），在特定的情形下，评级很低的资产，比如低于 BB 级的资产，具有更高的风险权重。至于会产生什么样的机构产品来满足这一潜在要求，我们拭目以待。

附录 B 合成证券化：以抵押贷款支持证券为例

第 4 章和第 5 章中所描述的证券化技术，自从 20 世纪 70 年代在美国的住房抵押市场上开始应用以来，已经在世界范围内的资本市场上得到了广泛的应用。在前面，我们已经探讨了现金流证券。在第 7 章中，我们讨论了合成担保债务凭证（CDO）。这里，我们来看一下合成型抵押贷款支持证券，不仅包括商业房产，也包括居住用房。我们将会看到，该交易的基础与 CDO 的交易原则是完全相同的，并且，交易产生的原因也大致与资产负债表型的静态 CDO 的产生原因相似。①

交易描述

正如在合成 CDO 市场上已经观察到的那样，欧洲和美国的商业房地产抵押贷款支持证券（CMBS）和住宅抵押贷款支持证券（RMBS）市场也经历了一系列不同的合成交易结构。最早的交易是在 1998 年达成的。正如合成 CDO 一样，合成房地产抵押支持证券（MBS）的交易结构通过信用衍生品的手段来消除与抵押贷款池相关的信用风险，而不是通过真的出售给一个特殊目的载体（SPV）。发起人，典型的是一家抵押贷款银行，是信用保护的买方并保留所有权、经济收益，以及该资产。信用风险转移到了投资者身上，他们是信用保护的卖方。

目前，最主要的合成 MBS 市场是在德国，不过，也有不少交易的发起人是来自英国、瑞士、意大利以及荷兰的。

交易结构

正如合成 CDO 一样，合成 MBS 交易也分为有资金支持的交易、无资金支持的交易，以及部分有资金支持的交易这几种类型。发起人所采用的结构类型取决于法

---

① Ian Barbour 和 Katie Hostalier 的研究提供了一个计算现金与合成证券化的定量模型，“A Framework for Evaluating a Cash（‘True Sale’）versus Synthetic Securitisation,” Chapter 6 in Frank J. Fabozzi and Moorad Choudhry（eds.），*The Handbook of European Structured Financial Products*（Hoboken，NJ：John Wiley & Sons，2004）。

定管辖权、监管环境、资本要求，以及投资者的偏好。

无资金支持的合成 MBS

无资金支持的合成 MBS 交易利用 CDS 来将抵押贷款池的信用风险从发起人身上转移到互换对手方身上。交易中，不发行证券，通常也不涉及 SPV。投资者在交易进行的过程中获得 CDS 利息。作为回报，他同意支付所有由发起人造成的资产池的损失。CDS 所参照的抵押贷款池是保留在发起人的资产负债表上的。

CDS 保障的卖方需要在发生信贷违约事件时做出支付。信贷违约事件的准确定义以及涉及的范围是随交易和法规的不同而变化的，但一般来说，与合成 CDO 交易相比，在合成 MBS 交易中，相关的信贷违约事件较少。这反映出了所参照资产的性质。在交易文件中会对信贷违约事件做出定义，而一旦发生信贷违约事件，会需要保障卖方做出相应的支付。在合成 MBS 交易中常会提到的信贷违约事件主要有“未能支付”和“破产”。

正如一个简单的 CDS 一样，在一个无资金支持的合成 MBS 中，如果发起人无法继续支付利息，投资者就面临着对手方风险。为了克服这一风险，在交易之初可能会安排一些到期日较短的交易并支付一次性利息补助，这就涵盖了整个交易期间的信用保护费用。反过来，信用保护买方的风险在于，如果信用保护卖方破产了，那么买方就无法再获得信用保护了。

由于不涉及 SPV，无资金支持的交易可以相对较快地进入市场，这也是它相对于有资金支持的交易的一大优势。由于信用违约掉期（CDS）的对手方的信用评级需要与一家 OECD 国家银行的评级相当，因而其投资者的范围就比有资金支持的交易更窄一些。

有资金支持的合成 MBS

在一个由资金支持的合成 MBS 机构中，要设立一家 SPV 来发行一系列分档的信贷关联证券（CLN），在第 9 章中我们已经讨论过了。这些 CLN 参考的是参照资产组合的信贷表现和风险暴露，这些参照资产可以是住房抵押贷款、房地产贷款，或者商业房地产抵押贷款。CLN 的收益来自于下述两者之一：

■ 投资于符合资格的抵押品，比如保证投资合约（GIC）账户①，或者 AAA 级的政府债券；

■ 转移给发起人或者第三方。

① 这里我们指的是欧洲市场对 GIC 的定义，即与伦敦同行拆借利率（LIBOR）保持固定利差的银行账户。

如果证券的发行收益用来投资于担保，就是所谓的*以附属抵押品为资金支持的合成 MBS*，否则该交易就是非附属抵押品的。

尽管在市场上存在过完全由资金支持的合成 MBS 交易，但更为常见的是部分由资金支持的交易，也就是将参照池的一部分信用风险通过 CDS 进行转化。这样就实现了将信用风险从 SPV 转移给投资人，而同时不涉及任何资金问题。

图例 B.1 说明了一个典型的由资金支持的合成 MBS 结构。图例 B.2 则说明了一个合成 CMBS 的简化结构，在该交易中，发起人资产的信用风险转移涉及了不止一个司法管辖权区域。

该结构进入市场通常是最先由发起人与一家 SPV 签订信用保护协议，要求由发起人向 SPV 支付保障利息（或者是面值利息），然后由 SPV（“发行人”）通过发行证券将这一风险暴露转移给投资者。这些投资人最终在诱发事件发生时做出支付。CLN 的信用风险是与相关的风险分类的参考资产池总的信贷表现有效挂钩的。它也与附属担保资产的风险组合挂钩，但并不显著，因为只有很高质量的投资才符合担保池的资格要求。

如果 CLN 要被抵押，发行所得的现金要被用于购买符合资格的证券或放在储备现金账户中。证券抵押品是用来支持 CLN 的利息支付的。同时，它也是可以用来弥补参考资产池的损失以及支付与 SPV 相关的一项储备基金。如果资产池遭受的损失大于任何一个储备账户，或初级证券的面值，就可以用证券抵押品来弥补发起人的损失。这一损失是由购买 CLN 的投资人承担的。这样的安排，由于是有资金支持的，消除了与没有资金支持的结构相关的对手方风险（对保障的买方而言）。原因是投资者已经用前期支付弥补了信用风险暴露。如果 CLN 不需要被抵押，那么证券的收益就直接转移给发起人或者转移给第三方代理人。发起人或第三方当然有义务在到期后偿还 CLN 的本金，但前提是没有诱发事件发生。

当参考资产池发生损失时，这些损失的分担要遵循已有的合成交易程序。每一项损失只适用于未偿还的、最初级的 CLN（在无资金支持、部分资金支持交易中对应的是 CDS)。更为高级的证券持有人要直到债券被持续的损失完全吸收时，才会看到他们的现金流开始受到影响。

部分有资金支持的合成 MBS

在一个有部分资金支持的交易中，CLN 的发行是与在无资金支持的基础上、转移部分信用风险的 CDS 相结合的。通常，这会是一个位于 CLN 之上的 CDS 篮子或组合，因而成为一个超高级 CDS。

图例 B.1　**合成 MBS 通用结构**

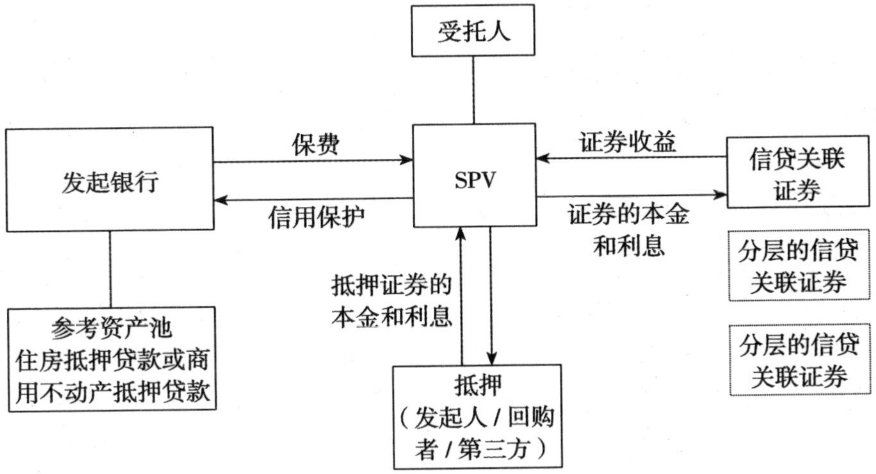

受托人
保费
证券收益
发起银行
SPV
信贷关联证券
信用保护
证券的本金和利息
分层的信贷关联证券
抵押证券的本金和利息
参考资产池
住房抵押贷款或商用不动产抵押贷款
分层的信贷关联证券
抵押
（发起人 / 回购者 / 第三方）

图例 B.2　**泛欧合成 CMBS 通用结构**

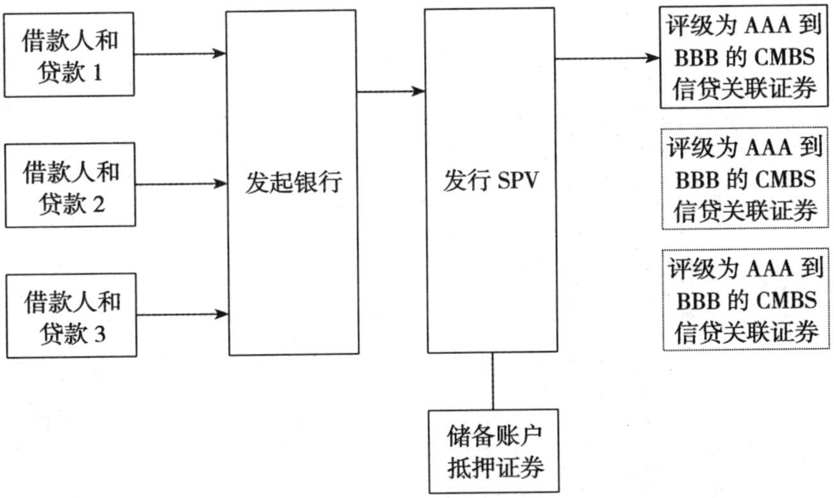

借款人和贷款 1
评级为 AAA 到 BBB 的 CMBS 信贷关联证券
借款人和贷款 2
发起银行
发行 SPV
评级为 AAA 到 BBB 的 CMBS 信贷关联证券
借款人和贷款 3
评级为 AAA 到 BBB 的 CMBS 信贷关联证券
储备账户抵押证券

投资者考虑的因素①

传统的现金型 MBS 和合成型 MBS 交易有几个相同点，都是为了实现几个相同的目标。其主要的目标是将与抵押贷款资产池相关的信用风险从发起银行身上转移走，这通常是通过一家 SPV 实现的。吸引合成交易的关键在于，它能更好地贴近投资者的需求。在一个合成交易中，与现金交易中所有与资产相关的风险都得到转移相比，被转移的信用风险（在理论上）是被准确定义的。因此，通过构造特定的一项合成交易能够确切地转移投资者所希望的那部分风险暴露。

① 针对合成 MBS 交易更为全面的讨论，参见 Ian Barbour, Katie Hostalier, and Jennifer Thym, "True Sale versus Synthetic for MBS Transactions: The Investor Perspective," Chapter 5 in *The Handbook of European Structured Financial Products*。

下面我们突出了这两种产品三个方面的差异：

- 发起人问题；
- 现金流流动性风险；
- 损失的严重程度。

发起人问题

由于一个合成 MBS 不涉及资产的真正销售，投资人的财富仍然是与发起人的财富相联系的。因此，如果发起人无力偿还债务，交易就被视为终止了。如果发生这样的情况，需要计算估计损失，然后从结构中最初级的证券应用开始。① 接着，将抵押资产变现，所得用于偿还之前的未偿 CLN。

在传统的现金 MBS 交易中，可能会发生这样的情况，SPV 出现资金短缺时可能导致投资者现金收入的中断。典型的，现金 MBS 交易在构造时会结合*流动性提供者*或者*流动性便利*来弥补这种暂时的短缺，而通常可能会安排银行来进行该交易。有了这样的安排后，这一交易的信用评级就在某种程度上与流动性提供者的评级挂钩了。对于合成 MBS 交易，这一点是不适用的。参考资产池的损失优先适用于证券结构（不是在确认信贷违约事件发生的时候，而是在损失实际发生的时候）。在这些情况下，投资者应在损失实际发生之前的间隔期间内继续获得现金流。因而，在这种情况下，不需要流动性提供者。

现金流流动性风险

在一个个性化定制的、以转移信用风险为目标的结构中，违约的概率是一个关键因素，但不是唯一的因素。损失的严重程度也是很重要的，该因素的影响根据该交易是现金交易还是合成交易而有所不同。在现金交易结构中，如果发生了任何将导致投资者潜在损失的事件，任何未偿还的本金，以及应计利息和回收成本，都需要通过有价证券得到回收。因此，现金交易的表现取决于在此过程中发生的回收时间和成本（比如行政诉讼费用）。

损失的严重程度

对于一个合成交易而言，发起人可以个性化定制其所需支付的风险保障的类型和水平。因此，如果发起人希望的话，它可以为下面的一种或结合两者购买风险保障：（1）未偿还的本金；（2）利息支出（有上限的或无上限的）或（回收成本）。

① 在这一方法下，预期损失的计算是建立在不良贷款的基础之上的，尽管实际上信贷违约事件不一定真的发生。